新——悦

遇 见 智 识 与 思 想

L

HISTOIRES DU MOYEN AGE AFRICAIN

e rhinocéros d'or

金犀牛

中世纪非洲史

[法] F.-X. 福维勒 - 艾玛尔 —————— 著
（François-Xavier Fauvelle-Aymar）

刘成富　梁潇月　陈茗钰 —————— 译

中国社会科学出版社

图字：01-2017-3733号

图书在版编目（CIP）数据

金犀牛：中世纪非洲史 ／（法）F.-X.福维勒-艾玛尔著；刘成富等译.
—北京：中国社会科学出版社，2019.1（2019.4重印）
ISBN 978-7-5203-3055-8

Ⅰ.①金… Ⅱ.①F…②刘… Ⅲ.①非洲－中世纪史
Ⅳ.①K403

中国版本图书馆CIP数据核字（2018）第258781号

Originally published in France as:
Le rhinocéros d'or by Françios-Xavier Fauvelle-Aymar ©Alma Éditeur, 2013
This edition was published by arrangement with L'Autreagence, Paris, France
and Divas International, Paris 巴黎迪法国际版权代理
Simplified Chinese translation copyright 2018 by China Social Sciences Press.
All rights reserved.

出 版 人	赵剑英
项目统筹	侯苗苗
特约编辑	明 秀
责任校对	周晓东
责任印制	王 超

出　　　版	中国社会科学出版社
社　　　址	北京鼓楼西大街甲 158 号
邮　　　编	100720
网　　　址	http://www.csspw.cn
发 行 部	010-84083685
门 市 部	010-84029450
经　　　销	新华书店及其他书店

印刷装订	环球东方（北京）印务有限公司
版　　　次	2019 年 1 月第 1 版
印　　　次	2019 年 4 月第 2 次印刷

开　　　本	880×1230　1/32
印　　　张	9
字　　　数	196 千字
定　　　价	59.00 元

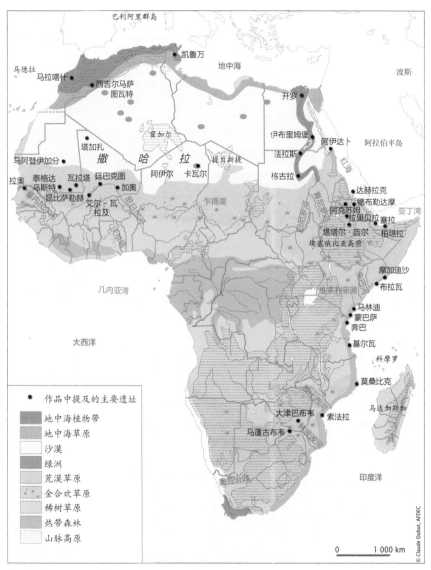

作品中提及的主要遗址的分布图。地理信息是现在的信息，注明现代非洲国家国界只是为了便于定位。

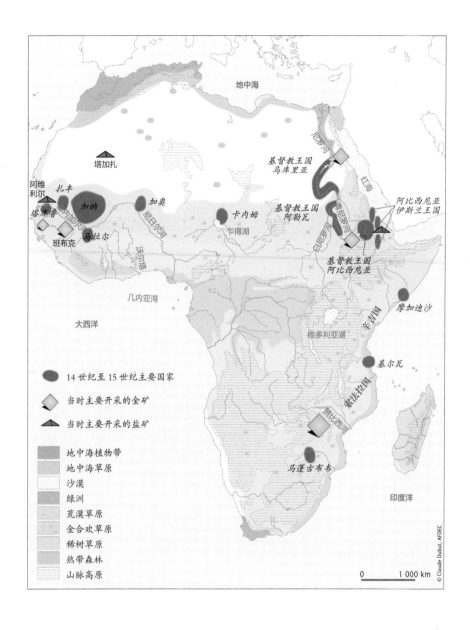

地中海

塔加扎

阿维
利尔
扎丰
塔库昔
班布克
马拉尔

加纳

加奥

卡内姆

乍得湖

尼日尔河

尼罗河

红海

基督教王国
马库里亚

基督教王国
阿勒瓦

阿比西尼亚
伊斯兰王国

基督教王国
阿比西尼亚

几内亚湾

大西洋

摩加迪沙

维多利亚湖

辛吉国

基尔瓦

索法拉国

赞比西河

马蓬古布韦

印度洋

© Claude Dubut, AFDEC

14 世纪至 15 世纪主要国家

当时主要开采的金矿

当时主要开采的盐矿

地中海植物带
地中海草原
沙漠
绿洲
荒漠草原
金合欢草原
稀树草原
热带森林
山脉高原

0   1 000 km

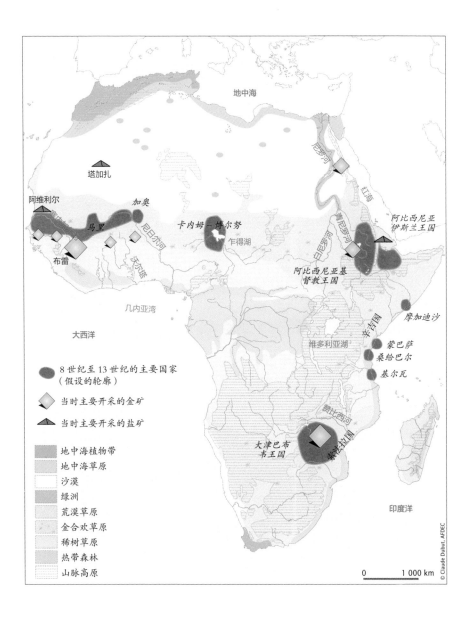

地中海

塔加扎

阿维利尔　　　　加奥

马里

布雷　　　尼日尔河　　　　　卡内姆—博尔努

乍得湖

阿比西尼亚伊斯兰王国

阿比西亚基督教王国

几内亚湾

大西洋　　　　　　　　维多利亚湖

桑给巴尔国

摩加迪沙

蒙巴萨
桑给巴尔

基尔瓦

赞比西河

大津巴布韦王国

索法拉国

印度洋

- 8世纪至13世纪的主要国家（假设的轮廓）
- 当时主要开采的金矿
- 当时主要开采的盐矿

地中海植物带
地中海草原
沙漠
绿洲
荒漠草原
金合欢草原
稀树草原
热带森林
山脉高原

0　　　1 000 km

© Claude Dubut, AFDEC

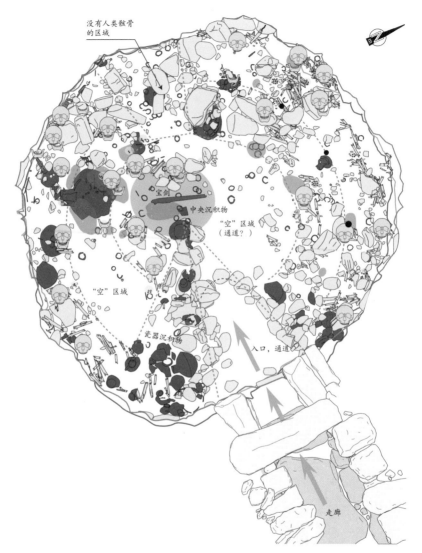

这是位于埃塞俄比亚的塔塔尔·吉尔（Tätär Gur）墓穴的平面图，说明了人类遗骸与安葬室内部用具的分布。这座集体坟墓内安放了几十具遗体，遗体在几个连续的时期被埋葬，陪葬的有完整的瓷器与首饰，尤其是镯子与成千上万的珍珠。墓穴很可能建于9—11世纪。B. 普瓦索尼埃（B. Poissonnier）在 2002 年进行了发掘，但结果仍未公布。

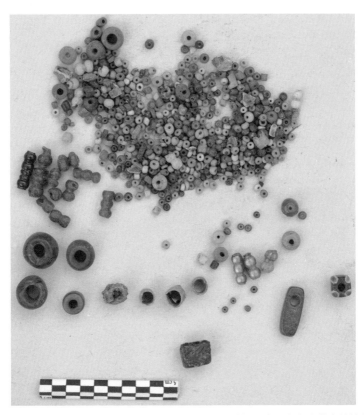

埃塞俄比亚的塔塔尔·吉尔墓穴：这是一堆各式各样的首饰，它们来自安葬室的坟墓堆积层。除数不胜数的琉璃珠，尤其是来源于印度洋—太平洋海域的珠子之外，我们注意到还有镀金的珠子与红石头做成的坠子。

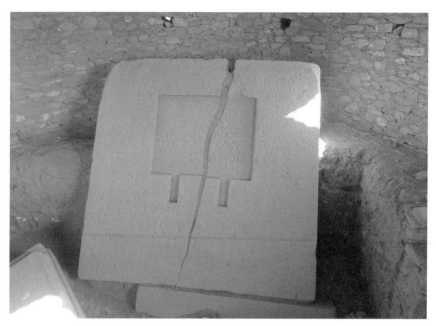

埃塞俄比亚阿克苏姆的"王座"22。这块文物存于最近建造的一处小庇护所。1906年的一次德国考古之旅中，人们发现了这块石头，并对它进行了研究。如今，它还在原来的位置。这也许是一块王座的底座，中间的挖空部分能够容纳一张座椅。表面上刻的铭文（照片上能看到的一面）如今几乎难以辨认。唯一提供证实的文献是艾诺·利特曼（Enno Littmann）做的记录。

从安巴山顶看到的德布勒达摩小教堂。教堂坐落于绝壁边缘，是最近建造的，不过也许是建于中世纪堆积的地层之上。人们正是在这片教堂周围的天然台地上找到了遗址内大部分埋藏的钱币。

这是西吉尔马萨遗址，塔菲拉勒绿洲，摩洛哥东南部。前几个世纪穆斯林圣人的圣殿是挨着一座更古老的建筑的夯土废墟修建的，也许那是一座中世纪的建筑。这类现象在遗址中很常见，这样既能掩藏废墟，也能将它们保存起来。

南非马蓬古布韦丘陵。遗址在丘陵顶部。可从一个狭窄的凹地进入遗址。

基尔瓦大清真寺的外景（坦桑尼亚）。它是极少数在建筑高度方面保存如此完好的非洲中世纪建筑之一。

位于坦桑尼亚的基尔瓦大清真寺。这座建筑的主体是在 14 世纪用珊瑚石灰石砖块建造而成的。该建筑内景面向米哈拉布壁龛，略微断裂的拱体支撑着拱顶，建筑整体线条纤长优美。

埃塞俄比亚拉利贝拉的圣·乔治教堂。与其他教堂一样，这座位于岩石山顶上的独石教堂也从中间的石块开凿雕刻而成，而石块内部也被凿空。教堂内部依照砌筑的教堂雕凿。

埃塞俄比亚拉利贝拉的大天使加百列与拉斐尔大教堂。此处是教堂正面的广角照片。左边的步桥是目前唯一的通往神圣教堂的通道，而它周围的结构毫不令人意外，楼梯悬在一片空地之上。

中世纪的非洲：重现的时光

打开这本书，读者将踏上一段穿越数百年非洲历史的旅程。我们的第一位向导是来自中国的旅行家，他将带领我们走进 8 世纪的非洲；而最后一位则是葡萄牙征服者，他将带我们前往 15 世纪的非洲。旅途中，还有许多人的陪伴，其中有商人、地理学家、外交官；伊斯兰教徒、犹太教徒、基督教徒；以及诸如马可·波罗和伊本·白图泰（Ibn Battûta）那样的大旅行家。我们应当明白，不要仅仅理解我们读到的东西，也不要总断定我们读到的东西就是向导们的亲眼所见、亲耳所闻。他们描述了一些奇闻趣事，但这些趣闻常常是道听途说。我们不应畏畏缩缩，哪怕不能确定当时的地理环境，哪怕对从一个大陆前往另一个大陆的冒险家们抱有怀疑的态度，哪怕信息提供者所提供的内容自相矛盾。我们应该消除脑海里固有的印象：非洲是"永恒的"、是由部落组成的非洲、是原始的，因为这部作品要讨论的非洲是一个真实存在于历史中的非洲。

八个世纪，近一千年的时光。然而不得不承认，我们对这段历史知之甚少。我们总是把注意力投向古代非洲文明：法老时代的埃及、麦罗埃时期的努比亚、古迦太基时期或是古罗马时期的非洲、埃塞俄比亚的阿克苏姆（Aksum）。这些地方宏伟壮观的建筑遗迹，自古以来不断颠覆着我们的想象。我们或许更了解，或者说，自认为更了解近几个世纪的非洲，因为非洲大陆被迫与欧洲列强的命运绑在了一起，遭到了强盗们的"开发"和"探索"，经历了奴隶贩卖与殖民侵略，最终，现代非洲面临着剧变。古代非洲的繁盛引发无限的怀念，现代非洲的动荡激起强烈的好奇。在这两个我们相对熟悉的非洲之间，延续着一段非洲的"昏暗世纪"。

但是，真的是"昏暗世纪"吗？那是雷蒙德·莫尼（Raymond Mauny）的说法，他是法国著名的非洲古代史研究创始人之一。非洲古代史指的是大发现时期（15世纪葡萄牙航海家拉开了这一时代的序幕）和殖民时期之前的历史，这是一个一手文字资料相对丰富的时代。雷蒙德·莫尼并不是想贬低非洲的过去，而是想表达一种缺少可用原始资料、无法追寻过去的挫折感。非洲的这几个世纪之所以"昏暗"，那是因为文献资料的光芒过于微弱。尽管非洲有关"昏暗世纪"的资料少之又少，且有待进一步考证，但实际上我们仍然应该把"昏暗世纪"称作"黄金世纪"。尽管这两种说法都不妥，但是，"黄金世纪"的说法要贴切得多：根据不可多得的资料，过渡时期的非洲见证了繁荣强盛的社会，被卷入了洲际交流的浪潮，人口和商品在大陆之间得以流通，宗教观念也互为传播。那时的非洲还目睹了城市的发展，非洲亲王建造了宫殿，外国商人在那里定居，奢侈品和奴隶在那里交易，清真寺和教堂拔地而起。那时的非洲还积极开发资源，享誉全世界的黄金就是在那里被开采出来的。

　　但是，我们也不要把昏暗的历史说成灿烂的传奇。重要的是要弄清楚，为什么过渡时期的非洲在当时成了璀璨文明的中心？后来，又为什么黯淡到让后人觉得探索非洲是白费力气的地步？这段历史为什么会被遗忘呢？首先是因为缺少来自非洲外部的研究资料。读了这部作品，我们也许会惊讶地发现，欧洲文字资料少得可怜，相比于阿拉伯人的资料来说，欧洲资料几乎不值得一提，而前者充其量也只有几百页而已——远不及古代非洲资料那么丰富。但是，这是两个不同的非洲，我们将要讨论的是一个距地中海沿岸更远的非洲，而后再讨论它原来的轮廓。通常，长途跋涉的船队和驼队实现了信息的传递，也就是说，信息是随商人而流通的。但是，商人只关心交易的地点和自身的利益，对供货地点、交易方式、具体路线和接触的人员则闭口不谈。幸运的是，一些风风火火的旅行家，还有一些闭门造车、对世界充满好奇的地理学家，他们不时地为后人留下宝贵的经历和发现。欧洲资料的记载始于15世纪末欧洲扩张的初期，资料侧重的是另一个非洲，也就是热带沿海地区的非洲，这里的非洲与欧洲、美洲共同构成了三角贸易的三个极。除极为特殊的情形之外，欧洲资料明显带有强烈的种族歧视，造成了人们对非洲国家历史的漠视。

　　"黄金世纪"被遗忘的第二个原因是，在这段时期，很少有非洲国家通过写作和档案记录"从内部"证明自身的强大和繁荣。

然而通过不同的语言和书写体系，古代许多非洲国家也整理出了一批文献资料，其中就有用布匿语、利比亚地区的柏柏尔语、吉兹语（le guèze）、古努比亚语、希腊语和拉丁语写成的资料。现代非洲国家则按时间顺序编写了从 17 世纪（例如撒哈拉地区团体，尤其是廷巴克图，[1]或者斯瓦希里[2]海岸的团体）开始的历史。从 19 世纪开始，非洲普遍开始了写作。但是，我们所关注的这段时期除为数不多的几个特例以外，非洲国家并没有保持写作传统，也无法为历史学家提供什么原始资料。究其原因，不是因为这些国家缺乏动机或能力不足，而是因为觉得根本没有这个必要。实际上，许多非洲国家有着另一种信息传递的方式，信息同样由专人记录，但不是以文字的形式，而是以口头的形式：我们姑且可以将之称为"口头传统"。一些传说故事历经数个世纪的传递，最终为我们耳熟能详，但我们无法知晓这些故事在流传过程中究竟经历了多少变化，而且，更进一步说，也无法确定其可靠性。即便我们获得了某次历史事件的文字记录，注疏工作也并非易事，比如马里帝国皇帝穆萨（Mûsâ）获得皇位的故事就是由他口述的，由开罗的阿拉伯掌玺大臣公署的秘书负责记录。因此，我们不得不把无法追溯久远过去的口头故事搁在另一边。

那么，究竟有没有能够让我们追本溯源的城市、宫殿、废墟和宗教建筑的实物呢？有，但是很少，而且都是些残垣断壁，相

---

[１]　廷巴克图（Tombouctou），英语中拼作 Timbuktu，马里北部城市，跨撒哈拉贸易途中黄金与盐的主要贸易中心。——译者注
[２]　斯瓦希里（Swahili），东非海岸与岛上伊斯兰化民族的统称。——译者注

关研究的文献价值也不多。试想想，我们甚至不知道在 14 世纪中期，哪里才是处于鼎盛时期的马里帝国的首都。是因为研究得不充分吗？可能是，但必须要补充一句：如果这些遗址消失了，被沙丘、红树丛或稀树草原湮没了，如果勘探时偶然发现的遗址没有被真正地保存，那么不光是文字资料不充分，就连记忆也会随之中断。一座遗址、一处遗迹要在时间的长河中保存下来，需要长期或不断地投入，也就是说，要由继承这份文化遗产的人整理、修缮，甚至是占有。记忆是记录历史的条件，而不是对历史的否定，更不是对历史的颠覆。然而，我们注意到大部分建立起王国和城市的地区都缺少记忆的延续。定居的外国商人离开了，与他们合作的非洲商人离开了，精英甚至还有当地居民也离开了。如今，即便还有一群人愿意站出来，证明自己对某个长期以来无人问津的地方还留有记忆，他们也只是为了把遗址的废墟作为迁移的起点和故事的起点，很少有人是为了接受这份城市遗产。所以说，黄金世纪并不昏暗，它只是被遗忘罢了。

　　遗忘限制了我们对过去的了解，因而也限制了历史的书写。那些被遗忘的世纪只给我们留下了一些清晰但有待考证的线索。这些线索甚至都不是同一张拼图散乱的碎片，因为我们通常都不知道这些碎片属于哪一块拼图。石头上几乎被磨平的碑文、几枚钱币、业余考古队或地下考古队发掘的文物、残缺的遗迹、外国作者的只言片语，这些就是某个历史阶段或某个几乎无迹可寻的历史背景仅有的遗物。除"发掘的文物"和找不到源头的线索外，历史学家常常"一无所有"，只能从中得出片面的认识。我们尽力了：这本书之所以以排列碎片的方式呈现，并从侧面揭示碎片的内容，是因为相较于宏大的叙事性壁画，人们更偏爱彩绘大玻璃。壁画会给人一种错觉，仿佛在进行庄严的言说，然而这样一场关于中世纪非洲的言说是不存在的，因为不论是哪方面的相关资料都出奇的沉默，例如"经济的"或社会组织的形式、权力关系、家庭、村庄以及日常生活等方面。而彩绘大玻璃有自身的优势：通过碎片的挑选，我们拼接出了一段历史。对于这段历史的某些面，我们掌握了充足的资料，如皇权、城市和贸易商品。通过选择性的排列，我们能对不同的区域和时期进行比较。通过碎片的收集，我们可以化挫折为动力，继而发掘并重新理解这段残缺的历史。

　　资料的稀缺让我们不得不把每条线索视作一份文献。毫无疑问，这是非洲史学家的职业特征之一。也许，有人会认为这是老生常谈。但是，真是这样吗？研究过去的文字线索的史学家如果想了解其中的内容，就需要把档案变成资料，然后才能知道答案。对于文字，我们就习惯这么做，但是对于其他线索，我们也细心地这样做了吗？当文字资料不再是重现历史的主要依据时，其他线索就显得尤为重要，而我们恰恰就属于这一种情况。对于非文字线索，是否有相应的语文学家呢？有时，井然有序的发掘过程和详尽的考古报告通过资料的编辑，描述了物质遗存和发掘的方法，成功地将遗址记录成了文献。在考古行动中，这份成果尤为珍贵，因为发掘本身会破坏考古的现场，许多观察到的情况只能通过资料来呈现。但必须承认的是，我们要么没有系统的方法，要么没有考古报告——有时甚至一个也没有。文物偶尔获得了与文献同等的地位，不会在被研究之前就消失，但是，对于文物的出土环境，我们又有多少次是全然了解的呢？确实，以整理文献为目的的研究，并不总是万事俱备。从这点看，实地考察与理论研究也不一定能够有机地结合，原因是很多的，有时是大量考古队进入部分地区后实际情况的限制，有时是资金的不足，有时是部分地区的政治风险。多亏了伟大先驱西奥多·莫诺（Théodore Monod）的辛勤工作，一处岬角才得以留存下来：我们才会看到，在撒哈拉最贫瘠的西部展开工作时，西奥多发现了唯一的一座遗址，不过他只有几个小时的工作时间。这座遗址面积并不大，但意义非同凡响。西奥多本该整理出一份相关文献，但考虑到考察团的情况，他无法做到这一点，于是他在现场将自己的发现整理成档案，递交了一份不尽完善却无与伦比的文献资料。

这种务实的典范不多。一般来说，我们应更加注重考古发现的情况，这么做不是为了说明最近两个世纪非洲学研究的历史，也不是为了了解遗址或文物得以留存的途径或者是考古环境的情况。有关这一点，我们也许会感到很惊讶，从本书标题中的马蓬古布韦（Mapungubwe）金犀牛说起，那么多非洲出土的"宝藏"通常就是故事的开始。但换个角度来说，哪里缺少考古文献，哪里就有宝藏，而考古文献应与考古发现是对应的。仓促的采集活动以及随意的或选择性的发掘活动，给我们带来了一些"宝藏"。对于史学家来说，这些"宝藏"也许是意外的收获，但一定意味着破坏的过程。所有可能被记录下来的文献资料、遗址的资料，甚至是地区的资料或历史阶段的资料都会不复存在，只有"宝藏"才能残留，成为唯一的遗物。我们必须记住，所有围绕类似的线索展开的历史猜想都是基于这一现象。研究的滞后、殖民时期的恶习和这片大陆上依旧薄弱的遗产意识，使这一点在非洲尤为明显。

我们的新发现使被遗忘的世纪获得了新的历史价值。仅凭这一点，我们就能称其为中世纪。也许有人会提出质疑：一定要把这种说法"引到"非洲吗？这不就是硬要与欧洲的中世纪进行比较吗？对此，我们还有其他证据能证明这种说法的合理性。首要的证据就是我们划分的时间节点，也就是 8 世纪至 15 世纪这个时间段。这些证据不是出于一种毫无根据的选择。根据文献记载，黄金世纪的非洲，也就是中世纪的非洲，实行着某种政体。但政体相关的国家内部文字资料一片空白，国家外部文字资料众说纷纭，实物资料模棱两可。总的来说，这些过去的证据有时很特别，有时自相矛盾，因此我们只能采用不同的叙述方法，时而鞭辟入里，时而蜻蜓点水。这样的叙述方式不仅不能回答所有的疑问，有时还能提出一些新的问题。既然文献记载的中世纪政体既不是古代非洲政体，也不是现代非洲政体，那么我们可以认定，这种政体具有独创性，这种独创性可以证明这段时期在非洲历史中与众不同。

然而，我们之所以称其为"非洲中世纪"，并不是因为这个时间段与欧洲中世纪重合了，这可能只是个巧合；也不是因为文献特征，这是历史学家关心的问题；而是因为这是一个承上启下的时代，发生了一些影响旧世界格局的历史事件。让我们来看一看这部作品中故事发生的地点。这些地点可以连成一个巨大的月牙。这个"月牙"西起撒哈拉沙漠和萨赫勒[1]的大西洋沿岸地区，东邻红海，中连尼日尔河和尼罗河中间河谷的盆地；北起非洲之角的高原，中接亚丁湾的非洲海岸，南抵非洲南半球的东部边界和马达加斯加。我们不必刻意强调这片横跨东西两个半球的区域是多么广阔、多么异彩纷呈，自然环境如何多变以及文化反差多么强烈。中世纪时期，这些地理环境和人口组成都不尽相同的地区有着一个共同的特点：都与伊斯兰世界的交流活动有关，更确切地说，是像市郊一样积极地参与其中。伊斯兰世界即自7世纪起新的宗教政权——伊斯兰教在不断征战后建立起来的文化世界。这个世界统一于由单一政权统治的帝国，但从9世纪起，政权逐渐分散；渐渐地，穆斯林占了大多数，但很少专权；阿拉伯人和说其他语言的人住在一起，这一情景随处可见，有时做出让步的还是阿拉伯人；但一系列制度、习俗和法律规定，商人和朝圣者的流通，共同文化和审美参照的传播，都使这个世界凝聚在一起。从波斯帝国时代起，从印度世界的边境到地中海盆地，几千年来地处贸易轴线两极的东方和西方，第一次融于一个生机勃勃的有机体之中，而灌溉它的正是一个庞大的交流系统。

　　从前，埃及和北非都是罗马帝国的行省，后来渐渐阿拉伯化

---

[1]　萨赫勒（Sahel），北非半干旱地区，位于撒哈拉沙漠南部，形成了沙漠南部的过渡带。跨乍得、马里、毛里塔尼亚、尼日尔、塞内加尔与布基纳法索等国境，覆盖苏丹北部地区。——译者注

和伊斯兰化，融入伊斯兰世界这个"中心帝国"。统治伊斯兰世界的政权向南扩张征服范围，最后，在沙漠和绿洲那儿，他们停了下来，不再让圣战向前延伸。在这条重新划分的边界之外，拉开了一条萨赫勒边界的商业战线。伊斯兰世界发现了撒哈拉南部的非洲，从此开启了一个新的纪元。伊斯兰化的波斯和东非海岸之间也是如此。印度洋就像撒哈拉沙漠，岛屿就像绿洲。沙漠商队骑在驼背上，水手投身于一场危机重重的航行，驶向新的海岸，希望找到新的财富。

　　非洲的各条"支线"形成速度不同，密度也不同。如果说伊斯兰世界差不多是同时进入萨赫勒的长"岸"——沙漠的南部以及从索马里至坦桑尼亚这片地区的北部的话，那么进入萨赫勒以南的地区或内陆地区的时间则稍晚一些。透过原始资料，我们看到一些转瞬即逝的画面，看到了一个向外拓展的地理环境、不断增加并向外推移的交点、在交流过程中建立起来的国家以及另一些重新加入日益成熟的地方系统的国家。对于巴格达或开罗的居民来说，地理学家笔下的这座臣服于国王权威的商业城市已经充满了异国情调，但在更远的地方，还生活着其他非洲民族，我们只能勉强猜出他们的名字；再远一点的地方，还有贩卖奴隶和出产黄金的国家。这些地方有过辉煌的历史，人们却从未到过那儿。对此，我们只能了解到一些模糊的概况。而更遥远的国家连文字资料都没有，我们只有通过考古才能了解到它们可能加入了地方系统。斗转星移间，长达八个世纪的非洲中世纪缓缓地延续着。

　　中世纪时期，不是只有月牙地区的非洲国家才有历史，这一点无须赘述。这些非洲国家并不是想通过与伊斯兰世界的联系，来创造令人瞩目的文明。组织形式的多样性使月牙地区的文明比其他实行中央集权的地区更加丰富多彩。关于后者，我们只能掌握一些中世纪记录者眼中的确切信息。月牙地区的历史之所以生动，不是因为这里的国家被写进了历史（这些国家一直都处于历史的进程中），而是因为它们被写进了文献资料，而我们的资料对非洲大陆的其他地区只字未提。当然也有其他原因。我们必须承认，在非洲中世纪，有一个交流活动飞速发展的阶段。要理解这一阶段，就必须换个角度思考。这些国家之所以被写进文献资料，是因为它们突然之间就与先前互相不了解的世界建立起联系，希望进行深入的改革。这些国家加入了庞大的"全球"体系，但不是被动的合伙人，而是积极的合伙人：思考着如何在商业贸易中获得属于自己的收益，能够协商贸易条件，接受社会变革，尤其是宗教变革，并掌控变革的影响，进而转变自己的身份，让自己成为这个整体的合伙人。在这些消失的城市中，回荡着各种语言的呢喃细语、街上母骡和单峰驼的脚步声、人们卸下驮鞍时牲口的嘶鸣、庭院里或清真寺前文明的商谈以及四处散播的私生活秘密。没有什么能比这些城市更能让人同时体会到命运前的抗争与无助。这些被遗忘的世纪与重现的世纪，像黄金反射的光芒一样闪耀夺目，却又转瞬即逝。

这部作品大体上以时间为线索，有时也会以地点或主题为线索，带领读者从大陆的一端走到另一端。故事开头引用的文献可能是中世纪非洲史的"经典"文献；也可能是相对陌生的文献。

但不管怎么说，这些文献都能提供一个新视角。这也许是因为一部刚刚出版的校勘本、一篇推迟了很久才出版的考古专题论文，或者是一次针对文物出土情况或遗址发掘情况的再调查，为考古现场提供了一条新线索，而考古现场的相关文献形成了有力的证据。不管文献为人所知还是不为人所知，只要变换一下研究方法，接触一些不常见的文献或是遥远地区的相关文献，调整一个视角或提出一种假设，或者更简单地说，回顾一份文件的内容，读者就可能受到启发。

　　这部作品省略了页脚的注释，但是读者可以参考每章最后的概述。首先，这些概述是为了整合参考文献和直接或间接引用的评论，其次是为了体现对文字资料或考古资料、文献内容的相关评论以及实地环境和实地研究历史的相关分析所做出的选择。一部瑕瑜互见的作品通常在综述方面更加见长，而不是对资料的关注。参考文献主要反映的是文献本身的意图。

目 录

术语汇编　001

词语用法的几点说明　001

1. 两位中国人抵达非洲的经历　/// 001

　　8 世纪至 15 世纪的东非

2. 在抹香鲸的肚子里　/// 009

　　10 世纪初的东非

3. 一条国界的方方面面　/// 015

　　7 世纪初伊布里姆堡地区的下努比亚

4. 努比亚乔治二世宫廷上的外交失利　/// 024

　　10 世纪后四分之一时期的法拉斯（今埃及）和栋古拉（今苏丹）

5. "从你们所在的地方再往前，还有人吗？"　/// 034

　　7 世纪至 9 世纪的撒哈拉中部

6. 四万二千第纳尔　 /// 043

　　10 世纪中期的奥达戈斯特（今毛里塔尼亚）

7. 这不是一座城市：有关加纳首都　 /// 051

　　1068 年左右的奥克区（今毛里塔尼亚）

8. 一百年后的加纳　 /// 060

　　1116 年至 1154 年间的萨赫勒地区某河河岸

9. 相继皈依　 /// 065

　　11 世纪至 12 世纪的萨赫勒各地区

10. 扎丰国王进入马拉喀什　 /// 071

　　1125 年至 1150 年的摩洛哥和萨赫勒西部

11. 富人的墓穴　 /// 077

　　10 世纪至 14 世纪的埃塞俄比亚、马里和塞内加尔

12. 阿克苏姆　缔造国王的城市　 /// 087

　　7 世纪的埃塞俄比亚北部

13. 德布勒达摩的宝藏　 /// 092

　　直至 7 世纪的埃塞俄比亚北部

14. 地图与两种地貌　 /// 098

　　12 世纪中期以前的非洲之角

15. 姘妇风波　/// **104**

1144 年 12 月柏培拉地区的阿伊达卜（今苏丹与索马里兰海岸）

16. 西吉尔马萨，世界尽头的十字路口　/// **111**

12 世纪至 14 世纪的摩洛哥东南部

17. 黄金像萝卜一样生长的国家　/// **120**

10 世纪至 14 世纪的萨赫勒

18. 矿山幻影　/// **126**

13 世纪前后西非津巴布韦（今日的）高原、大草原

19. 索法拉国　/// **132**

13 世纪末至 14 世纪初坦桑尼亚（今日的）与莫桑比克海岸

20. 金犀牛　/// **136**

13 世纪南非（今日的）东北地区

21. 基尔瓦的地层　城市的诞生　/// **144**

10 世纪至 15 世纪坦桑尼亚（今日的）海岸

22. 马达加斯加的骆驼或马可·波罗的非洲　/// **151**

13 世纪末的索马里和马达加斯加

23. 天使的杰作　人类的功劳　/// **157**

13 世纪前后埃塞俄比亚大高原中的拉利贝拉

24. 素丹与大海　/// **162**

　　1312 年前后的塞内加尔与冈比亚（今日的）海岸

25. 盐地遗迹　/// **172**

　　11 世纪至 14 世纪的塔加扎（今马里最北端）

26. 马里的关税　/// **179**

　　1352 年 4 月 17 日的瓦拉塔（今毛里塔尼亚）

27. 撒哈拉沙漠中的遗物　/// **187**

　　11 世纪至 13 世纪前后的毛里塔尼亚（今日的）中部

28. 黄金球　/// **196**

　　14 世纪的马里帝国

29. 国王的诏令　/// **207**

　　1352 年 6 月到 1353 年 2 月的帝国之都马里城

30. 阿比西尼亚的阉割黑奴贸易　敌人间的和解　/// **216**

　　1340 年前后的埃塞俄比亚和索马里兰

31. 盘点大津巴布韦遗址的考古发掘　/// **221**

　　14 世纪至 15 世纪的津巴布韦（今日的）

32. "明年在塔曼提特见"，（重新）发现非洲　/// **229**

　　15 世纪下半叶阿尔及利亚撒哈拉沙漠中的图瓦特绿洲

33. 非洲的新边界 /// 241

　　1455 年的毛里塔尼亚沿岸（今塞内加尔和冈比亚）

34. 瓦斯科·达·伽马与新世界 /// 249

　　1498 年的印度洋

主要参考书目 257

致 谢 261

术语汇编

Banco（黏土草泥砖）：建筑术语，指泥土（可以是各种成分）和天然脱脂剂（沙子、石砾、稻草等）的混合物，可制成饼状或砖块状，在阳光下晒干（但不焙烧），用作建筑物的建筑材料。可与柴泥（torchis*）和黏土混合，是把生土作为建筑材料的技术之一。

Bantoustan（班图斯坦）：在南非的种族隔离政权（1948—1994）时期，该词是指大部分黑人居住的农村飞地。在白人专属的地区内，班图斯坦被认为是劣地、不受欢迎的地区。

Cauri（货贝）：该词指有时被称作"宝贝"的不同品种的海洋贝类动物。货贝（Cypraea moneta）和环纹货贝（Cypraea annulus）是印度洋和太平洋的热带纬度地区特有的两个小型品种，一直是整个伊斯兰世界贸易体系的买卖对象，几乎只生长在一个特定的区域——马尔代夫群岛。在非洲许多地方，货贝被当作货币、装饰元素、饰品和占卜物。

Dénéral（代用币）：一种玻璃筹码，其形状与重量与一种固定货币相同。在伊斯兰世界中，代用币上通常刻有统治者的名字，具有不变质的优点，可作为重量标准和计数单位。

Dinar（第纳尔）：伊斯兰金银复本位制（黄金/白银）中的黄金单位。

Dirham（迪拉姆）：伊斯兰金银复本位制的银圆，价值是第纳尔（dinar*）的一部分。

Erg（尔格）：沙丘地带。

Facteur（代理商）：皇家商行或私人商行的代理人，代表商行或者职能相同的海外机构为商行进行交易，有时也称"办事处"。

Indo-pacifiques perles（印度洋—太平洋海域珍珠）：该词指一种珠子的地理分布区域（印度洋和太平洋海洋）。一种有彩色条纹的琉璃珠有时被称为"贸易风珠"（trade-wind beads）。古代和中世纪，这些珍珠出产于印度东部海岸、马来西亚、印度支那半岛和印度尼西亚的很多作坊。

Karité（乳油木）：非洲中部与西部大草原的一种树木（学名：Vitellaria paradoxa），结杏仁果实，能从中提取（通常以研磨的方式）一种油脂。这种"乳木果油"可以应用于食品和医药，同时，还能作为添加剂用来涂抹黏土草泥砖。这种用法常见于马里。

Ksar（堡垒）：一种统称，借用于马格里布阿拉伯语，指北非或撒哈拉沙漠中的筑有防御工事的城镇。在现代以前，一个堡垒通常是一个政治单位。

Métropole（都主教）：起初为行省行政中心教区主教的职衔。在东方基督教中，"都主教"这个词指按规定附属于主教会的教会首领。中世纪，努比亚和埃塞俄比亚教会的都主教由亚历山大科普特正教会的大主教担任。

Mihrâb（米哈拉布）：阿拉伯语音译，指清真寺中的壁龛，指引信徒麦加的方向。

Mithqâl（密斯卡尔）：重量单位，一密斯卡尔约为 4.25 克，是伊斯兰早期第纳尔的标准重量单位。密斯卡尔有时也被用作第纳尔的同义词。

Mopane（可乐豆木）：非洲南部的特色树种（学名：Cholophospermum mopane）；其木材防腐，可乐豆木同时也是一种可食用毛虫——可乐豆木蠕虫的宿主。

Ouléma（乌理玛）：穆斯林学者，同时也是传教士、法学家和神学家。在撒哈拉沙漠与萨赫勒，乌理玛是伊斯兰教的传播者。

Pisé（夯土）：建筑术语，指土（可以是各种成分）、脱脂剂（沙子、砾石、卵石等）和砂浆的混合物，装进木制模板并压实以建造墙壁。与柴泥（torchis*）和班阔（banco*）一样，这是生土用作建材的技术之一。

Sanbûq（桑布克）：阿拉伯音译，指中船体由柚木板制成的小船，带有三角船帆。从中世纪到现代，桑布克往来于西印度洋。

Torchis（柴泥）：建筑术语，指土和脱脂剂（稻草、草……）的混合物，通常用来填平分支格架，以形成房屋的墙壁和隔断。柴泥被广泛运用于传统非洲居住地，与夯土（pisé*）和班阔（banco*）一样，是生土用作建材的技术之一。

Township（隔离区）：该词在 20 世纪指的是南非城市郊区非白人居民的住房区。该地区的特点是缺乏基础设施。

Tumulus（坟冢）：墓葬结构，指石头或泥土形成的小丘或人造山岗构成的一个（或多个）墓葬。

词语用法的几点说明

在这部作品中，所有的阿拉伯语和相关的非洲语都采用了简化的拼写方法，必要时，用括号标注了常规的拼写法。阿拉伯语中的喉塞音（hamza）、字母"ayn"以及发音符号都予以省略，长音符号表示长元音。中文名称的拼写遵循传统文学中的传统拼法。如果一个专有名词既有法语拼写法，又有常用拼写法，那么就采用最为简单的拼法。无论是章节标题还是正文，通常都会将地点和事件放在一个读者所熟悉的地理环境中，即现在的非洲国家所处的地理环境。不过，这么做可能会犯年代上的错误，因为如今这些非洲国家的疆域与中世纪的国家显然毫不关联。如果现代名称与古代名称会引起读者的混淆，则采用文献中的拼法。因此，"Ghâna"和"Mâli"指的是中世纪的王国，而"Ghana"和"Mali"则指现在的国家。

在这部作品中，形容词"伊斯兰教的"（islamique），表示所有与中世纪伊斯兰文明有关的人和事。因此，这个形容词既涵盖信奉伊斯兰教的地区和民族，其中包括说阿拉伯语的与说其他语言的地区和民族（波斯语、柏柏尔语、科普特语、埃塞俄比亚语……），也包括不信奉伊斯兰教但受其影响的地区和民族，其中，包括说阿拉伯语的和不说阿拉伯语的地区和民族。以小写字母"i"开头的"islam"指宗教上的伊斯兰教，而以大写字母"I"开头的"Islam"则指整个伊斯兰教社会和国家。如果没有特殊标注，所有出现的日期均为格列历日期，即现在通用的公历日期。

星号（＊）表示这一术语出现在术语汇编中。

1. 两位中国人抵达非洲的经历

8 世纪至 15 世纪的东非

公元 751 年 7 月，穆斯林阿拉伯帝国军队与突厥叛军在现乌兹别克斯坦（Ouzbékistan）塔什干[1]附近的塔拉斯[2]平原大败中国军队。几千名俘虏被运往布哈拉[3]和撒马尔罕[4]的驻地，许多造纸匠、织布工或首饰匠则在伊拉克安顿下来。在这些俘虏中，有一位名叫杜环的官员，我们不知道他究竟是通过什么方式被带着环游伊斯兰地区并返回中国的。762 年，人们在广东重新找到了他。他编纂了一部题为《经行记》（"我的旅行"）的作品，遗憾的是，这部作品失传了，但幸运的是，其中的几个片段保存在当时的一部中国百科全书中。

---

[1] 塔什干（Tachkent），乌兹别克斯坦首都。——译者注
[2] 塔拉斯（Talas），吉尔吉斯共和国西北部城市，据说 751 年在该地唐朝军队与阿拔斯王朝军队作战大败，唐朝军队的俘虏将造纸术传入伊斯兰世界。——译者注
[3] 布哈拉（Boukhara），乌兹别克斯坦城市。——译者注
[4] 撒马尔罕（Samarkand），乌兹别克斯坦城市。——译者注

其中一个片段谈到了一个叫作摩邻国（Molin）的国家，当地住着黑人。他们不种大米和谷物，也不种植草和树木。那里的居民用鱼干喂养马匹。再往里走，是一片山区，那里住着穆斯林和东方基督徒。人们通过切开颅骨的方法治疗腹泻。如果这个国家不同于前一个国家，那么可能被称为老勃萨（Laobosa），我们可以在这个名字中辨认出阿里－哈巴沙（al-Habasha）这个阿拉伯语的词汇，这个词表示非洲之角地区，法语中的阿比西尼亚[1]这个名称就来源于此。如果真的是这样，确切地说，摩邻国也许就是厄立特里亚和苏丹的海边低地。但这些仅是猜测而已，我们只能说这些猜测符合这个片段的描述。如果杜环想描写今天被称作埃塞俄比亚的地方，那么他提到基督徒和穆斯林的存在就不会让人感到意外，因为他们在整个中世纪都生活在邻近社区（参见第30章）。但是，我们无法进一步确认这些地方就是埃及或努比亚；或者是那时刚被阿拉伯军队征服的全部或部分北非地区，那里直至12世纪还住着没落的基督团体；或者可能是阿拉伯半岛，在伊斯兰教发展后的很长一段时间里，基督徒、犹太教徒与穆斯林都共同生活在那里；或者是索特科拉岛[2]这座驻守在亚丁湾入口的阿拉伯海岛屿。

杜环叙述的片段也许是中国直接认识非洲的最早证据。但说实话，中国对非洲的兴趣并不大：除不确定的地理环境之外，一些关于种族的细节透露出以中国为中心的观察特点，不过这些细

---

[1]　阿比西尼亚（Abyssinie），一般指埃塞俄比亚。——译者注
[2]　索特科拉岛（Socotra），属也门索特科拉省，位于阿拉伯海西南部。——译者注

节几乎没有什么价值，因为我们不知道杜环所说的地方究竟是几千千米之外的哪个地区。

从唐代（618—907）到元代（1260—1368），中国资料中出现了很多关于非洲的间接信息，更确切地说，是关于非洲之角与印度洋非洲海岸的信息。我们可以从中总结出中国对非洲的认识，甚至还可以归纳出中国船队令人难以置信的航行范围，这些船队被认为绕过了好望角，甚至可能到达了美洲。许多东非考古遗址中都出现了青瓷与白瓷的碎片以及中国的钱币，但是，就此断定中国商人会定期前往东非也过于武断。因为从文献中可辨别的国名的名称构成形式来看，这些信息都是从阿拉伯和波斯的中间商那里获得的，他们从 8 世纪起就在广东有一个团体。所以，中国瓷器不是通过公海的小帆船被运往东非海岸的，而是通过波斯湾或亚丁湾的穆斯林商人的桑布克（sanbûq*）船被运过去的；关于非洲的信息沿着西南季风的方向，抵达中国。

中国似乎很晚才有与非洲被证实的直接联系，直到明代（1368—1644）才发生。这是一次官方的联系，且阵势十分浩大。1405—1433 年，宦官郑和，中国船队的大将军，一位穆斯林，向中南半岛方向先后进行了七次远洋航行，到达了印度尼西亚，甚至更远的印度、波斯、阿拉伯以及非洲的印度洋沿岸。长期以来，我们一直相信这些远征是和平的。但至少可以说，远征本该是具有威慑力的——一个船队少说也有一百多艘船，比 15 世纪末的葡萄牙大帆船大两三倍，有的甚至大好几倍，总共承载了两万到四万人，其中大部分是军人。正如研究专家所说，远征的目的也许是"为后宫妃嫔采购"，采购香料与油膏的原料、异国动物的羽毛和皮毛、动物的角和珍贵木材。毫无疑问，远征的目的还在于记录这些奢侈品的来源和供应渠道，这些已进入中国市场几个世纪的奢侈品可能会一下子备受青睐。最后，远征的目的还在于获得当地君主对中国皇帝臣服的表示，尤其是派遣使臣，进贡礼物等，不管君主们是否心甘情愿。

　　郑和曾两次到达非洲，一次是在 1417 年到 1419 年（第五次航行），另一次是在 1421 年到 1422 年（第六次航行）。更确切地说，他到达了竹步（Dju-bo），这是一个未知的地方，也许位于现索马里朱巴河（Juba）河口；到达了木骨都束（Mu-ku-tu-shu），即现在的摩加迪沙，[1]以及卜喇哇（Pu-la-wa），即现在的布拉瓦，[2]这两个地方位于索马里；也许还到达了肯尼亚的马林迪（Malindi）。不幸的是，远征的官方报告也失传了，在 1480 年军队与宦官的党派斗争中被毁。不过，侍奉郑和的人留下了几段个人叙述，还保留了一张长地图，其中描绘了所经地区的沿海地带。这幅地图要归功于远征中的穆斯林翻译官马欢。另外，明代编年史提及了一些相关内容。而且，郑和为了答谢上天恩泽，亲自在两座妈祖庙的石头上刻下了举世瞩目的碑文。妈祖是"天庭的夫人"，海洋的保护神。这两座庙位于扬子江口，是远征的出发点。

　　尽管资料还算丰富，非洲的运气却依然不好——我们没能从郑和下西洋的旅程中得出什么结论，而且我们的结论甚至算不上

---

[1]　摩加迪沙（Mogadiscio），索马里共和国首都。——译者注
[2]　布拉瓦（Brava），索马里南部城镇。——译者注

图为石头上的中文碑文，地点位于扬子江口附近。这篇文章是大将军郑和为了答谢上天恩泽，在海上远征的出发港口附近雕刻的，时间可以追溯至 1431 年。碑文中列举了郑和六次下西洋到达的国家，并简单提及了郑第六次下西洋时到达的国家（1421—1422）。

资料来源: J.J.L. Duyvendak, *China's Discovery of Africa* (Londres, arthur Probsthain, 1949), pp. I. III.

中国文献中的一个小小的奇迹。总之，并不是因为中国人来自远方，所以就得留下比别人更为详尽的描述。有关摩加迪沙的描述是这样的：房屋有四五层，居民喜欢争执，他们还练习射箭。关于竹步的描述是这样的："他们住在独立分散的村庄里。墙用砖块堆叠而成，房屋用大砖块堆砌。民风朴素。那里既不长草也不长树。男女留着卷发；出门时戴一顶带披肩的布织风帽。山坡未经开垦，国土辽阔，很少下雨。那里有深井，居民用水轮打水。居民用渔网在海里捕鱼。"描述不多，但我们应该知足。

我们需要注意的是另外一个问题。杜环之旅的七个世纪之后，郑和下西洋之旅结束了前者开辟的时代。那是一个充满好奇的时代，人们很少冒险进行官方交往，却始终希望获得足够多的消息，哪怕消息来源并不可靠。1421—1422年的远征是现代以前中非最后一次直接的交往；这再一次表明了中国的漠视态度。我们讨论过远征的开支，从而解释这种活动为什么会停止；我们也探讨过中国自身的闭关锁国，但这些关系所表现的——确切地说，因为除空间上的遥远导致中非难以相互联系——是中世纪伊斯兰世界能够连接双方的力量。让我们想一想这些中国故事在非洲是怎样的——简单地说，8—15世纪，中非间接贸易不断增长，这些间接贸易既表现在中国资料的非洲内容中，又表现在非洲海滩上的中国考古文物上。如果把这些故事放到这个环境中，这些故事则体现了伊斯兰世界的活力，也就是说，知道自己如何成为两个不同空间和文化世界的中间人。

或者反过来说，伊斯兰世界通过在两个世界之间做中间人得以繁荣发展。因为如果伊斯兰教能够影响中国与东非这两条支线，正如影响了欧洲与萨赫勒地区一样（参见第 28 章），那么一个靠权力和货币体系一起来的，而不是靠语言与宗教统一起来的庞大的贸易体系正在逐渐形成。

参考文献：

有关杜环的资料，参考了 Wolbert Smidt, A Chinese in the nubian and abyssinian kingdoms (8th century), *Chroniques yéménites*, 9, 2001, p.16。

有关中世纪的中国资料，参考了 Friedrich Hirth, Early chinese notices of East African territories, *Journal of the American Oriental Society*, 30(1), 1909, pp. 46-57。

Jan Julius Lodewijk Duyvendak, *China's Discovery of Africa* (Londres, Arthur Probsthain, 1949, p.35)，这本小册子汇集了 1947 年在东方与非洲研究学院（La School of Oriental and African Studies）召开的两场会议，一直是用西方语言展现的最精彩也最朴实的解读；有关采购的引用正是出自这部作品的第 27 页。在另一部作品中 The true date of the chinese maritime expeditions in the early fifteenth century, *T'oung Pao*, deuxième série, Vol. 34, 5ᵉ livraison, 1939, pp. 341-413，作者已列出郑和七次下西洋的日期与路线。

Teobaldo Filesi, *Le Relazioni della Cina con l'Africa nel Medio-Evo* (Milan, A. Giuffrè, 1962)，这部作品在 12 年后被译成英文，但未正式公布于世。两个版本都因过分相信中世纪时中国人多次直接访问非洲而遭遇强烈批评；我们能引证到相关报告。

John Shen, New thoughts on the use of chinese documents in the reconstruction of early swahili history, *History in Africa*, 22, 1995, pp. 349-358. 采用一种更加概括的方法，对手头的中国资料译文与非洲史学家的运用方

法进行了十分深入的分析。

　　Sally Church, *dans l'Encyclopaedia of the History of Science, Technology and Medicine in non-Western Cultures* (Berlin, Springer, 2008)，提供了有关"郑和"的概述，受益匪浅。同样，还有：Geoff Wade, The Zheng He voyages: A reassessment, *Asia Research Institute Working Paper Series*, n° 31, 2004, p.19。他的文章回顾了远征时军队的排场。最后，参考了 Robert Finlay, The voyages of Zheng He: Ideology, state power, and maritime trade in Ming China, *Journal of the Historical Society*, 8(3), 2008, pp. 327-347。

　　有关郑和的地图，首先可以参考 Mei-Ling Hsu, Chinese marine cartography: Sea charts of pre-modern China, *Imago Mundi*, 40, 1988, pp. 96-112。

　　对郑和下西洋相关资料的"中国中心论"的解读，以及有关中国帆船发现美洲的假设，可以参考 Robert Finlay, How not to (re)write world history: Gavin Menzies and the chinese discovery of America, *Journal of World History*, 15(2), 2004, pp. 229-242 中严谨的说明。

　　最后，有关阿拉伯船只与航海的内容，参考了 George F. Hourani, *Arab Seafaring* (Princeton, Princeton University Press, 1995 pour l'édition étendue)。

2. 在抹香鲸的肚子里

10 世纪初的东非

琥珀是一种海洋生物的分泌物，其中最优质的品种产于辛吉[1]海域。琥珀呈浅蓝色，每一块都如鸵鸟蛋一般大，鲸鱼吞食后就会死去。因此，渔民们通过捕获鲸鱼得到这一珍贵物品。至少，麦斯欧迪[2]就是这样介绍这种物品起源的。因此，阿拉伯语把琥珀称为"anbar"，法语单词"amber"。准确来说，我们应该把这种琥珀叫作灰琥珀，从而把它与黄琥珀区分开来。后者是一种树脂化石，用于制作镶嵌的珍珠和宝石。

在中世纪的阿拉伯地理学家与药理学家的作品中，与龙涎

---

[1] 辛吉海（La mer de Zanj）是中世纪阿拉伯地理学家对印度洋西部的正式称呼，也就是非洲东部海域。"辛吉"一词在阿拉伯语中意为"黑人之地"或"黑人"。中世纪穆斯林地理学家称非洲东南部（最早是斯瓦希里海岸）的某一部分与班图居民为"辛吉"。"辛吉"一词也是地名"桑给巴尔岛"（Zanzibar）与"辛吉海"的由来。——译者注
[2] 麦斯欧迪（Al-Masûdî，9 世纪末—957 年），阿拉伯历史学家、地理学家、旅行家。——译者注

香（灰琥珀）相关的类似描述屡见不鲜。12世纪的伊德里西[1]讲述，暴风雨的第二天经常有龙涎香被冲到岸边，因此哈里发[2]哈龙·拉希德[3]就急急忙忙把下属派遣到也门的沙滩上，让他们打探龙涎香的来历。传说龙涎香是从海底深处喷出来的，继而被鲸鱼吞下。事实上，这种说法很奇怪，但却符合实际情况：渔民们会遇到漂浮在海上的龙涎香，运气好的时候在沙滩上也能捡到一些，有时甚至在某些鲸类的肠子中也能发现。龙涎香看上去像海洋动物身上的瘤块，但实际上，龙涎香仅仅产自一种鲸鱼的肠道，即抹香鲸，而且只是抹香鲸中的很少一部分个体。龙涎香是抹香鲸体内难消化的部分固结而成的，比如，哺乳动物所捕食的头足纲动物（墨鱼、枪乌贼等）的角状嘴与颌骨尤其难以消化。人们可以从抹香鲸尸体中收集、提取龙涎香。每一块的重量从几十克到几十千克不等，有的甚至能达到好几百千克。质地坚硬、易碎，呈暗黄色，闪烁着灰色的光芒。刚提取出来的龙涎香散发着强烈的粪便味，但在海水和空气的氧化作用下，会产生一股明显的烟草、木头和碘的味道。龙涎香跟洋乳香一样，是一种可供焚烧的香料，也可以作为油膏原料来使用。在中世纪的阿拉伯作家以及后来的欧洲作家的作品中，我们还能发现龙涎香的药用价值和食用功能。龙涎香的组成成分中有多种醇，会产生毒性，因此人们认为，是龙涎香导致了鲸鱼的死亡。搭配上麝香、麝毛香的龙涎

---

[1] 伊德里西（Al-Idrîsî, 1100—1166），阿拉伯著名地理学家。——译者注
[2] 哈里发（calife），穆罕默德的继承者，伊斯兰国家的统治者。——译者注
[3] 哈龙·拉希德（Hârûn al-Rashîd），786—809年在位。——译者注

香或其他与龙涎香成分相同的香料，至今仍是用于定香剂的主要动物提取物之一。中世纪时期，阿拉伯的药品杂货商认为，龙涎香具有保健养生等多种功效。

在所有提及辛吉海沿岸国家（即东非海岸的一部分，更确切地说，是从索马里南部到坦桑尼亚北部之间）的阿拉伯作品中，麦斯欧迪的作品是为数不多的根据直接观察写下的作品之一。他生活在 10 世纪上半叶。毫无疑问，麦斯欧迪十分富有，因此他能终其一生周游四方。他为后世留下了《黄金草原》（*Murūdj al-dhahab*）这部集地理、自然和种族知识于一体的百科全书，描绘了一幅仿佛是 4 世纪上半叶的伊斯兰世界的美景。另外，在返回印度的途中，麦斯欧迪借顺风游历了辛吉国和坎巴卢（Qambalû）岛，然后才返回他的祖国——伊拉克。

这是 916 年辛吉国的样貌：一片坚实的带状大陆，长约 700 帕勒桑[1]（约 4000 千米）。那里的居民给牛上鞍辔，把牛当作坐骑，种植小米与香蕉树，食用小米、蜂蜜、肉食与椰子，在汲水点下毒以驱赶大象。他们公认的国王叫作"Mfalme"，他们称最高的神为"Maliknajlu"，意为"天主"。我们能轻松识别出这是一种属于班图语系的语言，因为已经出现了一个阿拉伯词语——"malik"（国王）；这种语言是如今这片非洲地区使用的斯瓦希里语的母语。当时的社会还不信奉伊斯兰教。辛吉国的南边延伸出另一个国家，我们不太清楚其确切的边界，这个国家叫作索法拉，[2] 而这个地方

---

[1] 帕勒桑（parasange），古代波斯长度单位，3—4 英里。——译者注
[2] 索法拉（Sofala），历史上著名海港，位于莫桑比克（葡属东非）。——译者注

的居民被称为瓦克瓦克族（wakwak）。黄金与"其他稀世珍宝"正是来自这里。但并没有证据能够证明这一点：可能是辛吉人自己在这一带进行交易，而信息多半源于这些辛吉人。

沿辛吉海岸航行一两天就能到达坎巴卢岛。也许，这座岛就是如今位于坦桑尼亚海岸最北端的奔巴岛（Pemba）。麦斯欧迪告诉我们，那里的居民中既有拜物教徒，又有伊斯兰教徒，后者吹嘘他们拥有自己的王室。毫无疑问，这便是斯瓦希里文明的雏形，始于11世纪初，随后逐渐发展并扩散。这是一种非洲文明，穆斯林文明，是一种向海文明，也是一种商业文明（参见第21章）。在这里，一位旅行家或一位穆斯林商人能得到礼遇，并遇到对他的生意感兴趣同时愿意成为该地区中间商的合作伙伴。但是，麦斯欧迪真的去过辛吉一带吗？我们无从确认，我们也许会觉得他贸然前往不够谨慎，因为据说当地有食人族，而且坎巴卢岛的岛民真的愿意让其他人从商业交易中分得"一杯羹"吗？他们自己也许会做生意，买卖一些货物，比如，最完整的非洲豹皮——在阿拉伯国家被用作马鞍；比动物角更为稀罕的龟壳，可用于制作梳子与其他装饰品；比印度象牙更大的象牙；当然，还有最上等的龙涎香。

麦斯欧迪所描述的沿海区域是相互连接的几个部分。坎巴卢是第一个连接处，接着是辛吉国与索法拉国的交界处。这些连接处是两个文化符号不同的世界的交界处，但与此同时，这些交易点的商品价值得到了对方认可。来自未知的南方的黄金、龙涎香、象牙与可能产自敌国海岸的毛皮，这些商品从某个体系的房间流向了另一个房间，而这个体系的运行规则只有看门人才懂。当然，我们知道这片组织严密的区域并非一成不变。实际上，区域划分会发生变动——比如几个世纪以后，坎巴卢人将遍布辛吉沿岸，他们甚至在索法拉国开设了海外商行（参见第 19 章）。

前往坎巴卢的船主与领航员一般是阿曼（Oman）的阿拉伯人，或者是锡拉弗（Siraf）的波斯人。麦斯欧迪曾与其中几位一同航行，他提到了几个熟悉的名字，这些人不幸在海上遇难。伊斯兰世界的贸易发展初期，正是这些人在阿拉伯海上开展贸易活动，也就是说，贸易范围在非洲海岸与印度海岸间的印度洋北部，而且贸易范围延伸至中国。这也正是象牙的流通路径：象牙在阿曼过境，然后到达东方国家。麦斯欧迪说，在印度，人们用象牙制作象棋棋子、匕首的刀柄与刀剑的护手；而在中国，象牙则被用于官员与军人乘坐的轿子内部，或者把象牙放在祭坛上作为香料焚烧。而且，引领这项贸易走向“东方”的或许就是中国，因为亚洲象牙不管是在数量上还是体积上，都无法满足中国的需求。龙涎香也是如此。古时候，地中海地区的居民并不了解龙涎香，也就是中国人口中的“龙的唾液”，所以无论是龙涎香的起源故事还是“龙涎”的传说，一切都说明龙涎香在阿拉伯作家心中激起了一种全新的探索欲。商人们敏锐地嗅到了这股中国味道，于是将龙涎香带出了遥远的非洲海滩。

参考文献：

有关东非海岸，最便于参考的文集是 Greville S. P. Freeman-Grenville,

The East African Coast. Select Documents from the First to the Earlier Nineteenth Century (Oxford, Clarendon Press, 1962)。

有关麦斯欧迪的文章，通常参考的校勘本与译本法语版本是 Maçoudi, *Les prairies d'or*, édition et traduction par Charles Barbier de Meynard et Abel Pavet de Courteille (Paris, Imprimerie nationale, 1861—1877, Vol.9)。

夏尔·佩拉（Charles Pellat）在亚洲公司（la Société asiatique）的赞助下，出版了麦斯欧迪文章的修订本（标题同上，Paris, 1962—1997, Vol.5）。

Charles Pellat, *l'Encyclopédie de l'Islam* (2ᵉ éd.) 中对麦斯欧迪进行了概述，其中包括了所有重要的传记和参考书目的细节。

Thomas M. Ricks, Persian Gulf seafaring and East Africa: ninthtwelfth centuries, *African Historical Studies*, 3 (2), 1970, pp. 339-357，对有关东非海岸边波斯的阿拉伯海之行做了概述，但我们也参考了 George F. Hourani, *Arab Seafaring* (Princeton, Princeton University Press, 1995), pp. 61-68。

Karl H. Dannenfeldt, Ambergris: The search for its origin, *Isis*, 73 (3), 1982, pp. 382-397. 针对围绕龙涎香出现的阿拉伯和欧洲的谜团，收集了一份很好的资料。

3. 一条国界的方方面面

7世纪初伊布里姆堡地区的下努比亚

希罗多德[1]说，埃及是尼罗河的恩赐。这条河流在沙漠间铺开一条狭长的绿地毯，孕育并滋养了一代代文明。尼罗河从河口至阿斯旺[2]都可以通航。这片狭长的陆地因尼罗河实现了文化和政治上的统一，这条大河还确立了各国之间的边界。当然埃及人曾入侵至瀑布南境，埃及军队也曾驻扎在那里，但那里并不完全属于埃及，而是努比亚的边界。这几段瀑布并非巧夺天工，而是几段使水位下降几米或最多几十米的急流而已，并不怎么蜿蜒曲折，分布在绵延几十千米的河流上。突然，眼前的景象变得粗犷起来，四周怪石林立，不再是冲积平原的模样。尼罗河在此时形成了无数支流，在岩石群中穿行而过。瀑布结束了尼罗河的

---

[1] 希罗多德（Hérodote），公元前5世纪古希腊历史学家，被称为"历史之父"。——译者注

[2] 阿斯旺（Assouan），埃及东南部城市，位于纳赛尔水库以北的尼罗河畔。——译者注

狭长地段。

我们习惯从尼罗河下游起给瀑布编号。第一个瀑布在阿斯旺南边，第二个瀑布在瓦迪哈勒法[1]的上游，也就是现在的苏丹。这两大瀑布如今已被淹没至三十米深的人工水库下面。埃及人把依阿斯旺大坝而建成的巨大人工蓄水池称为纳赛尔水库，苏丹则叫它"努比亚水库"。从喀土穆[2]起，尼罗河绕了一个 S 形状，另外四个瀑布就分布于此。从古代起，这片瀑布地区被称作"努比亚"。这个位于埃及南边的邻居受到埃及的影响，6 世纪时开始基督化。但努比亚一直到 14 世纪还存在一些独立的基督教王国。据说，16 世纪甚至 16 世纪之后，苏丹北部还有几个基督教团体，而当时苏丹北部大部分地区皈依了伊斯兰教（现在南苏丹的基督教徒来自 19 世纪的一场福音布道运动）。如今下努比亚[3]已经整个被水淹没。当时，那里是努比亚王国诺巴迪亚（Nobadia）的领土，后来诺巴迪亚不再是个独立的王国，成了另一个基督教王国马库利亚（Makuria）的北方省。马库利亚的首都栋古拉（Dongola）位于第三个瀑布和第四个瀑布之间。当时，埃及为拜占庭帝国所统治，基督化的努比亚因而受到了埃及的庇护。但好景不长，642年，阿拉伯军队占领了埃及，并在埃及设立总督。努比亚人始终

---

[1]　瓦迪哈勒法（Ouadi Halfa），苏丹北部边境城市。——译者注
[2]　喀土穆（Khartoum），苏丹共和国的首都。来自乌干达的白尼罗河与来自埃塞俄比亚的青尼罗河在此交汇，向北奔向埃及流入地中海。——译者注
[3]　下努比亚（la Basse-Nubie），一般从阿斯旺到瓦迪哈勒法被称为"下努比亚"。——译者注

遵从亚历山大城[1]科普特教会的埃及大主教，但是，从那以后，他们遭遇了伊斯兰教势力的影响。

1972年，考古队对埃及位于努比亚地区的伊布里姆堡（Qasr Ibrîm）进行了发掘，当时水位开始上涨，考古队员在几乎绝望之际挖掘出几卷关于努比亚历史的纸莎草纸。其中一份文件是用阿拉伯语写的，也就是当时埃及的官方语言。其余几份是科普特语，即埃及的民间语言，或者有可能是努比亚王国的官方语言。阿拉伯语文件写于伊斯兰教历141年7月，即公元758年，差不多是阿拉伯人占领埃及的一个多世纪之后。这是一封埃及总督写给努比亚国王的信件，可能又被转交了伊布里姆堡的下努比亚基督教总督，而总督应将信件的内容传达给位于栋古拉的君主。其余三份文件尚未公布于世，但我们知道，这些文件是一位在埃及定居的努比亚人写的，陈述的内容与之前的信件差不多。我们没有找到关于这些文件的其他证据，因此无法了解努比亚国王回复的内容。

这封信是埃及的阿拉伯总督寄给努比亚君主的，总督在信中把努比亚君主称为"领主"（ṣāḥib）而不是"国王"。这封信的口吻十分强硬，几乎违背了外交策略。信中，阿拉伯总督提醒努比亚君主遵守双方签订的《巴克特（baqt）条约》。总督写道，努比亚商人进出埃及十分自由：他们的生命安全受到保护，来去自由，财产也受到保护。但是，努比亚人并没有履行自己的义务：没有

---

[1]　亚历山大（Alexandrie），埃及北部港口城市；由亚历山大大帝建立，是古希腊文明的中心。——译者注

按照义务送交奴隶（除一小部分老弱病残以外）；未引渡在努比亚寻求避难的奴隶；埃及商人受到了骚扰，商品被没收了。密使被急遣至努比亚解决纠纷，按照惯例，他们本应享有外交豁免权，但是却遭到了囚禁。信件最后要求努比亚立即履行并偿清近几年未尽的义务，交还从商人那里掠夺的货物并重建双方友好合法的关系。信件一开始，总督提醒道，按照协议，努比亚国王的生命和财产都得到了赦免；"如果您不服从"，他在最后隐约地威胁道，"我将按照天主的旨意，降下恶果"。

这封信暗示努比亚的君主签署过一个条约。但我们没有这份文件。这份文件是用文字记载的吗？考虑到文件的强制性，确实是很有可能的，如果不靠文字档案，如何使双方签署的条约在事后生效，如何强制双方政府兑现条约的内容呢？伊布里姆堡出土的纸莎草纸间接证明了这一点。我们没有这份文献，但是，众多阿拉伯编年史作家直到15世纪仍在提及。我们遇到了棘手的问题：在探究埃及与努比亚的历史关系的过程中，我们不再参考这份已经丢失的文件。这份文件是何时丢失的呢？这份古老的外交文件是何时从档案中消失的呢？文件消失后，埃及作家仍反复提及，但由于没有文字记录证实其明确的内容，一切都是徒劳的。

在埃及历史学家马克里兹（al-Maqrîzî）所处的时代，也就是15世纪上半叶，努比亚的基督教王国已成为回忆。但是，这位历史学家记述了652年阿拉伯将领阿布德·阿拉·伊本·萨阿德（Abd Allâh ibn Saad）远征栋古拉之后缔结的条约中的条款。首先是停战协定：双方承诺既不攻打也不劫掠对方，在一方同第三方发生冲突时，另一方不得援助任何一方。马克里兹又说，这份文件预示着本国人可以自由通行至另一片领土，因为埃及的伊斯兰教徒拥有在努比亚定居的自由权。条约还规定，必须驱逐奴隶和穆斯林的敌对分子，从前这些人能在基督教领土上找到避难之所。此外，栋古拉的清真寺必须得到保护和修缮。最后，条约要求努比亚每年提供 360 名身体健全的男女奴隶。

同马克里兹一样，我们通常认为，这份条约很明显是在将附庸身份和沉重的压迫强加于战败的民族。但现代历史学家认为，埃及方面也要履行保护的义务，尊重努比亚人的权利——比如，商人和朝圣者的权利——他们可以从埃及过境。我们尝试从双边贸易条约的角度来解读这份文件。我们能时不时地看出，这份文件仅仅是希望使双方非正式的外交和经济往来制度化。事实上，这些对马克里兹提及的文件或其他文献资料的解读是成立的。一位 9 世纪中期的作者说道："双方同意不再相互进攻，并决定由努比亚人提供奴隶，埃及穆斯林提供小麦和小扁豆。"另一位作者则列了一张清单，列举了埃及人提供的物品：小麦、大麦、油、布料。这部分是条款规定的关于贸易往来的部分。12 世纪，还有一位作家认为，可以肯定的是，努比亚人除提供奴隶之外，还需要提供驯养的猴子、长颈鹿、猫皮和象牙。这些东西成了国家使团的随从——长颈鹿一直是外交行列的一分子，与伊斯兰世界君主身旁的非洲大使同行。

我们说过，这些解读可能都成立。但是，有时这种解读成立，有时另一种解读成立。我们不得不承认，理解并不完全一致，所以我们只能在臣服的条约、商业契约和商品人口自由流通的协约之间，来寻找一个几乎不可能的平衡点。毕竟，这份重要的《巴克特条约》的相关说法很难在内容上互相吻合，看起来更像是不同时代的不同版本。由此，我们推断所有提及这一文件的作者并没有亲眼看到过原始文件——或者看到的不是同一份文件。与其说这份名为"巴克特"的文件是一个条约，倒不如说是一系列修正案，是双方国力对比的变化在法律上的反映——对比之下，通常是埃及更强大一些，不过有时又是努比亚占了上风。马克里兹的版本，其实就是埃及一方胜利的欢呼，虽然这一版本的时代距离胜利的欢呼已经久远，但我们仍能感同身受。

尽管经历了修改，《巴克特条约》仍保留了两个主要特征：一方面，在长达六个世纪的时间里，使努比亚免受圣战的影响，那时，伊斯兰教传播至欧洲和中国；另一方面，条约设立了一系列对埃及有利的不平等条约。尽管伊布里姆堡出土的纸莎草纸所提供的间接证据，体现的是伊斯兰一方的观点，甚至可能是与事实略有出入的观点，我们也不能否认，对于努比亚人来说，《巴克特条约》给他们带来了沉重的负担。否则，我们无法解释9世纪中期一名努比亚王子前往巴格达会见哈里发，商议（或者说请求）取消追讨未按时送交的奴隶，并且请求重新商订巴克特条约，修改为每三年交付一次奴隶。如果《巴克特条约》对努比亚人有利，那么这次协商则毫无意义。

这些似乎互相矛盾的条款，让埃及与努比亚之间的条约显得不同寻常，至少从伊斯兰教法来看。这份条约被称为"baqt"（巴克特）很奇怪，这个词来源于拉丁语"pactum"，最早是从古希腊语"pakton"演变而来。这项条约十分离奇，首先并没有要求所谓的败者努比亚立刻付清债务；而且似乎仅仅要求努比亚进贡，从而让努比亚享受互惠条件；此外，虽然要求努比亚运送奴隶，但又避免强行掠夺奴隶……伊斯兰教徒会放弃胜仗之后的短暂好处吗？还是说，更喜欢没有明确规定法律时效的、从理论上来说永久有效的条约呢？天有不测风云，一般自称为永久的胜者都不够谨慎。不过，我们必须承认当时签署条约时，埃及尚处于不确定的胜利之中，因此我们在很大程度上并不清楚当时的确切情况。另外，我们是否能相信《巴克特条约》就是在 652 年签订的呢？因为一些资料推测当时努比亚胜利了，而不是失败了。但是，不管怎么说，当时的栋古拉都不可能有清真寺。这无疑是个重大的年份错误。有没有可能是马克里兹自己捏造的一个文件版本呢？或者是他在总督官署发现了一份多少还算可信的文件，但在文件上填上了比实际日期更早的时间呢？

　　这封纸莎草纸上口气强硬的信件，让我们百思不得其解。这封信也许仅仅只是法律条约的一个侧面，有无数种让后世注释者感兴趣的解读方式。由于缺少原件，历史只能成为过去注解的再注解。归根结底，所有这些有趣的资料都在关注边界问题。这条边界很明显，大自然在想要入侵的军队面前竖起了一道天然屏障。但与此同时，这条边界又是与人有关的，具有政治意义，相关的权利条款规定了哪些人能通过这条边界，哪些人不能，或者可以从这个方向通过，不能从那个方向通过——埃及人拥有定居努比亚的自由权，但反过来，努比亚人却没有定居埃及的自由；同样，在栋古拉人们必须保护清真寺，但在埃及，信奉基督教的地区则不需要履行这项义务。《巴克特条约》的古怪之处就在于此：伊斯兰教徒希望筑起一条具有双重标准的边界，这条边界对努比亚人紧闭，但为埃及人留有可乘之机。

参考文献：

J. Martin Plumley, An eight-century arabic letter to the king of Nubia, *Journal of Egyptian Archaeology*, 61, 1975, pp. 241-245. 提供了记录在伊布里姆堡出土的阿拉伯纸莎草纸上的文章的第一个版本。校勘本（原版的复制本，编注本和译本）参考了 Martin Hinds, A letter from the governor of Egypt to the king of Nubia and Muqqura concerning egyptian-nubian relations in 141/758, *Studia Arabica et Islamica. Festchrift for Iḥsan 'Abbās on his sixtieth birthday* (Beyrouth, American university of Beirut, 1981), pp. 9-29。重印版收录在 Martin Hinds, *Studies in Early Islamic History*, édité par Jere Bacharach (Princeton, Darwin Press, 1996)。

William Y. Adams, *Qasr Ibrim. The Earlier Medieval Period* (Londres, Egypt Exploration Society, 2010), p. 245. 对作者和科普特语文献的去向进行了解释。

有关其他引用或提及的文献，参考了 Joseph Cuoq, *Islamisation de la Nubie chrétienne* (Paris, Geuthner, 1986)。

同时，还可以参考 Jean-Claude Garcin, *Qūṣ. Un centre musulman de la Haute-Égypte médiévale* (Le Caire, IFAO, 2005), 2ᵉ éd., pp. 39-43 中的细节。

Jay Spaulding, Medieval christian nubia and the islamic world: A reconsideration of the Baqt treaty, *The International Journal of African*

Historical Studies, 28 (3), 1995, pp. 577-594. 提供了一种历史编纂学的批判方法，不过这种方法似乎对伊布里姆堡的文献不很重视。

Derek A. Welsby, *The Medieval Kingdoms of Nubia* (Londres, British Museum Press, 2002), 是关于中世纪努比亚的最全面的概述性作品。

Robin Seignobos, La frontière entre bilād al-islām et le bilād al-Nūba: enjeux et ambiguïtés d'une frontière immobile (VIIe-XIIe siècle), *Afriques. Débats, méthodes et terrains d'histoire*, 2, 2010 [http://afriques. revues.org/800]，对伊斯兰教埃及与基督教努比亚之间国界的矛盾特征提出了十分有用的分析要点。

4. 努比亚乔治二世宫廷上的外交失利

10 世纪后四分之一时期的法拉斯（今埃及）和栋古拉（今苏丹）

这面壁画破损严重，时间将其表面抹去了一大半。我们难以辨别出画面中的人脸，他正对着我们站立，看起来比真人要高大一些。他穿着白色宽松束腰外衣，棕色的右手停在胸前，外衣的袖子镶着花边。右手装饰着黄色细线网，也许是用金线制成的，上面点缀着绿色和红色的圆点，这些圆点也许代表着宝石。外衣用一条镶金的红黄相间的腰带紧束。他身披白色长斗篷，手拿金十字架，披风下摆挂着三个相连的黄色圆球（也是金的），也有绿色和红色的宝石镶嵌其中。这是皇室显贵身上才有的标志。我们发现，他头上只有一只耳朵和一根羽支。皇冠上饰有宝石和十字架，由绿色的头饰和主教冠状的小圈制成，皇冠顶端有一枚六角星。他的背后站着圣母玛利亚。她同样正对着我们，仿佛守护神一般高高在上，怀里抱着裹着红披风的耶稣，红披风上饰有棕色波纹。壁画的两边，人们用希腊文记录了这个传说。希腊文是努比亚教堂举行礼拜仪式时使用的语言。传说中写道，受到圣母玛利亚和她的孩子救世主耶稣庇佑的，是乔治皇帝（Georgios）——扎迦利（Zacharie）之子。我们认为画上的人是乔治二世，而且从周围环境可以推测，壁画是在975年左右完成的。

从1954年埃及阿斯旺高坝奠基，到1972年建造的人工湖达到最高水位，许多考古团队紧急前往即将完全淹没于水下的努比亚地区进行考察。1960—1970年，在联合国的帮助下，以此为目的的"努比亚行动"展开了一些蔚为奇观、史无前例的文物拯救行动，尤其是将阿布·辛拜勒（Abou Simbel）和菲莱岛[1]上各王朝的神殿分块迁移，并在新的河岸上进行重建的保护行动。这些行动在全球范围内传播了"遗产"的理念，并且保护了一些法老时代的珠宝，这些珠宝大有发展旅游业的可能；同时，这些行动还为国际考古队提供了勘探和挖掘的方法，并丰富了几千年来努比亚文明的考古文献。波兰考古队就是在这个背景下，挖掘位于努比亚苏丹地区的法拉斯遗址的。

长期以来，我们认为法拉斯很有可能就是古代的帕科拉斯（Pakhoras）。帕科拉斯是基督教王国诺巴迪亚的首都，7世纪曾一度独立，不过时间很短，后来又成为马库利亚王国（参见第3章）

---

[1]　菲莱岛（Philae），位于埃及北部，在尼罗河上游，是古代宗教圣地；1970年阿斯旺水坝建成后，菲莱岛上的许多庙宇在被高坝水库的水淹没之前迁移到附近的阿加勒凯岛。——译者注

的马里斯省（Marîs）教区的首府。在波兰考古队之前，人们发现一座巨大的"kôm"，这个词在埃及阿拉伯语中指人为形成的土丘。土丘高十五米，顶上立着土耳其城堡和科普特修道院的断壁残垣。在土丘的下层，在后期建筑的沙子瓦砾之下，发现了一度被摧毁的雄伟建筑。这是一片宗教建筑群，年代处于8—14世纪。建筑群中央建有三间厅堂的大教堂，厅堂用大块砂岩和长二十几米的烧制砖建成。8世纪初，大教堂建立在过去长方形廊柱大厅的地基之上，地基用生砖筑成。在教堂祭台的半圆形后堂，也就是建筑群东南部，竖立着一座小纪念堂，里面安放着11—12世纪努比亚主教们的遗体。在大教堂大门左手边，也就是遗址北部，分布着主教和省督（总督）的宫殿、从前的修道院以及几处住所。大教堂大门右手边，也就是建筑群南部，保留着另一座教堂和早先几位主教的坟墓。

帕科拉斯大教堂的发现在发掘者中间引起了一阵骚动，当时许多媒体也纷纷响应。大教堂保留了原来的地基和一部分穹顶。自14世纪被弃用之后，大教堂之所以能保留一部分，全靠上层堆积的沙子和碎片将之掩埋。很快，这座堆积而成的土丘因顶上新建的建筑而固定不动了。也许，更令人印象深刻的是，大教堂保留了壁画，毕竟对于历史来说壁画更为珍贵。考古人员当场研究并复制了壁画，然后将之从墙上剥离。他们在壁画上发现最多的是古代的人物。除耶稣生前的画面（《旧约》并没有给努比亚的艺术家多少启发，除"火炉里的三个希伯来人"这一明显的特例），这些壁画表现了对圣母玛利亚、大天使、圣人和使徒这些保护者

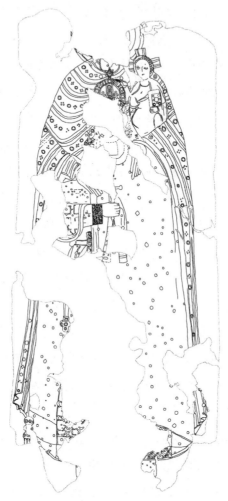

图为努比亚乔治二世壁画的说明图。从图上我们能清楚地看到国王与圣母服饰的华贵，国王左手边的幼年耶稣和国王的王冠。

资料来源：由玛加达勒纳·沃兹尼亚克（Magdalena Wozniak）精心转绘，工作还在进行中，参考 *Iconographie des souverains et des dignitaires de la Nubie chrétienne: les vêtements d'apparat,* thèse de doctorat, université Paris 4-sorbonne, 2013。经作者许可。

的偏爱。但是，其他图像则明显像是官方为了纪念帕科拉斯的主教，甚至是皇帝、皇后以及达官贵人而创作的。这也就是说，教堂右殿的一间侧面房间是为其中某些人物准备的。壁画所描绘的人物中有一位名叫克鲁多斯（Kollouthos）的主教、受圣皮埃尔庇佑的帕科拉斯主教皮埃尔（Petros），甚至还有乔治二世与圣母玛利亚。

　　1964年，大教堂淹没于人工湖水下。就在差不多刚好一千年以前，埃及的新主人法蒂玛人（fatimide）急遣一位大使前往努比亚。"阿斯旺人"伊本·苏拉伊姆·阿里－乌斯瓦尼（Ibn Sulaym al-Uswânî）很有可能就是在972—973年执行这一任务的使臣。他根据这段经历，总结了一部名为《努比亚人的历史》的作品。这部作品现已失传，但是，其中大部分片段被后来的阿拉伯作家保存了下来。旅行家留下的片段成了对基督化努比亚的仅有的亲眼见证。这部作品包含间谍加使臣的作者自认为能够记录下的所有信息，包括地理环境、国家领土划分、行政组织、努比亚王国马库利亚的资源等。

　　阿里－乌斯瓦尼被派往吉尔吉斯（Jirjis）皇帝身边，Jirjis是乔治（Georgios）或乔治二世的阿拉伯拼法。阿里－乌斯瓦尼传达了两个请求。第一个请求，就是恢复《巴克特条约》中商业条款的效力。两个世纪以来，两国严格遵守《巴克特条约》，但是，据此我们推断努比亚人已有一段时间没有具体实施条约内容了；努比亚人同意了，并且表示国王认为即便这个不平等条约再次生效，他也足够强大，能够承担其后果——不过，也许还没有强大到能够拒绝这个请求。第二个请求，就是努比亚国王皈依伊斯兰教。国王召集顾问大臣商议后，拒绝了使臣的请求，并且反过来请他皈依基督教。大使应满足于这个回复——埃及国王提出这样的请求，说明他自认为足够强大——不过，也许还没有强大到能够强制执行这一请求。

科普特教编年史作者虔诚地记录下了亚历山大城的科普特"教皇"的生平。历经几个世纪，他们创作了一部巨著《大主教史》（l'Histoire des Patriarches）。有时，在这部有关埃及教会（穆斯林作者称为雅各布派教会）的连续不断的传记中，他们融入了有关其他东方教会的叙述，后者也服从亚历山大城的管辖。因此，我们时而从中发现埃塞俄比亚或基督化努比亚的相关细节。这些细节很重要，但却不为人知。记录费洛特（Philothée）大主教（979—1003年科普特教会的领袖）生平的作者，就为我们叙述了一段别无旁证的历史；这段历史发生在阿里－乌斯瓦尼拜访栋古拉之后的几年时间里：埃塞俄比亚国王给努比亚国王吉尔吉斯（也就是乔治二世）寄了一封信，请求努比亚国王前往大主教身边进行调解，从而使埃塞俄比亚国王获得主教赦罪，并为他和他的王国所遭受的诅咒画上休止符。简言之，乔治皇帝被赋予了一项调停的任务，埃塞俄比亚皇帝请求乔治皇帝帮他得到费洛特大主教对埃塞俄比亚教会新任都主教（métropolite*）的认可。我们从《大主教史》中得知，努比亚君主对这个请求给出了肯定的答复，并在邻国埃塞俄比亚国王的信后附上了自己的一封信。调停是顺利的，因为大主教指定了某位名叫丹尼尔（Daniel）的圣马凯尔修道院的埃及修道士，将他派遣至埃塞俄比亚。这次事件十分紧急，由于教会夺权和王朝危机同时发生，情形混乱，埃塞俄比亚国王不得不把教会的命运交由一个仅仅符合埃及人这一项必备条件的人。但这个条件还远远不够，他永远不会得到大主教的认可。从此，所有继任的大主教都不再允许这种近乎分立教会的事情发生。于是，在之后的几十年间，埃塞俄比亚基督徒的都主教一直没有获得认可。没有都主教，神甫又是否被祝圣呢？我们不得而知。总而言之，当埃塞俄比亚国王写信给努比亚国王时，基督教面临一场灾难，当时的情形已经预示了基督教不久之后的消亡。同样严重的是，一位异教徒皇后掌了权，烧毁了村落和教堂，使全国笼罩在恐怖的阴影之下。埃塞俄比亚国王称这些不幸都是源于过去的错误，他借努比亚国王之口，低声下气地请求大主教结束这一切。

　　几年前，埃及新建的伊斯兰教政权请求努比亚国王乔治二世皈依伊斯兰教；几年后，乔治二世又收到了在埃塞俄比亚和埃及科普特教会大主教中间说情的请求，其古怪程度不亚于前者。我们可以推测这层三角关系不只是"多边"外交的单纯巧合。与邻国初次往来的时候，我们会以尝试一下不会带来什么损失为借口，然后请求邻国国王皈依本国的宗教吗？尤其是在我们没办法强制邻国这么做的时候？而且，为了说动严守教规的大主教，我们会请求一个几乎并无什么交集的邻国国王去大主教那里为自己说情吗？而且，如果大主教拒绝通融，自己难免就会名声扫地。因为大主教严守教规是有理有据的：天授的宗教权威不容分割，也不容分辩。从教规来看，亚历山大城的教会当然更愿意看到埃塞俄比亚重新陷入信奉异教的困境，而不是看到埃塞俄比亚挣脱教规的严格束缚。但我们可以相信，在那几年，努比亚受到埃及政权和亚历山大城宗教权威的同等尊敬。努比亚是否应该将这份恩赐归功于圣母玛利亚的庇佑呢？圣母玛利亚站在努比亚的肩上，上天的美意眷顾努比亚，而埃塞俄比亚却拒绝了这份美意。总而言之，阿里－乌斯瓦尼能够证实努比亚当时十分繁荣；尽管当时正处于和平时期，努比亚国王仍提醒他，努比亚的军队数目庞大。

997 年，乔治二世统治的尾声，另一位"麦勒卡"（melkite）基督教教会的主教，也就是我们所说的东正教教会主教，被任命至帕科拉斯，并在大教堂内定居。两大教会发起影响力的斗争，最后麦勒卡教会获得了胜利，但是，我们并不知道这次胜利在努比亚引起了什么样的反响。不过我们能猜测这次胜利的背景。麦勒卡派在埃及伊斯兰教徒的宫殿内策划了一场阴谋：哈里发阿里－阿齐兹（al-Azîz）的正妻、储君阿里－哈基姆（al-Hâkim）的母亲，是一位麦勒卡教徒，她安排自己的一个兄弟担任开罗的主教。麦勒卡派想要取代科普特派，而哈里发很有可能支持教会分裂，所以麦勒卡派主教前往努比亚的事就能在外交上获得埃及的支持。虽然不能使努比亚国王皈依伊斯兰教，但能让努比亚王国遭受基督教教派纷争。阿里－阿齐兹记住了之前的教训；因为阿里－乌斯瓦尼的外交任务报告就是为他而写的。至于科普特大主教，在这个背景下，他还会拒绝支援努比亚吗？因为相比失去一个由异教徒和穆斯林组成的教会，还有更糟糕的事情——那就是眼睁睁看着努比亚落到了其他基督徒手中。

参考文献：

乔治二世的壁画如其他法拉斯图像一样，在遗址被淹没之前，从大教堂的墙上被剥离了下来。这幅壁画如今存于瓦索维（Varsovie）的波兰国家博物馆；其余图像存于喀土穆博物馆。壁画被多次出版，尤其是在 Kazimierz Michałowski, Faras. *Wall Paintings in the Collection of the National Museum in Warsaw* (Varsovie, Wydawnictwo Artystyczno-Graficzne, 1974), n° 34 (pp. 173-176) 这部名录中。我们正是从这部作品中得出了关于遗址的发现以及工作情况、壁画提取情况的要素。斯特芬·雅各比尔斯基（Stefan Jacobielski）在这部作品的第 291 页和第 292 页编录了希腊语的说明文字，编号为 18。

有关法拉斯发掘情况，参考了以下几部作品：K. Michałowski, *Faras. Fouilles polonaises 1961* [= Faras I] (Varsovie, Éditions scientifiques de Pologne, 1962); K. Michałowski, *Faras. Fouilles polonaises 1961—1962* [= Faras II] (Varsovie, 1965); Stefan Jakobielski, Faras III. *A History of the Bishopric of Pachoras on the Basis of Coptic Inscriptions* (Varsovie, 1972); Jadwiga Kubińska, *Faras IV. Inscriptions grecques chrétiennes* (Varsovie, 1974); Janusz Karkowski, *The Pha raonic Inscriptions from Faras* [= Faras V] (Varsovie, 1981); Włodzimierz Godlewski, *Faras VI. Les Baptistères nubiens* (Varsovie, 1979); Małgorzata MartensCzarnecka, *Les Éléments décoratifs sur les peintures de la cathédrale de Faras* [Faras VII] (Varsovie, 1982); Tadeusz DzierżykrayRogalski, *Faras VIII. The Bishops of Faras. An Anthropological-Medical Study* (Varsovie, 1985)。

有关研究综述，参考了 K. Michałowski, *Faras. Die Kathedrale aus dem Wüstensand* (Cologne, Benziger Verlag, 1967)。

关于联合国教科文组织发起的努比亚行动，参考了 Fekri A. Hassan, The Aswan high dam and the international rescue Nubia campaign, *African*

Archaeological Review, 24, 2007, pp. 73-94。

我们之所以认为帕科拉斯和法拉斯是同一个地方，还参考了 Francis L. Griffith, Pakhoras-BakharâsFaras in geography and history, *Journal of Egyptian Archaeology,* 11 (3-4), 1925, pp. 259-268。

有关阿里－乌斯瓦尼的叙述，节译自 Gérard Troupeau, La "Description de la Nubie" d'al-Uswānī (IVe/ Xe siècle), *Arabica*, t. 1, fasc. 3, 1954, pp. 276-288。

有关栋古拉考古团的部分细节，参考 Joseph Cuoq, *Islamisation de la Nubie chrétienne* (Paris, Paul Geuthner, 1986), pp. 56-57。

如果要研究阿里－乌斯瓦尼旅行的意图以及他讲述的历史，参考 Hamad Mohammad Kheir, A contribution to a textual problem: Ibn Sulaym al-Aswānī's Kitāb aḫbār al-Nūba wa l-Maqurra wa l-Beğa wa l-Nīl, *Annales Islamologiques*, 21, 1985, pp. 9-72。

埃塞俄比亚国王写给乔治二世的信件以及其他历史背景要素参考 Stuart Munro-Hay, *Ethiopia and Alexandria. The Metropolitan Episcopacy of Ethiopia* (Varsovie et Wiesbaden, 1997), pp. 130-138。

关于法拉斯大教堂的壁画方案，参考 W. Godlews ki, Bishops and kings. The official program of the Pachoras (Faras) cathedrals, *Between the Cataracts. Proceedings of the 11th Conference for Nubian Studies, Warsaw University,* 27 August-2 September 2006, première partie (Varsovie, 2008), pp. 263-282。需要注意的是，作者以乔治三世（Georges Ⅲ）指代乔治二世（Georges Ⅱ）；这是根据他本人对努比亚国王年代表所做的修订，不过这项修订并未在专家中得到一致同意。

Martin Krause, Bischof Johannes Ⅲ von Faras und seine beiden nachfolder, dans *Études nubiennes* (Le Caire, 1978), pp. 153-164, 对法拉斯的麦勒卡派事件提出异议。

5. "从你们所在的地方再往前，还有人吗？"

7 世纪至 9 世纪的撒哈拉中部

众所周知，后期编纂的阿拉伯军队攻占北非的相关资料并不在少数。乌克巴·伊本·纳菲[1]是阿拉伯攻打马格里布[2]时的指挥官之一，他在 670 年建立了凯鲁万[3]城。根据埃及的传说，乌克巴曾向撒哈拉方向发动数次进攻。他在 642 年首次突破了费赞[4]这片利比亚沙漠。当时他还是将军阿慕尔·伊本·阿斯（Amr ibn al-Âs）的副手，后者赢得了拜占庭统治下的埃及。二十年之后（666—667 年），乌克巴又来到费赞，占领了一座依绿洲而建的城市，其中就有热尔马（Germa），即格尔马特人（Garamantes）的一座古城。编年史家称，乌克巴在到达最后一

---

[1] 乌克巴·伊本·纳菲（Uqba ibn Nâfi），阿拉伯征服时期著名将领。——译者注
[2] 马格里布（Maghreb），非洲西北部一地区。——译者注
[3] 凯鲁万（Kairouan），突尼斯古都，位于突尼斯中部偏东地区。——译者注
[4] 费赞（Fezzan），利比亚西南部历史地区，为撒哈拉沙漠的一部分。近 200 万居民中的大部分居住在中央绿洲中。——译者注

座城市时，可能询问过当地居民："从你们所在的地方再往前走，还有人吗？"人们告诉他，向南行进十五天，就会碰到很多卡瓦尔[1]人。卡瓦尔位于今尼日尔北部。于是，乌克巴动身前往卡瓦尔，占领了所有设防的村落，最后占领了当地政权所在的都城。乌克巴又向当地人问了同样的问题："从你们所在的地方再往前走，还有人吗？"人们表示自己并不清楚。编年史家写道，于是这位征服者就原路返回了。也许，他深信自己已经到达人类世界的尽头。670年，乌克巴征服了几个隶属于罗马阿非利加行省的城市：古达米斯[2]、加夫萨[3]与卡斯提利亚[4]（杰里德[5]的托泽尔[6]地区）。这几座城市大致位于现在的突尼斯，或者阿拉伯语中的伊弗里基叶（Ifrîqiya）。乌克巴还征服了阿尔及利亚和摩洛哥，把所有战败的柏柏尔人[7]充为奴隶。也有人认为，他曾到过摩洛哥苏斯河（le Souss），不过可信度并没有那么高。苏斯河同样是乌克巴的继承人——他的孙子在734年突击的地点。他的孙子带回了大量黄金和两个女俘虏。

这些故事颇具传奇色彩：乌克巴的马蹄下喷涌出泉水，摩洛

[1] 卡瓦尔（Kawâr），或拼作 Kaouar，是尼日尔东北部的峭壁。——译者注
[2] 古达米斯（Ghadamès），利比亚西部的一座绿洲城镇。——译者注
[3] 加夫萨（Gafsa），突尼斯西南部城镇。——译者注
[4] 卡斯提利亚（Kastîliya），突尼斯城镇。——译者注
[5] 杰里德（le Djérid），突尼斯城镇。——译者注
[6] 托泽尔（Tozeur），突尼斯西部的一座绿洲城市，地处杰里德（Djérid）盐洼地与加尔萨（Gharsah）盐洼地之间的地峡。——译者注
[7] 柏柏尔人（Les berbères）是西北非洲民族，属尼格罗-欧罗巴混血人种。实际上柏柏尔人并不是一个单一的民族，它是众多在文化、政治与经济生活相似的部落族人的统称。——译者注

哥少女们只有一个乳房。但是，乌克巴沿着从大草原到撒哈拉东部绿洲的路线一路征战，总是充满疑惑地问同样的问题："从你们所在的地方再往前走，还有人吗？"最终，他在卡瓦尔得到了否定的答案，因为这片绿洲的南边和西边都被环境严酷的泰内雷[1]沙漠阻断。上述情况表明，阿拉伯将领乌克巴的丰功伟绩仅仅是走过了鲜为人知的古道（在古代，这些地方很少有人经过）。这些路在大沙漠中走到了尽头，但其实这个尽头距离乍得湖、尼日尔河灌溉的大草原和稀树草原还很远。当时，人们以为在广袤干旱的撒哈拉沙漠另一边肯定什么也没有。

这些阿拉伯征服者遇到的民族——除罗马和基督教精英，或者应该说是罗马化与基督化的精英之外——就是柏柏尔人。柏柏尔人定居于沿海平原城市，是一个由不同部落组成的大家庭，他们最早在原始时期就已出现，分布于昔兰尼加[2]和大西洋之间。通过古代文献，我们了解到柏柏尔人的组成相对比较明确：今摩洛哥和阿尔及利亚的毛里塔尼亚人，[3]以及今阿尔及利亚和突尼斯的努米底亚人[4]是农耕者。他们中有的定居，有的每月进行一次游牧。昔兰尼加的利比亚人、费赞的格拉马特人以及杰图勒（Gétule）人则是真正的游牧民族。他们不是不知道纪元初期被引

---

[1]　泰内雷（Ténéré）是位于非洲撒哈拉南端、介于尼日尔共和国东北方与乍得共和国西方之间的沙漠，所覆盖的面积在 40 万平方千米以上。——译者注
[2]　昔兰尼加（Cyrénaïque），今利比亚东北部地区。公元前 67 年成为罗马的一个行省。公元 642 年阿拉伯军队征服这一地区。——译者注
[3]　毛里塔尼亚人（Maure），罗马人称为毛里人，为古代北非地区毛里塔尼亚的居住者。毛里塔尼亚相当于今摩洛哥北部与阿尔及利亚中部与西部。——译者注
[4]　努米底亚（Numide），北非古国名，相当于今阿尔及利亚北部。——译者注

进的单峰驼，但通常还是选择骑马或是骑牛。他们聚居在地中海平原和撒哈拉沙漠间的广袤大草原上。这些人正是骑着马向黑人农耕者聚居的撒哈拉绿洲发起进攻的，比如卡瓦尔绿洲。

阿拉伯人的袭击将所到之处的居民变成奴隶，柏柏尔人就是第一批受害者。他们坚持独立，所以最初坚决不接受伊斯兰教化，与几个世纪之前面对基督教化时，表现出一样的固执。后来，柏柏尔人屈服了，接受了征服者的宗教，融入信徒的团体，但他们并没有放弃对故乡的诉求。比起被限定在义务和国界之中的国家概念，他们更喜欢氏族和部落这种偶然的联合。正是因为经常在伊斯兰教中了解了故乡的传说，柏柏尔人才逐渐倾向于接受一位违反规定的传教士，而不是容忍阿拉伯的政治统治。政治统治是伊斯兰教正统派——逊尼派的手段。从此，非洲的柏柏尔人开始践行伊斯兰教少数派教义，尤其是哈瓦利吉派[1]教义。他们巧妙地做到了既表示忠诚，又不屈服于征服所带来的政治统治和社会边缘化。在伊斯兰教传入北非的最初三个世纪里，一片分裂的柏柏尔公国如雨后春笋般冒了出来，不过这些公国逐渐向撒哈拉周围推移。因此，位于凯鲁万的伊巴迪派（Ibadisme）（哈瓦利吉派的支派）伊玛目，[2]在逊尼派进驻突尼斯之前，在761年被信徒们拥护着远离伊弗里基叶；这个神权政治主导的团体在今阿尔及利亚的塔赫尔特（Tahert）重新安定下来，并在此繁荣发展，直到10世纪初，他们才再次迁移至瓦尔格拉（Ouargla）塞德拉

---

[1] 哈瓦利吉派（Kharijisme），伊斯兰教什叶派的支派。——译者注
[2] 伊玛目（imam），某些伊斯兰教国家元首的称号或指伊斯兰教教长。——译者注

塔（Sedrata）。阿尔及利亚西北部的特莱姆森（Tlemcen），或摩洛哥东南部的西吉尔马萨（Sijilmâsa），是另外几个在此期间繁荣发展的哈瓦利吉派公国。如今，伊巴迪派仍在阿尔及利亚姆扎卜（Mzab）绿洲的五座城镇内积极活动。而在其他地方，一些柏柏尔团体在10世纪伊巴迪派之火开始衰弱时受到什叶派的吸引。这个分立的教派同样使巴格瓦塔（Barghwâta）王国得以在摩洛哥中心存活了三个世纪（9—12世纪）。

　　阿拉伯的入侵使柏柏尔国家发生巨大变化，尤其是一些国家的社会经济状况经不起生态平衡的破坏。于是，柏柏尔人遗弃了一些罗马统治的城市，在阿拉伯入侵后重新划分领地，古罗马隶农制下的农业活动所确立的边界因此瓦解了。城市一旦被遗弃，耕地便开始退化，并对长期被阻挡在外的游牧民敞开大门。游牧民曾经历过转变：昔兰尼加的游牧民本来与农耕者是共生关系的，由于居住在条件不利的沙漠，部分昔兰尼加人做出了一个既理想又经济的选择——成为专门牵骆驼的人。也许，在阿拉伯人入侵前，他们就成了沙漠中势力强大的游牧民，是椰枣树园和代养的单驼峰的主人。他们开始朝撒哈拉沙漠挺进，沙漠因游牧民安居的需要和征服的渴望而得到了统一，变得与过去不尽相同；游牧民攻下了撒哈拉的堡垒，并且定期横穿撒哈拉沙漠。他们从的黎波里塔尼亚[1]出发，向西或向南行进。从9世纪末起，卡瓦尔的大多数居民都是柏柏尔人，他们确保北方的奴隶买卖。这些

---

[1]　的黎波里塔尼亚（Tripolitaine），北非历史地区，在今利比亚西北部。——译者注

奴隶是从苏丹买来的"黑人"，是大沙漠的南"岸"（阿拉伯语称作"sāḥil"）——萨赫勒地区的居民。这条跨撒哈拉贸易和跨撒哈拉道路被开辟之后，雅库比（al-Yaqûbî）在9世纪末第一次真正为我们展现了"黑人国家"的面貌。这个刚刚揭下面纱的新世界在我们面前一闪而过："他们住在芦苇建造的茅屋里，那时还没有任何砖砌的房屋"，雅库比描述的这个地方叫作卡内姆（Kanem），位于乍得湖周围。

在撒哈拉西部，我们遇到了另一批沙漠居民："他们没有固定居所，用面纱遮脸……他们的食物来自骆驼，既没有谷物也没有麦子"（雅库比）。这些非常专业的单驼峰饲养员同样也是奴隶贸易的主人，贸易的起点是摩洛哥东南部的西吉尔马萨（参见第16章）。因为他们在与北方买主建立的新型经济关系中变得必不可少，他们以这种方式从伊斯兰政权手中赢得自由，所以这些游牧民毫不犹豫地成为伊斯兰教徒，并在撒哈拉地区的商业伙伴中宣传这一新宗教，例如，加奥国（le royaume de Gao）就在10世纪末皈依了伊斯兰教。游牧民选择了严守戒规的逊尼派；定居者选择了哈瓦利吉派，经历了弃教和教会分离——北非伊斯兰教化初期，柏柏尔人的宗教之路反映了不同的策略，但归根结底，这都是同样的身份选择。对独立的诉求以及地中海地区和萨赫勒间的贸易就有力地证明了这一点。哈瓦利吉派公国塔赫尔特，不就是8世纪末北方第一个踏上历时两个月的跨沙漠之旅的国家吗？不就很快成了第一座贸易繁荣的港口和仓库吗？正如当时的编年史家萨吉尔（al-Saghîr）所说："通往苏丹的道路"——字面意义上的黑人国家——"开启了商业和贸易的大门"。

参考文献：

有关乌克巴·伊本·纳菲的埃及传说由阿卜杜·阿里－哈卡曼（Abd al-Hakam）记载，时间在 930—960 年。本章涉及的节选以及雅库比和萨吉尔的作品的节选均可参考 Joseph Cuoq, *Recueil des sources arabes concernant l'Afrique occidentale du VIIIe au XVIe siècle* (Bilād al-Sūdān) (Paris, Éditions du Centre national de la recherche scientifique, 1985), 2e éd., pp. 44-46 et p. 55。

我引用了瓦西里奥·克里斯蒂德（Vassilios Christides）对乌克巴·伊本·纳菲进行的概述，参考了 *Encyclopédie de l'Islam*, 2e éd。

如果需要古代北非民族表，可以参考这部重要的作品 Jehan Desanges, *Catalogue des tribus africaines de l'antiquité classique à l'ouest du Nil* (Université de Dakar, Publications de la section d'histoire, 1962)。

有关柏柏尔人，有一部从考古学和人种学两个角度进行概述的上乘之作，Michael Brett et Elizabeth Fentress, *The Berbers* (Malden, Blackwell Publishing, 1996)。

有关北非伊斯兰化，参考 Alfred Bel, *La Religion musulmane en Berbérie. Esquisse d'histoire et de sociologie religieuse* (Paris, Paul Geuthner, 1938), Vol. I, *Établissement et développement de l'Islam en Berbérie du VIIe au XXe siècle*。尽管这部作品年代久远，但阐述了柏柏尔人的伊斯兰化过程，这段历史十分具体，文献丰富。有关这个主题的内容，还可以参考 Georges Marçais, *La Berbérie musulmane au Moyen Âge* (Paris, Aubier, 1946)。同时，还应该与 Dominique Valérian, *Islamisation et arabisation de l'Occident Musulman médiéval* (VIIe-XIIe siècle) (Paris, Publications de la Sorbonne, 2011) 这部文集结合起来阅读。

Gabriel Camps, Comment la Berbérie est devenue le Maghreb arabe, *Revue de l'Occident Musulman et de la Méditerranée*, 35, 1983, pp. 7-24，从更现代的角度做出解答，将身份的转换也考虑在内。本章中本人遵循的就是这种方法。

Tadeusz Lewicki, Les origines de l'islam dans les tribus berbères du Sahara occidental: Mūsā ibn Nuṣayr et ʿUbayd Allāh ibn al-Ḥabḥāb, *Studia Islamica*, 32 (1970), pp. 203-214 更关注撒哈拉。

有关柏柏尔人与萨赫勒接触时扮演的角色，参考 Nehemia Levtzion, Berber nomads and Sudanese states: The historiography of the desert-Sahel interface, *Islam in West Africa. Religion, society and politics to 1800* (Londres, Variorum, 1994), item X。

关于塔赫尔特的最出色的研究是：Cyrille Aillet, Tāhart et les origines de l'imamat rustumide, *Annales Islamologiques*, 45, 2011, pp. 47-78；但有关以塔赫尔特为起点的跨撒哈拉贸易的发展，参考 T. Lewicki, L'État nord-africain de Tāhert et ses relations avec le Soudan occidental à la fin du VIIIe et au IXe siècle, *Cahiers d'études africaines*, 2 (8), 1962, pp. 513-535。

对柏柏尔人和一些部落成为专业的牵骆驼人的思考，受启于 G. Camps, *Les Berbères. Mémoire et identité* (Arles, Actes Sud, 2007, 1re éd. 1980)。

关于伊斯兰教时代前的跨撒哈拉贸易，既有假设其存在的文章，也有破解其存在之谜的文章。史料最丰富的文章认为，在整个古代，定期贸易并不存在，不过并不排除偶尔的往来。参考 John Swanson, The myth of trans-saharan trade during the roman era, *The International Journal of African Historical Studies*, 8 (4), 1975, pp. 582-600; 或者 Claude Cahen, L'or du Soudan avant les Almoravides: mythe ou réalité?, dans *Le Sol, la parole et l'écrit. Mélanges en hommage à Raymond Mauny* (Paris, Société française d'histoire d'outre-mer, 1981, Vol.2), Vol. Ⅱ, pp. 539-545。

把单峰驼引进非洲，参见 Roger M. Blench, African minor livestock species, dans R.M. Blench et Kevin C. MacDonald (sous la direction de), *The Origins and Development of African Livestock* (Londres, Routledge, 2000), pp. 315-317。

6. 四万二千第纳尔

10 世纪中期的奥达戈斯特（今毛里塔尼亚）

伊本·豪盖勒（Ibn Hawqal）到底是撒谎还是记忆力衰退了，这并不重要。我们将《省道和省区》（*Kitāb al-Masālik wa'l-mamālik*）这部作品归功于这位波斯地理学家（他用阿拉伯语创作）。这本书是他在旅行经历的基础之上创作出来的，最后一次润色可以追溯至 988 年。在书中，伊本·豪盖勒多次确认，他不久前（他的旅行可以追溯至 951 年）在奥达戈斯特（Awdaghust）看到一张四万二千第纳尔的支票。很有可能，他只在西吉尔马萨看到过这张支票（参见第 16 章）。也许，他想让人们相信他的行迹直至黑人国家，为此篡改了一点事实：如果一张在撒哈拉南部发行的支票能在北部兑现，那么，一个旅行者有没有走过与支票流通方向相反的路线就不重要了。如果两地之间只是两个港口间的距离，那如何解释整整两个月的穿越之旅呢？无论如何，这段错误的记忆让我们了解到 10 世纪跨撒哈拉贸易在西撒哈拉的终点。

人们第一次提到奥达戈斯特，是在支票事件发生前一个世纪：从西吉尔马萨出发，行走 50 天，行进约 2000 千米之后就能到达奥达戈斯特，途中会穿过规模庞大的游牧民族桑哈扎人（Sanhâja）的国度。奥达戈斯特是一片绿洲，那里的居民不信教，也就意味着他们不是伊斯兰教徒；他们劫掠苏丹人，因此他们也不是黑人。如果根据伊本·豪盖勒所处时期的主流观点以及后来的地理学家阿巴克里（al-Bakrî）（他同时也研究一点历史）的说法，这片绿洲的居民则与周围的居民一样，也是桑哈扎人，是柏柏尔游牧民中的一个大联邦。我们可以推测，那时他们已成为伊斯兰教徒。我们甚至了解到 10 世纪 60 年代的国王名叫提恩·雅鲁坦（Tî-n-Yarûtân），他自以为能统治一个要走两个月才能穿越东西或南北的国家，能号令一支拥有 10 万头骆驼的军队，能坐拥 20 个向其进贡的黑人王国。伊本·豪盖勒进一步明确道，这位出生于权力世家的国王，也是拥有 30 万顶帐篷的桑哈扎人的国王。那么，这片撒哈拉南缘绿洲的居民究竟是谁呢？是一个古老的混杂种族吗？还是一群曾经驱赶或未曾驱赶当地黑人的、与世隔绝并定居于此的柏柏尔人呢？这里是曾把传统部落联邦制变成世袭王国制的大群游牧民的首都吗？还是他们的最后定居点呢？我们无从得知。我们手头的资料还不够详尽，而且事态变化得太快：在伊本·豪盖勒的记述之后 75 年，城市的居民已与先前不同。在 1054 年或 1055 年，当地居民遭阿尔摩拉维德王朝[1]大举入侵时，当地人已变成了扎纳塔人（Zanâta）——另一支庞大的柏柏尔游牧民和阿拉伯人的群体。阿尔摩拉维德人进行掠夺的借口，是该城处于苏丹王国的统治范围内，即十天行程之外的加纳王国（le Ghâna）。奥达戈斯特人奋起反抗，但只能苟延残喘。

我们曾经认为，奥达戈斯特遗址就是泰格达乌斯特堡（le ksar* de Tegdaoust），位于毛里塔尼亚的胡德省（le Hodh），也就是沙漠和撒哈拉大草原的过渡区。1960—1976 年，在丹尼斯·罗伯特（Denise Robert）、瑟杰·罗伯特（Serge Robert）和让·德维斯（Jean Devisse）的带领下，人们在此进行了发掘。地形测量的数据和考古发掘的结果都证明了奥达戈斯特与泰格达乌斯特是同一个地方。这座遗址约 12 公顷，像一座废墟堆成的小丘，从前似乎被一条河流环抱，而如今河流已经干涸。从遗址中我们发现，自 9—14 世纪，一直有人居住于此。在与我们手头的文字资料时代一致的地层上，浮现了一座这样的城市：城中小路交错，小路两旁时而摆放着长椅；根据居住的时期判断，房屋用黏土草泥砖（banco*）和石头建造，墙上仍留有红白相间的粗涂灰泥层的痕迹。清真寺中陈列着米哈拉布（mihrâb*），那是为信徒们指示麦加方向的壁龛。米哈拉布指向东南偏南，但在这一纬度它本应该指向东方。我们认为，这一明显谬误，指出了第一批信徒源自北

---

[1]　阿尔摩拉维德王朝（Almoravides），继法蒂玛王朝统治马格里布（Magheb）的柏柏尔人王朝，兴盛于 11 世纪和 12 世纪初。建国者是阿布达拉·伊本·亚辛（Abdallah ibn Yasin）。——译者注

非。另外一些房屋是地中海式的构造，其房间绕庭院分布，庭院内时而会挖井。至于进口的瓷器，则是在马格里布制造的。我们发现了小口径的白釉或青釉瓷器的碎片，尤其是近百盏油灯的碎片。而与阿拉伯钱币重量相当的玻璃筹码——代用币（dénéral*），则表明人们在此做过买卖。

考古学证明人们曾在此居住了几个世纪，文字资料甚至吹嘘这里有近两百年的伟大繁荣时期，跨撒哈拉干线的南部终点因此留下了丰富的遗物。但是，我们再也无法重现这些画面：奥达戈斯特的椰枣树园、无花果树、葡萄树、手艺精湛的黑人奴隶准备的蜂蜜糕点，或者也许同样是奴隶的、乳房坚挺的白人少女，任何一点回忆都使阿巴克里感动，其中也包括关于四万二千第纳尔的支票的回忆。我们得知发行支票的是奥达戈斯特的穆罕默德·伊本·阿里·萨顿（Muhammad ibn Alî Sadûn），受票人是西吉尔玛萨的阿布·伊萨克·易卜拉欣·伊本·阿卜杜·阿拉（Abû Ishâq Ibrâhîm ibn Abd Allâh）。这是一张支票，或者换一种更符合历史年代说法，这是一张付款的书面凭证（"şakk"，阿拉伯术语，也许就是指"支票"）。"总之，这是一张总额惊人的汇票"，伊本·豪盖勒如是说，他给将信将疑的伊拉克和波斯商人讲述了这个趣闻。

从伊本·豪盖勒文中存在的内在矛盾来看，我们认为可以推测出他是在西吉尔玛萨遇到的支票持有人，而不是在奥达戈斯特。然而，我们并没有考虑这个数额意味着什么。毋庸置疑，这张支票证实了两座城市间的贸易有利可图，而且两者的贸易建立在高度信任的基础之上。那么，这到底意味着什么呢？这样一笔钱也

数次发掘活动后，泰格达乌斯特初见天日，这是其东部街区的测绘图。这张第三沉积地层测绘图可以追溯至 10 世纪。从中我们清楚地看到一片道路网，道路在互相"让步"的建筑群间蜿蜒而行，这些建筑群形成了以庭院为中心的住宅单元。

资料来源: D. Robert-Chaleix, *Tegdaoust V* (Paris, Éditions Recherche sur les civilisations, 1989), pp. I. vii.

许更像是一笔投资费用，而不是购买货物的费用；无论如何，投资应该是在奥达戈斯特完成的，如果西吉尔玛萨可以用现金支付这张支票，那就意味着那里有一家经济基础牢固的公司或借贷行。支付支票的时间更可能是在沙漠商队到达并卖出在奥达戈斯特装上的货物之后。我们知道奥达戈斯特向南方国家出售盐，这些南方国家进行囤货；而奴隶贸易的路线则与之相反。人们正是在阿维利尔（Awlîl）盐矿采得贸易所必需的盐，这座盐矿位于海滨地区，距离奥达戈斯特有一个月的行程。人们如何支付呢？我们无从得知。但是，这项投资的花销很可能由向北方国家转卖其他产品来弥补，如在印度洋海岸享有盛誉的（参见第 2 章）同样也能在大西洋海岸收获的龙涎香。

如果说这笔钱是一笔财政预付款，用来购买要转卖的货物，并全额返还投资（当时就已实行这种制度），我们仍然没办法解释支票的总额。书面资料告诉我们，奥达戈斯特进口（从北方）铜，出口（往北方）黄金。结论显而易见：南方出口黄金，并用出售的黄金换取铜。但考古的结果告诉我们，这不是一项单纯的天然金属贸易；实际上，发掘出的文物显现出加工和制造活动的痕迹。除进口的加工铜器，我们还在文物中找到了摩洛哥铜矿出产的杆状与块状的铜。也许，铜器制造者们会用这些铜制做一件奢华的餐具，或者是一件卖到南方的首饰。在南方，黄金以金砂为单位购买，据说，金砂同样能在奥达戈斯特市场上支付小桩买卖。但是，黄金并不是以这种形式再出口的：事实上，人们铸造金块，这些金块在西吉尔玛萨被重新熔化，用以铸造钱币。从文物中我们还发现了锭模，能被用来制造玻璃。人们用金子制造首饰上的金银丝细工。有些金银匠也会在现场用黄铜合金铸造的耳环、胸针和戒指；我们还发现了珠宝的碎片以及熔锅和模具。享誉整个撒哈拉和马格里布的大羚羊皮制盾牌以及瓷器、当地玻璃制品、贝壳里的珍珠和鸵鸟蛋壳，所有这些商品勾勒出一个真正的"手工业中心"。除此之外，奥达戈斯特还是一个"工业"中心，得益于作为货物集散地和贸易港口这一得天独厚的位置。也许，正是这一要求巨额投资的贸易事实，才能解释伊本·豪盖勒所目睹的支票总额。

参考文献：

伊本·豪盖勒的作品有法语版：*La configuration de la terre,* édition et traduction par Johannes Hendrik Kramers et Gaston Wiet (Paris, Maisonneuve et Larose, 1964—1965), 2 volumes；2001 年，由同一家出版社发行影印再版，安德雷·米凯尔（André Miquel）作序。

文中提及的片段，参见 Joseph Cuoq, *Recueil des sources arabes* (Paris, Éditions du CNRS, 1985)。

Le lieutenant Boëry, Le Rkiss (Mauritanie). Essai de monographie locale, *Bulletin du Comité d'études historiques et scientifiques de l'Afrique occidentale française*, X, 1927, pp. 353-367, 首先提出将奥达戈斯特和泰格达乌斯特视作同一地点的假设。后来，这一假设又重新提及，参见 Raymond Mauny, Les ruines de Tegdaoust et la question d'Aoudaghost, *Notes africaines*, X, 48, 1950, pp. 107-109。

有关泰格达乌斯特的考古活动，出版了数卷书籍：Denise Robert, Serge Robert and Jean Devisse (sous la direction de), T*egdaoust I. Recherches* *sur Aoudaghost* (Paris, Éditions Recherche sur les civilisations, 1970); Claudette Vanacker, *Tegdaoust II. Fouille d'un quartier artisanal* (Nouakchott, 1979); J. Devisse (sous la direction de), *Tegdaoust III. Recherches sur Aoudaghost. Campagnes 1960—1965: enquêtes générales* (Paris, 1983); Jean Polet, *Tegdaoust IV. Fouille d'un quartier de Tegdaoust (Mauritanie orientale)* (Paris, 1985); D. Robert Chaleix, *Tegdaoust V. Une concession médiévale à Tegdaoust* (Paris, 1989).

Denise Robert, Les fouilles de Tegdaoust, *Journal of African History*, XI (4), 1970, pp. 471-493; Serge Robert, Fouilles archéologiques sur le site présumé d'Aoudaghost (1961—1968), *Folia Orientalia*, XII , 1970, pp. 261-278. 这两篇文章分别提供了有关 1970 年发掘情况的综述，提供了关于现场的可靠消息（综述问世后，1976 年又进行了一次发掘活动）。第二篇文章再一次记叙了考古团队的发掘活动以及在这样一片土地上所受到的后勤制约。

D. Robert-Chaleix, Lampes à huile importées découvertes à Tegdaoust: premier essai de classification, *Journal des africanistes*, 53 (1-2), 1983, pp. 61-91. 这篇文章另辟蹊径，对油灯进行了描述性研究和类型学方面的研究。

Raymond Mauny, Notes d'archéologie sur Tombouctou, *Bulletin de l'Institut français d'Afrique noire*, t. XIV , n° 3, 1952, pp. 899-918 (ici p. 903, note 1), 指出马格里布老清真寺的朝向大致与凯鲁万清真寺的朝向一致，清真寺中的米哈拉布与地理上的北方相比偏离了 115°。

Ann McDougall, The view from Awdaghust: war, trade and social change in the southwestern Sahara, from the eighth to the fifteenth century, *Journal of African History*, 26 (1), 1985, pp. 1-31. 这篇文章从泰格达乌斯特案例出发，对该区域移民的历史进行了研究。

我们之所以质疑伊本·豪盖勒在奥达戈斯特停留的真实性，是因为受到了下列作品影响：Nehemia Levtzion, Ibn Hawqal, the cheque, and Awdaghost, *Journal of African History*, 9, 1968, pp. 223-233。

7. 这不是一座城市：有关加纳首都

1068 年左右的奥克区（今毛里塔尼亚）

为了不造成歧义，首先要说明一下中世纪时期的加纳（Ghâna）并不是与其名字相同的加纳共和国。加纳共和国是几内亚湾沿岸的国家，位于科特迪瓦和多哥之间。直到独立时期，加纳共和国才从加纳那里借用了这个名字。这么做产生了崇敬和继承遗产的双重效果。另外，有关加纳及其演变的历史，也许就是一个关于名字的历史。这个名字就像一束光线，从第一次出现就指明了并且过度曝光了萨赫勒地区的政治实体。至于其他情况，我们知之甚少。如果不是经阿巴克里证实，我们并不知道加纳在成为首都后来又成为国名之前，先是国王的称号——这个国家的名字原来叫奥卡尔（Awkâr）。

阿布·乌巴亚德·阿–阿巴克里（Abû Ubayd al-Bakrî）本可以继承父亲的王位。他的父亲是伊斯兰小公国韦尔瓦–萨尔特斯（Huelva et Saltès）唯一的国王。公国位于伊比利亚半岛的大西洋海岸。11 世纪，政治形势并不稳定。阿巴克里有一个伟大的志向，在科尔多瓦（Cordoue）居住期间，除享有文献学家、酒鬼和藏书家的盛名之外，他还以当时最为杰出的地理学家的身份名闻遐迩。也许，他从未游历过祖国安达卢斯（al-Andalus）以外的地方，但是，他能够接触到官方档案以及此后丢失的前人的书面文件。他在《商路与国家之书》(*Livre des itinéraires et des Etats*) 中谈到了商人在非洲撒哈拉沙漠中行走的路线。正是由于这个学识渊博而又追求享乐的人，我们才从本书的字里行间欣赏到对"加纳"精彩绝伦且独具一格的描绘。由于名字的相似会产生误解，一直以来我们都称这个地方为加纳。从中，我们看到了非洲王国繁荣时期的最初阶段。另外，正因为如此，英国殖民地黄金海岸 1957 年获得独立后，借用了"加纳"之名。

加纳既不是意义重大的第一个非洲王国，也不是唯一的一个，也不是那个时代中最重要的一个；但是，阿巴克里把它写进了书里。这位作者一丝不苟，觉得没必要让读者相信非洲人低人一等。他告诉我们，当时的国王（大约 1068 年）是某位冬卡·曼宁（Tankâminîn）。1062 年，他从舅舅那里继承了王位。这一传统震惊了这位阿拉伯作者——北非没有任何一个地方实行母系继承制，除了一个非典型的柏柏尔种族雷格，[1]但母系继承在非洲撒哈拉地区很常见。这位国王往伊斯兰国家出口黄金，并向进入本国的盐

---

[1] 图阿雷格人（法语：Tuareg，也常拼写为 Touareg）是一支主要分布于非洲撒哈拉沙漠周边地带的游牧民族，是散布在非洲北部广大地区的柏柏尔部族中的一支。图阿雷格人曾一度控制撒哈拉沙漠南北的奢侈品与奴隶贸易，利用五条纵贯沙漠的贸易路线连接撒哈拉沙漠以南的大城市，与非洲北边的地中海沿岸。——译者注

和铜收税。他拥有一座宫殿及几处住所，四周围了一圈城墙。我们倾向于用法语中的"茅屋"来指代文中提及的拱顶房屋，让读者想象出用糊在柴排上的柴泥（torchis*）筑成的住所。但是，文本实际上描写的是一栋用石头和木头铸造的建筑。在王城周围也能看见类似的住所，还有小灌木丛和树林。掌管当地宗教的祭司正是在这些禁止游客入内的地方举行宗教仪式。阿巴克里把当地宗教称作"魔法教"（madjūsīya），而殖民地科学家可能称为"泛神论教"。那里立着国王的墓碑以及"偶像"，因为词语"dakākīr"很有可能就是指用木头或陶土制成的前代君主像。人们向君主像供奉祭品，并用发酵的饮料浇祭。为阿巴克里提供信息的，是一位天才的人种学家，他还把自己的亲眼所见告诉了这位堪称最杰出的作家：从阿巴克里的描述中，我们认出了一个熟悉的世界，一个崇拜先祖、崇拜赐福或者发怒的神灵的世界，一个向家庭及世系所受到的庇佑、向圣林中的避风港表示崇敬的世界，以及一个需要定期准备合适祭品的世界。

王城附近有一座圆顶大厅，大厅周围排列着十匹马，马上盖着镶有金边的布；大厅门口坐立着几只戴着金银颈圈的狗。年轻侍从站在国王身后，手持仪式专用的黄金宝剑和盾牌。而站在国王右侧的藩邦国王的儿子，头发中间也编入金丝。席地而坐的是大臣和王城总督。鼓声宣布开庭。原告俯首跪拜，将尘土撒在自己的肩上。这场御前庭讯可以开始了，其目的是弥补国王的官员使他的臣民所蒙受的不公。

我们能毫不费力地从奥卡尔这个名字中辨认出"奥克"

（Aouker）这个词，这是一片位于今毛里塔尼亚南部的自然地带。冬卡·曼宁的国家有可能只有这一个名字。而且，如果国王拥有了朝代名称，承认其王位合法性的藩邦以及受其公正对待的广大子民，那么，一个王国还要有一个名字吗？在这种情况下，某个地区的名字或国王的称号，很可能因为提喻法而变成整个王国的名字——只要任何一位外来的游客有这个需要。但是，我们也可以推测奥卡尔就是王国真正的名字，这个名字被保存在当地地名名录中。奥克如今是一片几乎荒无人烟的巨大尔格（erg*）的名字。但这片区域并非全然是不毛之地；含水层就在地下几米处，大片牧场的突然出现正是得益于此。这些沙子是流动的，在上一个千纪年中向南推进。

奥克南界的昆比萨利赫（Kumbi Saleh）地处瓦加杜（Wagadu）地区，所处的盆地被高地和固定沙丘包围了。我们确信，昆比萨利赫遗址就是阿巴克里笔下的加纳的首都。来到这里，就等于我们来到了定居民族的生活边界：一大片水塘有时会在雨季出现；第一座农耕者的村子就在往南几千米处。一个世纪以来，考古工作者进行了数次定位和开采活动，并且发掘出了建筑和家具的残骸。这些遗物证实了我们想象中的中世纪萨赫勒市：考古堆周长约4千米，深7—8米，人们从中发现了广场、道路以及小块板岩筑成的四方形住宅群，还有一座宏伟的清真寺。此外，他们还在外来的家具中发现了上釉的瓷器、代用币（dénéral*）以及珍珠，尽管数量并不多。

原始书面资料与原始考古资料一致，两者无论从哪一点都足

图为昆比萨利赫考古堆的地形图，发掘区域的位置图。

资料来源: S. Berthier, *Recherches archéologiques sur la capitale de l'empire de Ghana* (Cambridge, Bar, 1997), pp. l. iii, 4. 经作者许可。

以证实在现场发现的遗址正是书面文献中提到的首都。昆比萨利赫是西非已知的遗址中最为无与伦比的，这一点无可争议，但它不只这么简单。阿巴克里认为，加纳首都由两座相距六英里（即12千米左右）的城市组成，一座城市的居民是穆斯林，也就是阿拉伯或柏柏尔商人，另一座则是国王居住的城市。正如我们所提到的，石头和金合欢木筑成的房屋围绕在王城周围，看起来有些松散，王城中耸立着宫殿和附殿，住房和庭院。在王城附近，除庭讯厅外，还有一座清真寺，供前来做生意或负有外交使命的穆斯林做礼拜。穆斯林居住的城市中有 12 座清真寺。这座城市不容小觑，很可能意味着这里是一片几百所房屋密集分布的区域，区域周围遍布水井和花园，人们在花园种植蔬菜，也就是说浇灌作物。阿巴克里称，在两座城市中间散布着一些村庄。如果这座遗址确实就是我们想找的加纳首都，那么就表明沙漠曾将首都淹没，或者说是人们任凭沙漠淹没了它。因为我们无论是通过勘探还是航拍，都无法在几千米范围内辨认出些许有意义的、哪怕是最微小的城市结构。

据阿巴克里所言，两座城市合二为一。从那时起，不论是塞内加尔河边还是尼日尔河边，都会发现有类似的情况：穆斯林城与非洲王城之间有一定距离，以防互相干扰，但是两个城市又离得足够近，便于进行真正的贸易互通。但是，是否是由于观察的角度，作者才提出这一双重性呢？而事实上，也许双重性并没有这么明显？穆斯林城区的商人和神职人员被安置——或者更确切地说，被关在一边。他们很可能更想靠近非洲王城，王城就像贸易关系的另一极，也是精英之间依附关系的另一极。他们处在具有对偶性逻辑的经济关系中，除经济之外，他们对这座城市的其他方面视而不见。其实，首都可能是一个多极空间，由村落、王城、住宅区与商业区构成，还包括了其他区域，例如手工业区、军队驻地、举办丧葬仪式或祈祷的地方，另外，与所有城市及其郊区一样，也有废弃的街区、荒地和改造区。其中，村落本身也由不同部分组成，而王城又可划分为供皇室、宗教以及仪式使用的各式空间。这座城市是一个被分解为功能各异的"区域"和"村庄"的整体，相比拥挤的区域，拥有更多的空地。这是一片高密度的住宅区，更是必要的流通空间。这座城市让阿拉伯拜访者，甚至是如今的我们，在这片不知能否称为"城市"的区域面前踟蹰不前。从地形学角度来说，昆比萨利赫具有非同一般的矿层厚度，从城市角度来说，又是出人意料地密集和宽广。毋庸置疑，我们找到了一座重要的遗址，这座遗址也许与阿巴克里笔下的加纳并非没有关联，否则又能与什么有关联呢？但城市花园、周围的村庄、包括皇陵和祭司们秘密祭祖的灌木丛在内的王城又在哪里呢？唯一能够让我们明白各个区域之间关系的，就只有这座与沙漠融为一体的城市的地图了。尽管这幅地图不是理想化或情感化的（花园的凉荫更能体现城市性，而不能说明这是一座城市），而是符合曾经的事实，但在很大程度上是非物质的（城市性是一种不会留下多少痕迹的特点），而且不管怎么说，在沙漠的边缘，这样一张地图提供不了多少信息。如果有朝一日要重新探寻加纳，那么首先应该在这片地方散散步，而不是进行发掘。

在历史文献学传统还没有将目光投向昆比萨利赫之前，身为冒险家、探险家和殖民地官员的阿尔贝尔·伯奈尔·德·梅西埃尔（Albert Bonnel de Mézières）丈量了这片区域。但他并没有运用系统的方法，也没有运用如今我们使用的定位法和描述法。但是，这几次访问让他在几天内，就在昆比萨利赫周围发现了十来座古代遗址。也许无论多少次，他都会以同样多的真诚和同样多的热情，相信自己在那里发现了加纳。

参考文献：

引用了 Évariste Lévi-Provençal, *l'Encyclopédie de l'Islam* (2ᵉ éd.) 中对阿布·乌巴亚德·阿里－阿巴克里（Abū ʿUbayd al-Bakrī）的概述。

最近关于阿巴克里历史文献的重要性研究，可以参考 Emmanuelle Tixier, Bakrî et le Maghreb, dans Dominique Valérian (sous la direction de), *Islamisation et arabisation de l'Occident musulman médiéval (VIIe-XIIe siècle)* (Paris, Publications de la Sorbonne, 2011), pp. 369-384.

本章中对城市进行的描述源于 Joseph Cuoq, *Recueil des sources arabes* (Paris, Éditions du CNRS, 1985)。这部作品有时会根据 Nehemia Levtzion et John F.P. Hopkins (eds.), *Corpus of Early Arabic Sources for West African History* (Princeton, Markus Wiener, 2000, 1re éd. 1981) 提供的英译本进行调整。

词语"dakâkîr"（单数形式 dakkûr）不是阿拉伯语，有可能是萨赫勒地区的语言；阿巴克里曾在其他地方用它来表示偶像（ṣanam）。

John O. Hunwick, Claude Meillassoux et Jean-Louis Triaud, La géographie du Soudan d'après al-Bakri. Trois lectures, dans *Le Sol, la parole et l'écrit: 2000 ans d'histoire africaine. Mélanges en hommage à Raymond Mauny* (Paris, Société française d'histoire d'outre-mer, 1981, 2 Vols.), Vol. I, pp. 401-428，尝试对阿巴克里的西非路线进行了三重阐释；三位作者都接受阿巴克里笔下的加纳就是昆比萨利赫的观点。这一点对文本的解读有点限制。

关于这一点，文森特·蒙泰尔（Vincent Monteil）提出了反对的声音，这个声音受到了欢迎。他在注释本 Al-Bakrî (Cordoue 1068). Routier de l'Afrique blanche et noire du Nord-Ouest, *Bulletin de l'Institut fondamental d'Afrique noire*, t. XXX, série B, n° 1, 1968, pp. 39-116 中提出了质疑："如果昆比萨利赫就是这座城市（阿巴克里描写的加纳），（作者指出的）另外11

座清真寺的废墟去了哪里呢？"但我们要补充一句，我们只挖掘出了一小部分遗址，也许还有几座清真寺有待发现。

J.-L. Triaud, Le nom de Ghana. Mémoire en exil, mémoire importée, mémoire appropriée, dans J.-P. Chrétien et J.-L. Triaud (sous la direction de), *Histoire d'Afrique. Les enjeux de mémoire* (Paris, Karthala, 1999), pp. 235-280，对加纳中世纪至独立时期的史书体系进行了研究。

Jean Devisse et Boubacar Diallo, Le seuil du Wagadu, *Vallées du Niger* (Paris, Éditions de la Réunion des musées nationaux, 1993), pp. 103-115 对昆比萨利赫所在地区进行了细致描述。

伯奈尔·德·梅西埃尔的一封电报所做的注解提及了 1914 年该地区的众多发现：[Albert Bonnel de Mézières], Notes sur les récentes découvertes de M. Bonnel de Mézières, d'après un télégramme officiel adressé par lui, le 23 mars 1914, à M. le gouverneur Clozel, *Comptes-Rendus de l'Académie des Inscriptions et Belles-Lettres,* 58 (3), 1914, pp. 253-257。

挖掘结果未尽数发表；最后，我们可以参考 Sophie Berthier, *Recherches archéologiques sur la capitale de l'empire de Ghana. Étude d'un secteur d'habitat à Koumbi Saleh, Mauritanie. Campagnes* Ⅱ - Ⅲ - Ⅳ - Ⅴ *(1975—1976)—(1980—1981)* (Oxford, Archaeopress, 1997)。

值得一提的是，《非洲考古艺术》(*Afrique. Archéologie et Arts*) 杂志在 2004 年至 2005 年第 3 期第 23—48 页首次发表了这篇未发表的报告：D. Robert-Chaleix, S. Robert et B. Saison, Bilan en 1977 des recherches archéologiques à Tegdaoust et Koumbi Saleh (Mauritanie)。这期杂志还刊登了其他几篇关于构造研究以及昆比萨利赫发掘出的器具研究的最新文章。

8. 一百年后的加纳

1116 年至 1154 年间的萨赫勒地区某河河岸

11 54 年左右，当西西里的罗杰二世（Roger Ⅱ）开始实现他那著名的世界版图时，阿拉伯地理学家伊德里西描绘了"苏丹（也就是黑人地区）最大的，也是人口最密集的、商业最繁盛的城市"。他写道："周边所有国家和马格里布阿克萨（al-Aksâ）的所有国家的富商纷至沓来。"这个"远方的马格里布"，或者说是伊斯兰世界和人类世界的最西端，就是现在的摩洛哥。那个国家的国王拥有一座宫殿，"建得坚固而精致，殿内装饰着各式各样的雕塑、绘画和玻璃小饰品"。伊德里西告诉我们，宫殿的建造可以追溯至伊斯兰教历 510 年，也就是公元 1116—1117 年，这是伊德里西叙述的信息中最早的日期。至于伊德里西从谁那里得到的这些信息，答案可能是——在撒哈拉两边进行贸易的马格里布人。根据作者的说法，这些马格里布人"什么都知道，而且很清楚地知道国王的宫殿里有一块重达 30 磅的金块；这是一块天然金块，上帝创造它的时候是什么样，现在还是什么样，既没有被铸成金块，也没有被器具加工；不过人们在金块上凿了个洞，然后把国王的马拴在金块上。这实在是别的地方从未有过的一件奇物，而且除了国王，谁都不能使用。因此，国王在与苏丹地区其他国王相比时，也以此为荣"。

这座城市叫加纳。如果说这座城市被所有的北非商人所知，也许是因为在 7 世纪中期，这里是撒哈拉沙漠中能够购买金砂的地方。另外，当地国王也不避讳，而是大肆炫耀，于是人人都知道这个传闻——国王坐骑头上的笼头穿在一块巨大的天然金块上面，这就是针对北非大商人的一条广告。国王装扮华丽，穿着丝绸衣服。在正式出行期间，他让人们带上旗帜，自己在长颈鹿、大象和"其他野兽"之后游行。这些布置表现出一种驯化以及一种袒露、粗鲁而冲动的非洲文明，而北方人十分畏惧这种天性。

这位我们并不知道名字的国王是个穆斯林，但一个世纪前还没有皈依（参见第 7 章）。这个非洲王国以皈依伊斯兰教为代价，巩固了自己在 11 世纪中期取得的统治地位。阿巴克里通过许多细节描述信奉传统宗教的国王的奢华，这位安达卢斯作者称为"异教徒"。我们不知道皈依的时间和过程，或者说（如果国王和上一代国王不是同一个家族）穆斯林家族掌权的时间和过程，也不知道原因。也许是由于阿尔摩拉维德王朝的迅速崛起所导致的混乱，这一穆斯林运动严守教义，贬责其他宗教。一直以来，我们都认为是阿尔摩拉维德王朝毁掉了加纳，并且强迫其居民改变宗教信仰。又或许是为了开采布雷（Bouré，位于现在的马里）的新金矿。

无论如何，我们知道这一切的结果：这一朝代与其他朝代一样，选择了一个新的家谱，不管这个家谱是真实的还是想象的。几十年之前，加纳国王还有负责祭祖顺利进行的祭司为他效劳；而如今的国王则冒充是穆罕默德的侄子和女婿阿里·本·阿比·塔利卜（Ali ibn Abī Tālib）的后代和象征。加纳国王重新加入伊斯兰教，居民加入伊斯兰信徒的团体，这对商人来说是一种担保，是在遥远的地区行使平等贸易权利的保证。而且，素丹[1]不就是因公正出名的吗？他每天会带着官员两次"走过城市的道路，绕城一圈。如果有人蒙受不公或遭受不幸，素丹就命他过来，一直陪着他，直到不公得到解决"。

伊德里西的叙述让我们了解到在阿巴克里叙述之后的几十年间，这个王国所经历的宗教与体制变化。但我们有一个更严肃的问题：11世纪的加纳位于奥克，毛里塔尼亚的最南端，我们甚至曾以为在那里的土地上找到了痕迹。但伊德里西称，12世纪的加纳位于一条河边，横跨两个河岸。许多细节证实了后一种说法："居民们拥有坚固的小船，既方便捕鱼，也方便前往其他城市"，而且，素丹的宫殿本身就是依河而建的。

因为伊德里西的叙述通常不太可信，所以我们有时会跳过他的描述，但是，我们保留了王国或者至少是君主皈依伊斯兰教的相关描述。所以，我们寻找的是阿巴克里所叙述的城市的考古痕迹，而从未真正寻找过伊德里西的城市。但我们完全有理由认为

---

[1]　素丹（sultan），某些伊斯兰国家君主的称号。——译者注

这座城市是存在的：这座城市由两座城市组成，分别位于河流两岸，就像奥卡尔由商业城市与皇城这两个整体组成一样。河流促进并维持了首都在空间上和文化上的两极性，并从物理角度拉近两岸定居的团体。我们还了解到沿河宫殿的建造时间：时间就在最近（伊德里西的时代）。修建宫殿这一行为本身就可以表明修建新城，因为这是皇室行为；也可以表明迁移首都——一座新首都需要一座新宫殿。让我们把阿巴克里的城市称作加纳Ⅰ，伊德里西的城市称作加纳Ⅱ。总之，在加纳Ⅰ与加纳Ⅱ之间，只要从加纳Ⅰ向南前进几天，从大草原到稀树草原，就可以到达加纳Ⅱ。但是，这一移动又提出了一系列问题：第二个加纳是位于哪条河之间，是塞内加尔河还是尼日尔河，而考古学家没有勘探的区域具体又在哪里呢？第一座加纳城变成什么模样了呢？它又是以哪个名字继续存在的呢？也许文字资料保留着它的名字，但没有注明它过去的都城叫什么。而且，更重要的是：究竟有哪些人或物从一座首都迁移到另一座首都了呢？是皇室以及官员，还是所有的人民，或者只有沿河的封臣从势力衰微的君主那里抢夺而来的加纳君主头衔？伊德里西和同行的马格里布商人记下的内容中，唯一能确定的是：在皇宫的庇护下，黑人国家的庞大市场一直存在。

参考文献：

伊德里西的文章摘要选自 Joseph Cuoq, *Recueil des sources arabes* (Paris, Éditions du CNRS, 1985), pp. 133-134；更多参考文献信息可以参考本书第十四章注释。

Nehemia Levtzion, Ancient Ghana: a reassessment of some arabic sources, dans *Le Sol, la parole et l'écrit: 2000 ans d'histoire africaine. Mélanges en hommage à Raymond Mauny* (Paris, Société française d'histoire d'outre-mer, 1981), Vol. Ⅰ, pp. 429-437 提出假设：迁都可能是 1076 年阿尔摩拉维德王朝突击的结果。

David Conrad et Humphrey Fisher, The conquest that never was: Ghana and the Almoravids, 1076. Ⅰ. The external arabic sources, *History in Africa*, 9 (1982), pp. 21-59 和另一篇文章 The conquest that never was: Ghana and the Almoravids, 1076. Ⅱ. The local oral sources, *History in Africa*, 10 (1983), pp. 53-78，作者对 1076 年突击的真实情况提出质疑，认为这次突击摧毁了加纳城。

上述两篇文章提出的意见如今几乎获得了一致认可，但奈赫米亚·勒维提翁（Nehemia Levtzion）这位首屈一指的相关问题的专家向来不乏对资料的评论，毫不隐讳地表明这些论点在他看来没什么说服力；参考 N. Levtzion, Berber nomads and sudanese states: The historiography of the desert-Sahel interface, dans le recueil de varia de cet auteur, *Islam in West Africa. Religion, Society and Politics to 1800* (Londres, Variorum, 2004), item Ⅹ。

9. 相继皈依

11世纪至12世纪的萨赫勒各地区

这些地区发生过什么事件呢？在11世纪中叶和12世纪上半叶之间，从大西洋到尼日尔河曲地带，我们目睹了萨赫勒地区政治实体的君主们纷纷皈依伊斯兰教的一次浪潮。首先是塔库鲁（Takrûr）和锡拉（Silla）这两座坐落于塞内加尔河沿岸的城市。那里的居民——可能只是其中地位最高的一批人——放弃了他们的"偶像"，效仿一位名叫瓦尔-加比·伊本·拉比斯（Wâr-Djâbî ibn Râbîs）的君主，成了穆斯林。这位君主在1040年左右去世。同一时期，马拉尔王国（le royaume de Malal），也就是后来的马里（参见第28、29章），或者也许是这个未来帝国的组成部分之一，遭受了干旱和严重的饥荒。人们用牛做祭品，但仍然没能让上天降雨。一位叫作阿里（Alî）的穆斯林是国王的亲信。"如果你愿意相信真主"，这位穆斯林对国王说，"相信他的独一无二，相信穆罕默德的先知使命，并且遵守伊斯兰教法的规定，我向你保证，你将摆脱不幸，主的仁慈将会降临到你所有子民的身上，福泽深厚到能使你的敌人嫉妒"。国王被说服了，接受了伊斯兰教的初步概念。阿里教了他几段《古兰经》，还教了他"任何一个信徒都不能忽视的义务和传统"。一个周五，在一旁的山丘上，这位穆斯林把祷告方式传授给他的国王信徒，前者念祷文，后者模仿前者的动作，并朗诵了一整夜的"阿门"。第二天一大早，雨下了起来，这场雨持续了七天七夜。文献资料表明，这位国王的皈依是真实可考的。这一行为让他的家人和随从也皈依了伊斯兰教，但他的子民并未改变信仰。子民们大体上是这么说的："我们是你的仆人，不要改变我们的宗教。"加奥国，或者是阿拉伯文献中所谓的"考考国"（Kawkaw）国王很可能从 10 世纪起就是穆斯林。但无论如何，在 11 世纪中期，这是一个"只有穆斯林才可能被赋予王权"的王国。至于加纳（Ghâna）的君主（参见第 8 章），则是在 12 世纪中期成了穆斯林。

皈依的过程触及了社会阶层的金字塔顶：首先皈依的是国王，然后是他的亲信，接着可能轮到剩下的子民。皈依的浪潮是伊斯兰宗教人士的功劳，宗教人士即乌理玛（ouléma*），也就是字面意思所说的"智者"，他们精通不同的宗教知识，并且能够起不同的作用，比如讲道、教学或裁决。中世纪时期，在这片大部分黑人国家都是"异教"的土地上，人们遇到了来自马格里布的真正的伊斯兰教传教士。他们在君主身边，等待并创造合适的时机。据说，国王的皈依是真心诚意的，我们没有理由怀疑这一点。尽管我们手头的文献资料模糊不清，不能完全肯定这一点，但无论如何，皈依这件事看起来是无法撤销的：没有哪个王国在国王皈依伊斯兰教后走回头路。相反，国王的皈依带动了整个上层社会皈依伊斯兰教，并且提高了大众对伊斯兰教的认识，尽管在19世纪伊斯兰教普及运动之前，传统宗教信仰依然占主导地位。从这点来看，11世纪至12世纪，黑人君主皈依伊斯兰教具有划时代的意义。但这并不是一次决裂——即使改信伊斯兰教义是真心诚意的，这也并不意味着皈依具有排他性。此外，马拉尔国王只是学习了伊斯兰教的基本规定，很少接触伊斯兰教禁令。可能这就是为什么皈依伊斯兰教的国王能够听从子民的"不要改变我们的宗教"，尽管国王自己已抛弃了偶像。也就是说，在人民的眼里，国王依然是传统宗教的后盾。不管是对国王来说，还是对坚持"异教"的人民来说，这都不矛盾：在马拉尔国的例子中，正是因为穆斯林向真主的求情灵验，国王才能够维护他的传统地位，确保雨露和丰收。因为君主的合法性与所有人都息息相关，而且每个人都看到了国王祈祷的实际效果，所以重要的其实是君主是合格的穆斯林，哪怕伊斯兰教不是他的子民信奉的宗教。

可以说，中世纪皈依伊斯兰教的非洲君主，在北非官方宗教伊斯兰教与非洲撒哈拉以南地区的传统宗教之间，处于"中间"位置。如果我们能了解到这些国王既能完全融入当地社会，也能融入新宗教，那么上述推断就是完全正确的。这一模式应该能让国王的子民感到满意，这一阶段也足够长，因为在之后的几个世纪，伊斯兰教的推进十分缓慢，不管在哪里伊斯兰信仰只局限于城市和精英（政治精英与经济精英）。但不管怎么说，19世纪时，伊斯兰教圣战运动使萨赫勒地区的大多数国家成了伊斯兰国家。

也许，马拉尔国王皈依的故事是虚构的，尽管两位阿拉伯作者叙述了这个故事，而且连细节都没放过，但是这个故事更多的是告诉了我们皈依的过程，而不是皈依的事实。从这个故事中，我们了解到这实际上是一种神职人员促成的皈依，而不是商人促成的皈依，而且皈依的主体是君主而不是平民。我们也许能从中认识到乌理玛采取的步步为营的策略：使国王皈依，从而使王国皈依。但是从这一点看他们失败了。从这个故事中，我们还能推断，对于当时尚未实现高度中央集权的政治实体来说，伊斯兰教很可能还无法使之皈依。这些酋长管辖的小部落是权力分散的政治实体，仍在新宗教能够控制的范围外，而且，人们喜欢让这些小部落保持原样，从而以此作为俘虏库。适合皈依的国家，需要看上去文明开化的社会，而要看上去文明开化，则需要一位国王。这样一来，伊斯兰教还给予了非洲精英在对外世界的立足点。正是这一点，解释了伊斯兰教在精英群体中取得的成功。通过向萨赫勒地区精英和北非商人介绍通用语言（阿拉伯语）的基础知识，通过让他们接触到与穆斯林相同的思想依据，相同的伊斯兰教经典，相同的宗教仪式（从日常祷告开始）以及相同的道德和司法界限，伊斯兰教让新皈依的教徒与伊斯兰世界分享一种通用"语言"。马拉尔的国王就是这样获得了所有的资源，从而进入了"世界性"团体。

因此，在这场萨赫勒地区的国王几乎同时皈依的运动中，除每一个王国内部相同的社会原因导致皈依行动同时发生以外，还可能有政治因素。我们可以合理进行简单的推测，只要皈依伊斯兰教是官方的，并且是真心诚意的，那么对于伊斯兰世界的商人来说，这就构筑了道德和司法的保障。这是因为皈依就意味着国王周围有神职人员，也就意味着有弘扬公正之风的人物在场，而且这些人的意见会被国王所采纳。苏丹地区某国王皈依的消息包含着隐含信息：这个国家适合进行贸易。从这一点来看，国王的皈依能够为王国带来经济优势，并将所有地区或部分地区的商路收入囊中，所以皈依能让该国在众王国发起的竞争中获得决定性优势。我们也许可以把萨赫勒地区君主的相继皈依看作是面对当时的竞争形势所作出的政治回应。

参考文献：

Joseph Cuoq, *Recueil des sources arabes* (Paris, Éditions du CNRS, 1985)，提供了文中提到的各个国家的文章：p. 77（阿里－穆拉比（al-Muhallabî）描写了加奥），p. 96（阿巴克里描写了塔库鲁和锡拉），pp. 102-103（阿巴克里描写了马拉尔），pp. 108-109（阿巴克里描写了加奥），pp. 195-196（阿里－达吉尼（al-Dardjînî）描写了马里）。

讲述马拉尔／马里国王皈依故事的是阿巴克里和阿里－达吉尼。

Jean-Louis Triaud, Quelques remarques sur l'islamisation du Mali des origines à 1300, *Bulletin de l'Institut fondamental d'Afrique noire*, t. XXX, série B, n° 4, 1968, pp. 1329-1352，对马拉尔国王的皈依，以及对将马拉尔视作马里这两点表示怀疑；不过他似乎低估了阿里－达吉尼的证据，阿里－达吉尼为上述两种假说提供了证据支持。

有关非洲萨赫勒地区的伊斯兰教化的相关研究很丰富，我们首先可以参考 Nehemia Levtzion, Islam in the Bilad al-Sudan to 1800, dans N. Levtzion et Randall L. Pouwels (sous la direction de), *The History of Islam in Africa* (Athens, Ohio University Press, 2000), pp. 63-91，阅读这篇文章能获得不少收获，这位作者还有一篇关于伊斯兰教学者的重要文章 Merchants versus scholars and clerics in West Africa: Differential and complementary roles, dans N. Levtzion et Humphrey J. Fisher (sous la direction de), *Rural and Urban Islam in West Africa* (Boulder, Lynne Rienner Publishers, 1987), pp. 27- 43，重印于 *Islam in West Africa. Religion, Society and Politics to 1800* (Londres, Variorum, 2004), item V。

　　有关伊斯兰教与传统宗教的共存所做的几点思考，参考 Jean Boulègue, *Le Grand Jolof* (Blois, Façades, 1987), p. 98。他在文中鲜明地提出，君主虔诚的信仰与当地宗教信仰的完整倾向（prégnance）只有表面上的矛盾："我们观察到平民的宗教仪式与皇室的宗教仪式有所不同，这一差异也许还要回到社会角色的区别上来：伊斯兰教被看作是高级知识，并与权力挂钩，所以伊斯兰教首先成为掌权者信奉的宗教，不过掌权者代表了所有人。"

10. 扎丰国王进入马拉喀什

1125 年至 1150 年的摩洛哥和萨赫勒西部

马拉喀什[1]——阿拉伯语写作"Marrâkush"——在 1070 年左右建于坦西夫特（Tansift）河平原之上，当时那里是一片普通的牧场。在西方地名研究中，摩洛哥的名字正是源于马拉喀什。马拉喀什从主要的军事营地变成了城市，建造者是阿尔摩拉维德人。桑哈扎柏柏尔人的指挥官尤素福·伊本·塔什芬（Yûsuf ibn Tâshfîn）想把马拉喀什作为行军出发点——毛里塔尼亚的阿德拉尔（Adrar）与北方非斯（Fès）王国的中转站。尤素福·伊本·塔什芬在这里建造了一座清真寺，也许还有一座城堡，聚集于此的游牧民不计其数。1126 年，作为继承人，他的儿子阿里·伊本·尤素福（Alî ibn Yûsuf）在一座帐篷城市周围建造了一座城墙，这座城市拥有一万户人家，不过这个数字也许有点夸张。

---

[1] 马拉喀什（Marrakech），位于摩洛哥西南部，坐落在贯穿摩洛哥的阿特拉斯山脚下，有"南方的珍珠"之称。——译者注

　　马拉喀什的建立是一场宗教运动走出沙漠的行动，当时这场宗教运动致力于加强和改变西撒哈拉部落的宗教信仰。教规严格的设防修道院里巴特（ribât）中的战士，或者"穆拉比特"人（阿尔摩拉维德人和伊斯兰教隐士的名字即源于此），在1054年或1055年征服了奥达戈斯特（参见第6章）。同年，他们为了摆脱当时的统治者，也征服了西吉尔马萨（参见第16章）。尽管阿尔摩拉维德人掌控着黄金的商路，但也抵挡不住向繁荣的平原挺进的诱惑——在他们眼中，平原地带被腐化了。阿尔摩拉维德人开始在西吉尔马萨铸造钱币。他们轧制了大量钱币，作战的决心也因此增长。几年内，他们就攻占了摩洛哥南部的苏斯河和德拉河（le Draa），并在1063—1069年间征服了阿格马特（Aghmat）和非斯之间的摩洛哥中部地区。而在地中海沿岸，休达[1]和阿尔及尔之间的地区则在1081—1083年间被划入新生帝国的版图，最后，1086年，穆斯林统治下的西班牙也被纳入版图。

　　1220年左右，拜占庭帝国的基督教老仆雅谷特·阿里－卢米（Yâqût al-Rûmî），用阿拉伯语编纂了包括伊拉克和叙利亚在内的地理知识概况综述。他讲述了一段马拉喀什居民对于这座城市的回忆，这段回忆也许是从别的文献中看到的，也许是依据第二手证据。一天，苏丹地区的一位国王来到了马格里布，准备去麦加朝圣。途中他拜访了"伦图纳（Lamtûna）部落的蒙面国王"，也就是"穆斯林军事首领"。"伦图纳的国王走路迎接苏丹国王，而

---

[1]　休达（Ceuta），摩洛哥北部港市。——译者注

这位扎丰（Zâfûn）国王却不下马致意。"当他进入马拉喀什时，我们进一步观察他："这是一个高大的男人，面色黝黑，甚至是很黑，脸上遮着一块面纱；他的巩膜呈红色，像两块烧红的炭，黄色的手掌仿佛染上了藏红花的颜色。他穿着裁剪过的长袍，裹着一件白色外套。他骑马进入穆斯林军事首领的城堡，而后者则走在他前面。"

如果这位神秘的扎丰国王通过骑马的威严，上演了一次独特而又简短的出场，那么我们更容易发现谁才是走进自己的城堡的附庸国国王。"穆斯林军事首领"的头衔，实际上由阿尔摩拉维德首领担任，他是伦图纳的桑哈扎部落成员之一，帝国的军事精英也是从部落内部招募。我们也许很难理解为什么柏柏尔首领在自己的首都却如此尊敬外国君主，这是因为阿尔摩拉维德帝国建立的时间很短，最多只有一个世纪。另一场以扩张为目的的改革运动来自阿特拉斯山，由阿尔摩哈德人（Almohade）发起，阿尔摩拉维德帝国屈服于这股上升的力量，也许，到了最后，它不得不寻找靠山——能通过尊敬换来的靠山。这种假设能够追溯到1125—1150年，也就是阿里·伊本·尤素福统治的末期（1128年，他在马拉喀什边境击退了阿尔摩哈德人发起的第一次进攻），或者说是政治动乱的数年间。后来，1147年，马拉喀什就被阿尔摩哈德人攻占了。

有关扎丰王国，我们知之甚少。也许在11世纪中期，阿巴克里的话就与这个王国有关，尽管名称发生了变化："那里是一群苏丹人"，他写道，"他们喜欢酷似巨蟒的蛇。这种动物有浓密的毛、一条尾巴和中亚一带双峰驼的头，住在沙漠的洞穴中。在洞口，我们能看到一张叶子铺成的小床、几块石头和一所信奉蛇的信徒们居住的房子。"在这片非洲地区，崇拜地下猛兽的例子并不少见。这个例子中，人们崇拜的是一条幻想出来的蛇，他们呈上装有牛奶和其他发酵饮料的大碗和罐子，从而引蛇出洞。

引蛇出洞的动机源自首领的死亡。人们将王位觊觎者聚集在一起。"蛇靠近了"，阿巴克里写道，"一个接一个地嗅他们。最后，它用鼻子碰碰其中的一个，然后一转眼，又退回洞里。被碰到的人立刻全速追蛇，以便从它的脖子和尾巴上拔下尽可能多的毛。据说在位时间与拔下的毛的数量是一致的：一根毛代表一年，绝对不会出错"。让我们重新运用21世纪的理智吧。我们无法通过想象聚集在供奉神话动物的神堂前的王位觊觎者，从而去了解挑选君主的仪式到底是如何进行的，我们最多从中看出一个雏形，权力的获得或者是对后代的认可由神灵参与的神意来裁定，而且统治的延续取决于占卜的结果。

这差不多就是我们能从扎丰旧事中复原的全部内容，或者更确切地说，是从想象的故事中复原的。以后我们能更好地对扎丰进行定位吗？很有可能——关于这一点，有大量语文学的论据——扎丰就是迪阿佛奴（Diafounou），索宁克人（Soninké）在口头叙述中提到过这个地方。索宁克人是西萨赫勒的居民，并且是中世纪该区多个政治实体可能的继承人。如果情况属实，那就应该将扎丰定位在迪阿佛奴区域，即科林比内（Kolimbiné）河上游。科林比内河向右流入塞内加尔河，两条河流的合流点靠近卡耶斯（Kayes）。但我们还缺少与扎丰首都对应的遗址。是没有遗址呢？还是会有几座遗址？这两种合适的但又并非完全合适的说法预示着我们找不到我们想要找到的东西。但是，如果我们商量好先去寻找，那么在不得不放弃之前，尝试在地面上确定位置的遗址应该能够展示 12 世纪的遗物和物质文化；我们会确定一座古老的清真寺的位置，因为国王是穆斯林；确定一个用坚固的材料修建的住宅区的位置。住宅区面积宽广，里面住着伊斯兰国家的商人们，因为国王实力雄厚，并且有足够的财力进行朝圣。

　　根据黑人国王进入马拉喀什这件事，我们可以说扎丰人受到了柏柏尔人的"影响"。 实际上，国王是穆斯林，但是他骑马并用面纱遮面的习俗却与伊斯兰教无关，而是撒哈拉某些部落的习俗，今天我们仍能在图阿雷格人中看到。中世纪时，这种习俗在为他们赢得了阿拉伯作者口中"Mulaththamîn"一名，字面意思是"蒙面人"，也就是说，面纱要遮住成年男性和女性的嘴。也有人从中看到一个黑人"统治"阿拉伯人的时代，阿拉伯人就等于白人。这一说法在词语上很对称，不过有待考证。两位面对面的国王的目的并不在于此，而在于重塑各自权力的合法性。双方很可能都需要在民众面前演戏，而且需要由民众将事情经过原样呈现给我们。对于走路的国王来说，是时候重新回到谦逊的态度了。这位走出沙漠的勇士的后代，不久前刚被围攻，如今，一个猛烈抨击世俗危害的新教义也强大了起来，对他造成威胁。至于骑在马上的国王，在当时他的肤色还颇为罕见，以致马格里布的目击者提到了黄色的手掌。他渴望通过自己的仪表表明，在那个教规严格的时代，人们可以既是黑人，又是合格的穆斯林。

参考文献：

Tadeusz Lewicki, Un État soudanais médiéval inconnu: le royaume de Zāfūn(u), *Cahiers d'études africaines*, 11 (44), 1971, pp. 501-525 展示了与扎丰王国相关的完整文件材料。本章的大部分内容都参考了他的文献。雅谷特文章的翻译同样借鉴了他的文献，并根据 Nehemia Levtzion et John F.P. Hopkins, *Corpus of Early Arabic Sources for West African History* (Princeton, Markus Wiener, 2000), pp. 170-171 做了修改。

阿巴克里的文章引用自或改写自 Joseph Cuoq, *Recueil des sources arabes* (Paris, Éditions du CNRS, 1985), pp. 97-98, 同样也根据 N. Levtzion et J.F.P. Hopkins, pp. 78-79 做了修改。

关于阿尔摩拉维德人，首先参考了 H.T. Norris et P. Chalmeta, Murābiṭūn (al-), dans *l'Encyclopédie de l'Islam* (2ᵉ éd.) 一文的概述。

11. 富人的墓穴

10 世纪至 14 世纪的埃塞俄比亚、马里和塞内加尔

毋庸置疑，埃塞俄比亚是世界上巨石建筑数量最多的国家（这里的巨石建筑包括各种耸立的巨石和石头堆砌的纪念碑）。在那里，雕刻的石碑不计其数，这些石碑通常情况下是墓地的标志。另外，那里还有大量的墓穴。尽管人们已对这些纪念碑开展了一些研究工作，但分类、年代以及空间分布还有待研究。

埃塞俄比亚的中部和东部高原在冰冷的玄武岩高原之上，分布在朝红海方向断裂的东非大裂谷两侧。也就是说，12—13 世纪，伊斯兰国家在这片山坡上发展起来，而同样发展起来的还有四处分布的墓穴。有的墓穴单独立于山嘴尖，俯视陡壁之间流淌的河流，有的则成群分布于山谷中心。盗墓的事情时有发生，这些墓穴在以前或是在游客参观的前一周就被盗了，随后被遗弃，受到侵蚀；它们也被当作露天的采石场，在制作道砟或者雨季过后修路的时候，这些墓穴可以说是现成的原料库。其中面积最大

的墓穴直径可达二十几米，另外，一些墓穴恰好位于现在的居民区之外，另一些则坐落在居民的院墙内。这部分墓穴被保存了下来，外表完好无损，不像田边的选矿堆一样会被再次利用。这些石锥包括一个安葬室，里面安放着多位死者——意味着墓穴的门曾被打开多次。逝者身边放着武器——铁铸的宝剑和弓箭，还有首饰——铁手镯或银手镯，银珠子或金珠子，黄色、绿色、橙色、红色、蓝色的玻璃料制成的成千上万的珠子，以及红玉髓[1]制成的刻面大珠子，玛瑙，水晶，扣住衣角用的衿针和戒指。只有几座墓穴被发掘了出来，时间上可以追溯至10—12世纪（见彩图）。

在现在的马里，尼日尔河的左岸，从尼日尔河支流灌溉了几个世纪的梅马（Méma）地区，一直到德博湖的周边地区，坐落着几百座人为形成的土丘，土丘的直径达150米，甚至更长。这些沙丘通常是人们从前居住的地方，可以追溯至3—13世纪，见证了当时从事农业的密集的定居人口，他们从事炼铁活动。一些山丘是墓穴。最引人注目的几座尚未成为殖民地官员野蛮发掘和居民偷盗的目标时，这些墓穴定期遭人偷盗。其中很少有墓穴真正成为发掘的目标，也很少有墓穴被推定出年代；似乎属于上述时期的末期，即7—12世纪，12世纪就是伊斯兰教开始影响这片地区的精英的时间。从几座文献可考的遗址中，我们似乎可以得出以下结论：墓穴包括一间安葬室，由棕榈树干积叠而成。房

---

[1] 红玉髓，也称麦加石，产自西藏高原。红玉髓是橙色至红色的半透明玉髓，质地细腻，晶莹剔透，色泽纯正浓厚，硬度较大，轻轻敲击其声清脆悠扬，是一种价格较低的宝石。——译者注

间通过一口水井与地面相连，上方是沉积层形成的厚圆顶，圆顶从地面内部被焙烧黏土形成的帽状层堵上了。艾尔 - 瓦拉及（El-Oualadji）墓穴（名字来源于距此地一百米处的穆斯林圣徒的小神堂），在 1904 年被步兵中尉德普拉涅（Desplagnes）发掘出来。人们在墓穴地面以下十米的房间里发现了两具骨架。骨架被安放在树枝堆成的床上，周围散落着大量陶器和动物骸骨的碎片，有马刀刀片、匕首、箭镞和标枪的尖头之类的武器，还有一些手镯、戒指、其他铜首饰、铜珠子或碧玉珠子和黏土制的动物小塑像之类的饰品。墓穴表面也有考古遗物：骸骨和马具的碎片、珍珠、铜制和铁质物品以及稍大一些的陶制动物小塑像，这些动物小塑像让人想到祭品的残骸。这座墓穴可以追溯至 11—12 世纪。附近还有一座括伊·古雷（Koï Gourey）墓穴（在桑海语中意为“首领之丘”），几年前被德普拉涅发掘出来。这座墓穴的具体年代尚未被确定，不过根据类似的陶瓷用具判断，它很可能与艾尔 - 瓦拉及墓穴处于同一时期，这座墓穴展现出来的构造也与之类似——人们在其中发现了 30 具人体骨架，骨架旁边有灯具、武器和饰品以及琉璃珠、货贝（cauri*）和代表犀鸟、蜥蜴与鳄鱼的黄铜小像。

　　在塞内加尔河边的低谷，或者说得更宽泛一点，在塞内加尔的西北角，有一些被沙丘掩埋的墓穴；墓穴最初被沟渠围绕，但如今沟渠已被填满。墓穴足足有一万座，其中多座于 1941—1942 年在圣路易附近的拉奥（Rao）被发掘。在这些墓穴中，一批墓葬陪葬品随骨架一起出土，包括武器（铁铸的剑和标枪架）和珍贵的首饰，如金坠子、脚链、青铜、黄铜和银手链、金戒指、银项链或者红玉髓珠项链，另外还有一些难以辨认的珠宝的碎片，碎片中有一些黄铜片，可以用以装饰马铠，还有一些陶瓷碎片。直径长 40 米、高 4 米的 P 墓穴是这片墓穴中最引人注目的。我们从中挖出了一具年轻男子的遗骨以及他的陪葬品：一串用银丝细工圆球串成的项链，银指环和铜指环，一个饰有四叶图案的金吊坠，一串金项链，最后还有一整块黄金胸牌，胸牌由头部有花饰的钉子、阿拉伯花饰图案、金银丝细工或绞成绳索状的金丝组成的菱形图案连成一个个同心圆。在现在某些非洲君主出席典礼时佩戴的饰物中，我们见过类似的胸牌。但在上述语境中，这个金胸牌让人联想到伊斯兰工艺。塞内加尔口头传说称，这片区域诞生了卓洛夫王国（le royaume jolof）。历史学家在 14 世纪初发现了这个国家的诞生，而葡萄牙航海家则在 15 世纪才发现该国的伊斯兰化

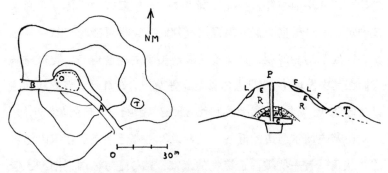

上图是马里艾尔－瓦拉及墓穴原貌的假想。该墓穴于 1904 年被发掘。

A.B. 进入的路堑　C. 安葬室　E. 焙烧黏土　F. 焚烧祭品的火炉

H. 麦秆堆成的屋顶　L. 陶瓷和祭品的碎片　M. 木头堆成的圆顶

P. 水井　R. 黏土堆　T. 炉渣形成的山丘

资料来源：R. Mauny, *Tableau géographique de l'Ouest africain au Moyen Âge* (Dakar, IFAN, 1961), fig. 10, p. 96. 以德普拉涅中尉的略图为依据。经版权方允许。

（参见第 33 章）。我们推定这座 P 墓穴的年代大约在 1300 年。还有人推定这类墓穴的年代在 10—15 世纪。不过很可惜，持有这种推断的人数少之又少。

让我们把一个共同的错误搁在一边，即从相去甚远的三个非洲地区中发现的建筑都叫"墓穴"。实际上，这些墓穴只在表面上相似，且仅限于外观上的相似而已。除此之外，从墓葬的结构到墓葬中应用的工艺有限的材料，所有的要素都不同。但不管怎么说，这种外观上的相似，还是吸引了人们去关注是什么能在一段距离之外，将不同的坟墓形态与个人的葬礼习俗结合在一起。根据入葬方式的判断，这些人不是穆斯林，但不久之后，伊斯兰教进入了当地，在这样的历史环境下，他们也在不断地变化。10—11 世纪的萨赫勒地区的马里，12—13 世纪的埃塞俄比亚高原，13—15 世纪的大西洋附近的塞内加尔，无论在哪个地区，伊斯兰教都能通过伊斯兰教的教义和目的，将非洲精英纳入自己的宗教。因此我们可以推测，非洲精英从此之后只能遵守伊斯兰教的规定，其中排在第一位的就是埋葬身份显赫的逝者的相关规定，并且只能抛弃那些逝者身前陪伴过他们的奢华器物。

我们很容易就能理解，伊斯兰教的到来突然间就改变了葬礼习俗，并且使人们不再修建墓穴，而是修建另一种与伊斯兰教主张的克己谦卑更为契合的坟墓。如果是这样的话，那又如何解释在伊斯兰教的宗教影响波及这样或那样的非洲地区之前，出现"墓穴"在几个世纪间倍增这种相同的表面现象呢？需要明确的是，一些墓葬传统，正如我们在马里墓穴的例子中看到的情况，看起来明显是 7 世纪之前的传统。有趣的是，从伊斯兰教诞生到思想和教规传播到这些地区的几个世纪间，各种墓穴类型的葬礼传统明显得到了巩固和加强。

在所有提到的例子中，墓穴都是庞大的建筑，建成需要动员大量人力（我们估计，单凭一人之力，需要两万五千天才能建成最大的塞内加尔墓穴）。这体现出一种显赫的社会地位，社会地位可以实现财富的积累和奢侈的排场，葬礼用具就是例证。墓穴的数目以及位置分布，在大地上绘制出一张细密的网，对于正在形成过程中的贵族精英阶层和领主精英阶层来说是十分有利的。此时的精英阶层已经与其他社会阶层大不相同，但权力还未完全集中。因此，各个王朝并未四处分散墓穴；他们对分散很敏感，因为墓穴的分散是政权分散的空间表现，所以他们将逝者聚集在分布紧密的大墓地。因此，我们可以进一步得出结论：权力更加集中、更加无可争议的政治雏形，将从人数众多的精英中、从这片地区中发展起来。我们能从中看出一些蛛丝马迹。有些人希望自己的坟墓拥有骑兵和战士的排场，但是，也想要体现他们地位和经济实力的物品来陪葬。这些陪葬品可能是产自印度的透明石头制成的刻面珠子、埃及玻璃制成的珠子或是"印度洋—太平洋海域"（indo-pacifique*）的珠子、产自印度洋的货贝（cauri*）、用伊斯兰工艺铸造的金银器件等。这些令人眼花缭乱的物品都表明一种组织有序的贸易活动的存在。在成为穆斯林之前，当地的精英通过许多中间人，与正在扩张的伊斯兰世界进行长途贸易，将长途贸易的利润收入囊中。贸易预示了伊斯兰教的反响，墓穴就是反响的证明。这些考古遗迹归根结底都是某个历史时段的"瞬时"照片，转瞬即逝，几乎不留下什么痕迹，这个历史阶段从上述非洲地区与伊斯兰世界建立联系开始，到伊斯兰化产生初步影响结束。

大约11世纪中叶，安达卢斯地理学家阿巴克里描写了加纳君主的葬礼："国王逝世后，人们在坟墓之上立起金合欢木做成的巨型圆顶。人们将遗体运进坟墓，平放在铺有毯子和垫子的床上，并在遗体旁摆上首饰、武器和用来吃喝的容器，容器里面盛满了菜肴和饮料。人们将为逝者准备菜肴的人与他关在一起。门一旦被关闭，人们就在圆顶上盖上席子和布。聚集的人群重新用土覆盖住坟墓，坟墓因此逐渐变得像一座巨大的山丘。然后，人们在周围挖一条沟渠，为墓碑留一条通道。他们确实有将祭品和醉人的饮料供奉给逝者的习俗。"

参考文献：

Francis Anfray, *Les anciens Éthiopiens* (Paris, Armand Colin, 1990), pp. 215-257. 对埃塞俄比亚的巨石建筑进行了非常精彩的综合性描述。

如果要获得更具体一些的有关石碑的内容，我倾向推荐 R. 朱索姆（R. Joussaume）的著作。我们在此只提及了其中的一部：Roger Joussaume (sous la direction de), *Tuto Fela et les stèles du sud de l'Éthiopie* (Paris, Éditions Recherche sur les civilisations, 2007)。

有关墓穴文化的最新著作仍未发表，但是我们可以参考 F.-X. Fauvelle-Aymar et Bertrand Poissonnier (sous la direction de), *La culture Shay d'Éthiopie. Recherches archéologiques et historiques sur une élite païenne* (Paris, De

Boccard, 2012)。

　　与马里墓穴相关的内容，可以参考 Raymond Mauny, *Tableau géographique de l'Ouest africain d'après les sources écrites, la tradition et l'archéologie* (Dakar, Institut français d'Afrique noire, 1961), pp. 92-111 所做的总结，其中第 96—97 页专门记述了艾尔 - 瓦拉及墓穴，第 95—96 页和第 106 页记述了括伊·古雷墓穴。

　　德普拉涅的发掘并未逃脱粗暴的考古干预的批评；但他在贡达姆地区发掘的两座墓穴被列入具有重要意义的稀有纪念性建筑中，并且成为一部已出版著作的主题。参考 Louis Desplagnes, *Le plateau central nigérien* (Paris, Émile Larose, 1907), pp. 57-66；以及另外两篇文章 Étude sur les tumuli du Killi dans la région de Goundam, *L'Anthropologie*, 14, 1903, pp. 151-172; Fouilles du tumulus d'El-Oualadji (Soudan) [édité et annoté par R. Mauny], *Bulletin de l'Institut français d'Afrique noire*, 13 (4), 1951, pp. 1159-1173。

　　括伊·古雷墓穴出土的黄铜动物小雕像的相关研究，可以参考 Laurence Garenne-Marot, Caroline Robion et Benoît Mille, Cuivre, alliages de cuivre et histoire de l'empire du Mali. À propos de trois figurines animales d'un tumulus du delta intérieur du Niger (Mali), *Technè*, 18, 2003, pp. 74-85。

　　德普拉涅的收集品包括他在发掘时收集的用具，目前存于布朗力（Quai Branly）博物馆。

　　作为补充，我们还应该阅读勘探报告，从而充分了解马里巨石建筑现象的范围。关于这一点，可以参考 Michel Raimbault et Kléna Sanogo (sous la direction de), *Recherches archéologiques au Mali. Les sites protohistoriques de la Zone lacustre* (Paris, Karthala, 1991)。Téréba Togola, Iron Age occupation in the Méma Region, Mali, *The African Archaeological Review*, 13 (2), 该文介绍了有关梅马考古研究状况，并且说明了阿昆布（akumbu）遗址的发掘情况。我们将参考兰堡特（Raimbault）和萨诺格（Sanogo）著作中附录 1 的

年代推定表，推定的年代有很多。

Jean Joire, Archaeological discoveries in Senegal, *Man*, 43, 1943, pp. 49-52; Découvertes archéologiques dans la région de Rao (Bas Sénégal), *Bulletin de l'Institut français d'Afrique noire*, série B, t. XVII, 3-4, 1955, pp. 249-333 介绍了在塞内加尔拉奥的发掘情况。

Bruno Chavane, *Villages de l'ancien Tekrour* (Paris, Karthala, 1985), p. 46 提到根据碳 14 推定的年代（1300±50），还提到了最近的发掘，不过只是一笔带过。不能确定这一推定年代的最初出版物。

Susan Keech McIntosh et Roderick J. McIntosh, Field survey in the tumulus zone of Senegal, *The African Archaeological Review*, 11 (1993), pp. 73-107 介绍了最近的勘探结果；我们从这些作者的著作中，借鉴了塞内加尔墓穴数目和墓穴建造所需工程量的数字估算。

关于卓洛夫王国的历史，我们主要参考了 Jean Boulègue, *Le Grand Jolof* (XIIIe-XVIe siècle) (Blois, Façades, 1987)。

阿巴克里的文章摘自 Joseph Cuoq, *Recueil des sources arabes* (Paris, 1985), p. 100。本章根据 Nehemia Levtzion et John F.P. Hopkins (eds.), *Corpus of Early Arabic Sources for West African History* (Princeton, Markus Wiener, 2000), pp. 80-81 文中的翻译，做了一些改动。

尼日利亚北部的一片墓穴因其葬礼用具而引人注目，成为考古调查的对象；这就是位于乍得湖地区卡齐纳州（Katsina）西部的杜尔比·塔库谢伊（Durbi Takusheyi）遗址。这片墓穴的年代推定（14 世纪）指出墓穴处在这样的历史背景下，即与参与伊斯兰贸易的地区刚建立联系，但当地精英尚未伊斯兰化的年代。参考 Detlef Gronenborn (sous la direction de), *Gold, Sklaven & Elfenbein. Mittelalterliche Reiche im Norden Nigerias / Gold, Slaves & Ivory. Medieval Empires in Northern Nigeria* (Mayence, Verlag des Römisch-Germanischen Zentralmuseums, 2011), pp. 72-107。

D. Gronenborn, Zur Repräsentation von Eliten im Grabbrauch. Probleme und Aussagemöglichkeiten Historicher und Ethnographischer Quellen aus Westafrika, dans Markus Egg et Dieter Quast (sous la direction de), *Aufstieg und Untergang* (Mayence, Verlag des Römisch-Germanischen Zentralmuseums, 2009), pp. 217-245 根据西非人种志做出了值得注意的理论上的澄清，作者认为盛大的葬礼仪式和葬礼用具是体现尊贵社会地位的工具和标志。

12. 阿克苏姆　缔造国王的城市

7 世纪的埃塞俄比亚北部

在阿克苏姆——埃塞俄比亚北部的古代基督教城市，一支德国考古团在 1906 年发现了一座古代的王位基座。在如今的这座城市中，我们发现了十来座这样的基座，但并不清楚确切的用途；另外，"王位基座"完全是一种约定俗成的叫法——我们从未找到一个王位可以正好插入所谓基座上的切口。基座的一面刻着两段铭文（我们分别将之叫作铭文Ⅰ和铭文Ⅱ）以及第三段铭文的一部分，这部分只剩下了一个单词（Ⅲ）。第四段铭文出现在另一块附近的石头上，石头应该属于同一个基座。这些石头如今还在原来的地方，但因为人和坏天气的影响，解读铭文几乎是不可能的。

铭文用埃塞俄比亚音节文字写成，文字是吉兹语，是埃塞俄比亚教会从古至今使用的语言。我们通常认为这四段文字是同时代的，但并不一定。铭文Ⅲ和铭文Ⅳ的书写方式与其他两段有些许不同（元音都未标注），铭文雕刻得整齐匀称，文本采用了特殊词汇。这些都说明铭文Ⅲ和铭文Ⅳ很可能属于较早的年代，也可能是古代。我们把铭文Ⅰ和铭文Ⅱ归于"后阿克苏姆"时代，这是另一个约定俗成的术语，指的是我们知之甚少的中世纪前期。这两段铭文应该是被刻在一个未能实现基本用途的底座之上，而且不管怎么说，基座已经出现了缺口。以后我们应该根据铭文，仔细研究一下"再使用"的问题（见彩图）。

铭文Ⅰ和铭文Ⅱ是不完整的，难以解读，尽管如此，我们还是从中提取一些信息。开头的客套话是一样的："以圣父、圣子、圣灵之名。"这说明作者是基督徒；他叫作丹尼尔（吉兹语写作Danə'el），是德布列·菲列姆（Debre Ferem）的儿子。他在铭文Ⅰ中说到，他降服了当地一位叫作卡鲁来（Karuray）的强国君主。在对其他敌人进行掠夺之前，作为战利品，他从卡鲁来那里（如果不是其他人的话）夺得了1万头母牛和130头公牛。在铭文Ⅱ中，他因保卫阿克苏姆王国，抵御维尔加伊特（Welqayit）人的进攻而获得荣耀，同时，作为战利品，他还获得了小马驹和阉公牛。这两段文字表达的意图各不相同，一个是为了庆祝凭借征服获得的合法性，而另一个则是通过保护被征服国而获得的合法性，两段文字似乎体现了两个政治时刻；我们能从中看到同一个作者笔下两段不尽相同却彼此衔接的铭文。

德布列·菲列姆可能是一个僧侣团体的名字，由此我们推测，丹尼尔更多地表明了他在思想上与自己出身的寺院的亲子关系，而不是在生物学上与母体之间的亲子关系；因此，他可能是战士僧侣或有审判权的那一类僧侣。我们还推测，他的首都是一座叫作库巴尔（Kubar）的城市，几位阿拉伯作者在9—10世纪曾提到过它。这一切当然是可能的，但是可能性是相对的，毕竟我们不知道库巴尔在哪里，而且从阿克苏姆王权衰败到7世纪时阿克苏姆被废弃，最后一直到11世纪，在一个基督教王朝的文献中再次出现，这期间的政权结构仍然是个谜。还有丹尼尔给自己取的头衔，这一头衔与被他降服的君主的名字一致：hatsani（盖埃兹语写作 haṣani）。拉利贝拉（Lalibela，参见第23章）也拥有同样的头衔，他是13世纪初埃塞俄比亚的君主。由于缺乏更好的论据，这一点或许可以说明写下这段铭文的日期与上述时期十分接近。同样，词语"hatsé"或"atsé"（盖埃兹语写作 haśe, aṣe)或者词语"qât"（阿拉伯语写作 qâṭ），都与hatsani类似，它们从14世纪起分别表示埃塞俄比亚的基督教君主和伊斯兰教君主，而阿拉伯作者则用"hadâni"（ḥaḍāni）或"hâtî"（ḥāṭī）指代基督教君主。但是，一个代代相传的皇权代名词能否让人相信，丹尼尔就是皇家血脉的祖先呢？我们是否能同样确定，丹尼尔的国王称号与这一词语日后所涵盖的意义相同？

于是丹尼尔在一块来自古都的不起眼的石头上，留下了两段胜利的铭文，如今，古都已变成了茅舍遍布的乡镇。如果说由于缺少其他同时期的文献，我们很难理解这两段铭文的信息及其历史背景，那么相对地，我们也不完全了解这些铭文的存在所带来的结果。不过，对于昏暗的世纪来说，这些铭文是特别的文献。这意味着没有其他任何地方留下了同样的痕迹，包括被打败的敌国——即便我们仍能在敌国周围的废墟中看到许多刻有铭文的文物。而且，相反地，这也意味着丹尼尔只在阿克苏姆留下了痕迹。总而言之，这位征服者，或者随行的某位基督教神职人员被灌输了一种政权文化，这个人认为政权值得被书写，因为书写可以保证事迹的真实性，于是他想要在一块耸立的石头上记下关于掠夺的回忆。而这块石头，就在其他石头的一旁。这些石头有二十多块，位于同一座城市，石头上的文字是吉兹文或希腊文，它们令人回忆起4—5世纪时阿克苏姆君主们的事迹，或者更早一点，再往前推一千年，那些被称作"前阿克苏姆人"的事迹。因此，这是阿克苏姆在历史上第三次——而且还不是最后一次——缔造了国王。总的来说，丹尼尔在阿克苏姆的停留为他提供了延续传统的机会，他的眼前就有这一传统的先例。这么做是为了宣告胜利，为了能够用文字的形式保存记忆，也为了树立充当文字载体的石碑。丹尼尔的名字不能提供任何信息，他的头衔也没有什么说服力，但是，他想将自己的事迹书写在阿克苏姆石碑这座露天档案宝库上，这个意愿更好地揭示了他的国王身份以及他对王位的向往。

参考文献：

在诸多考古学专题论文以及大部分在 *Annales d'Éthiopie et Rassegna di Studi Etiopici* 杂志上发表的发掘报告中，我们推荐两部有关阿克苏姆文明的概论：Francis Anfray, *Les anciens éthiopiens* (Paris, Armand Colin, 1990); Stuart Munro-Hay, *Aksum: An African Civilization of Late Antiquity* (Édimbourg,

Edinburgh University Press, 1991).

丹尼尔的铭文在 1906 年被德国阿克苏姆考古队发现，并且被抄录，出版的著作为 Enno Littmann, *Deutsche Aksum-Expedition* (Berlin, G. Reimer, 1913), Vol.4。真迹的复制品、复本以及德语翻译在第四卷第 42—48 页，*Sabäische, Griechische und Altabessinische Inschriften*, 编号为 12—14。

石碑的新版本由 Étienne Bernand, Abraham J. Drewes et Roger Schneider, *Recueil des inscriptions de l'Éthiopie des périodes pré-axoumite et axoumite, t. 1 – Les Documents* (Paris, De Boccard, 1991) 完成，编号是 193 和 194，不过没有译文。我的编号是接着上一个版本，除铭文Ⅳ，它的编号是 194。拍摄下来的石板照片出现在同一部著作第二卷，不过几乎难以辨认。

"Danə'el" 的概述出自 Stuart Munro-Hay et Denis Nosnitsin, dans *l'Encyclopaedia Aethiopica*, sous la direction de Siegbert Uhlig (Wiesbaden, Harrassowitz, 2005), Vol. 2, 为研究和参考书目提供了便利。

关于阿克苏姆从中世纪到现代的皇室习俗，我们可以阅读本人和贝特朗·席茨（Bertrand Hirsch）的文章：Aksum après Aksum. Royauté, archéologie et herméneutique chrétienne de Ménélik Ⅱ (r. 1865-1913) à Zär'a Ya'qob (r. 14341468), *Annales d'Éthiopie*, ⅩⅦ, 2001, pp. 57-107.

13. 德布勒达摩的宝藏
直至 7 世纪的埃塞俄比亚北部

德布勒达摩（Debre Damo）不会在短期内成为一次细致勘探的目标，因为那里的修道院不对女性开放，或者说需要缠上绳索攀登 20 米，才能到达安巴山（l'amba）的顶峰。安巴山是一座平顶山峰，山上伫立着两座砖砌教堂，还有几片供修道士居住的茅屋群。另外，与埃塞俄比亚其他地方一样，多疑的基督教士以及依附于教堂的乡村团体对任何考察都敬而远之，他们认为考察是一种入侵。若是想要获准参观一座教堂的隐蔽部分，或者察看一份手稿，需要有足够的耐心，而且即便有了耐心也很少能看到。于是，有时有些人选择了一条不光彩的捷径，比如，悄悄潜入教堂内殿或搜寻圣物。

德布勒达摩的历史很模糊，关于它的起源，有很多传说，但都不可靠。通过埃塞俄比亚圣人的事迹以及欧洲旅行者的叙述，我们最多只能了解到当地至少从 13 世纪开始便延续一种修道院传统。另外，根据主教堂使用的建筑元素（尤其是圆柱和石头柱头），我们推断，它的前身是上个时代，也就是阿克苏姆时代的建筑。主教堂用于供奉埃塞俄比亚的福音传教士米卡埃尔·阿列加维（Mikael Aregawi）——多亏了一条乐于助人的蛇拉长自己的身体充当绳索，他才到达了山顶。后来由于历经翻修，主教堂的年代区间变得十分模糊，以致专家们在7—14世纪之间摇摆不定，另一些专家则认定主教堂的年代大约处在10世纪。

意属非洲殖民地人种志办公室主任（chef du service ethnographique colonial de l'Afrique italienne）安东尼奥·莫迪尼（Antonio Mordini），在埃塞俄比亚被意大利短期占领期间（1936—1941），有幸多次拜访过德布勒达摩。根据这一政治背景可以确信，他减轻了当地可能存在的成见。意大利军事情报部门的成员在战争中遇到英国军官追捕时，正是在德布勒达摩找到了避难所，这一说法得到了埃塞俄比亚研究员团体口头传说的印证。无论如何，对遗址的历史和考古观察都应归功于莫迪尼。观察的目的并不在于向外面的世界显示无与伦比的宝藏，宝藏即将或者刚刚遭到偷盗。当时，人们在开罗的古董市场上出售埃及制造的古代纺织原料的碎片，这些碎片来源于德布勒达摩。1939年，在教堂的圣器室以及在被众人遗忘、藏有上千张羊皮纸张的藏物处中，莫迪尼发现了其他碎片：这些是伊斯兰布片，一些碎片用阿拉伯语绣上了文字，年代应处于9—11世纪。当时，修道士们常在大雨冲刷土壤之后，从安巴山上找到阿拉伯金币和银币，教堂的宝库管理员则急于将之熔化。在一次德布勒达摩古墓的小型发掘活动中，莫迪尼发现了大量其他种类的钱币，那些钱币是印有伍麦叶王朝（omeyyades）和阿巴斯王朝（abbassides）哈里发名字的迪拉姆（dirham*）和第纳尔（dinar*）（7—10世纪）（见彩图）。

1940年年初，在一只镶金木制小首饰盒的旧布纱团中，一位德布勒达摩的修道士偶然发现了一处宝藏。在小教堂遗址下方的峭壁上有一个岩洞，一个小首饰盒被藏在岩洞内壁的凹处，内壁覆盖了一层土。修道院院长比宝库管理员更快注意到此次发现的历史价值，他把首饰盒带到阿斯马拉（Asmara）的金银匠人那里。阿斯马拉是意大利殖民地厄立特里亚（Érythrée）的行政首都。金银匠人买下后，转交给一个"行内"人士，莫迪尼正是从他那儿得到的消息。正因为如此，莫迪尼才能在首饰盒消失于收藏家市场之前观察到这些金币。金币共有130枚，印有伽德菲西斯二世（Kadphisès Ⅱ）、迦腻色迦一世（Kanishka Iᵉʳ）、胡维什卡（Huvishka）和韦苏提婆一世（Vasudeva Iᵉʳ）的名字。这些人并不是埃塞俄比亚的国王，而是贵霜帝国（Kouchane）的君主。贵霜帝国的文化是受希腊文化影响的印度文化。贵霜帝国在2—3世纪初统治了巴克特里亚（la Bactriane）。巴克特里亚位于现在的印度、阿富汗和巴基斯坦的边界。

对于历史学家来说，埋藏的钱币具有矛盾意义：宝藏通常来自人们认为的经济区的外围，而不是其中心（罗马帝国埋藏的钱币通常来自英国、保加利亚和印度，而不是意大利）；比起商品流通的活跃性，宝藏实际上更多地体现了积累以及获取钱币的意图，而意图可能十分不理智；宝藏所标志的不是经济活动，而是经济活动的衰退和停滞。以上几点体现的不是规律和事物通常的运作方式，而是例外和偶然性，因此，意义更难以确定。除了难以解释贵霜钱币或阿拉伯钱币存在于德布勒达摩之外，就目前的情形，正是因为发现了上述宝藏，我们丢失了曾经有用的信息，就好像在类似情况下通常发生的那样（我们想到了周日出没于法国乡村的盗贼）。在随便以什么理由将新发现定义为"宝藏"时，它的物质价值（等同于金属）或票面价值就让人忘记了其背景价值。然而，我们本想仔细查看藏物处和岩洞，研究并分析首饰盒的其他部分，用碳 14 推定木头纤维的年代，收集陶瓷碎片，因为莫迪尼告诉我们，陶瓷碎片与首饰盒有关。我们本想观察莫迪尼看到的贵霜钱币，并制作前人从未完成的钱币名录。我们本想重访织布和手稿的杂物堆放处；我们本想在堆放处刚刚开放时访问它，因为后来我们将宝藏交由专家和语文学家鉴定时，宝藏受到了损伤。专家和语文学家也说不出受损的物件中有什么值得讲述的。我们本想了解寺院手稿明确的清单，但是，1996 年的一场火灾似乎将手稿毁于一旦。我们本想获得几次发掘阿拉伯钱币的记录，了解其他哪些遗物（墓地、陶瓷、骨架的各个部分、首饰……）与钱币有关，了解新发现的区域可以延伸至何处。我们想要勘察安巴山，自由地参观山上的岩洞，在那里进行几次考古调查和采样，以供分析。

由于缺少上述信息，所以在事态好转以前，我们只能对目前拥有的较少的观察报告进行反复研究。这些观察报告好像是一块拼图中散乱而又不完整的碎片，何况我们还不知道这块拼图是关于什么。无论如何，我们给自己提出的问题确定了德布勒达摩历史提出的几个问题的范围：山上有许多不同时代的遗迹，为什么很少有遗迹属于4—7世纪？在那时，阿克苏姆王国不仅在埃塞俄比亚和厄立特里亚的土地上，还在红海沿岸地区取得了霸权。另外，如何理解来自伊斯兰世界的钱币和精美商品的存在呢？原因在于这些东西有利于德布勒达摩团体与埃及科普特教区之间持续而定期的联系吗？还是它们表示修道院附近有一个伊斯兰团体呢？

最重要的是，为什么这么多宝藏——上文所提及的宝藏以及其他没有被莫迪尼这样的见证人所发现的宝藏——会被埋在德布勒达摩呢？我们急于想回答这个问题。之所以在德布勒达摩发现了这么多宝藏，是因为我们常常忘记刚刚放下了或掩埋了什么东西。这些发现是记忆中断的后果，描绘的可能是在人类第一个千年中，德布勒达摩经历的动荡不安的历史，而不是不知从何说起的远距离联系（首先是与印度—伊朗世界的联系，其次是与伊斯兰世界的联系）。这些接连不断的变故使宝藏被埋在遗址各处。相比于宝藏本身，这些变故不是能更好地证明这片土地的地位吗？

参考文献：

Francis Anfray, *Les anciens Éthiopiens* (Paris, Armand Colin, 1990), pp. 169-173; David Phillipson, *Ancient Churches of Ethiopia* (New Haven, Yale University Press, 2009), pp. 51-64, 这几页对德布勒达摩做了精彩的介绍。

第一份关于遗址的考古数据采集归功于德国考古队（la Deutsche

Aksum-Expedition），出版物参见 Enno Littmann, *Deutsche Aksum-Expedition* (Berlin, G. Reimer, 1913), Vol. II , pp. 168-194。第二份数据采集更加系统，是在 1948 年主教堂的修复活动中进行的，由德里克·马修斯（Derek Matthews）完成。莫迪尼和马修斯单独采集的大部分数据以专题形式汇总后，令人一目了然: D. Matthews et A. Mordini, The monastery of Debra Damo, Ethiopia, *Archaeologia* 97, 1959, pp. 1-58，另附 15 张插图。

发现贵霜钱币的信息来自 Antonio Mordini, Gli aurei kushāna del convento di Dabra Dāmmò, *Atti del Convegno Internazionale di Studi Etiopici* (2-4 avril 1959) (Rome, Accademia Nazionale des Lincei, 1960), pp. 249-254。安东尼奥·莫迪尼还描绘了织布碎片，Un tissu musulman du Moyen Âge provenant du couvent de Dabra Dāmmò (Tigrai, Éthiopie), *Annales d'Éthiopie*, II , 1957, pp. 75-79。

Carlo Conti Rossini, Pergamene di Debra Dammó, *Rivista degli Studi Orientali*, XIX , 1940, pp. 45-57, 对羊皮纸进行了简要的研究。

14. 地图与两种地貌
12 世纪中期以前的非洲之角

第一气候带，第五切面带。这是伊德里西地图册的一页，是 12 世纪 50 年代末完成的。巴黎法国国家图书馆存有一份古老的手稿，但不是原件，原件已经失传了。在阿拉伯的制图传统中，球形的世界被投射到平面上，其内部被划分成网格。这一传统受托勒密地图绘制术的启发，后者是公元 2 世纪亚历山大城的古希腊天文学家、地理学家。同时，这一传统也在继续传播。像这样根据网格划分的经度带被叫作"气候带"，纬度带则被叫作"切面带"。第一气候带与第五切面带的相交处引领我们到达了已知世界的边缘——世界的南部，即页面上方，以赤道为界。一条河流从越过赤道线的另一边发源，向北而流，这是尼罗河的一条支流。左手边，我们认出了曼德海峡（Bab el-Mandeb）形成的红海狭窄口以及向南方蔓延的印度洋，玫瑰花苞形的圆点代表的是城市。我们应该位于一片熟悉的土地：这张地图包含了伊德里西对我们眼中非洲东北角的了解情况。

然而，我们几乎什么都认不出来。是因为人文地理学变化太大吗？以致只有阿拉吉（Allâqî）、贝扎（Bedja）和阿比西尼亚（Abyssinie）的名字让我们想到点什么吗？我们只能想到阿拉吉是埃及东南部因金矿而闻名的山，同名的干涸河从山谷间流过；想到贝扎是苏丹和厄立特里亚的游牧民族；想到阿比西尼亚建于山坡之上。或者这张地图上的信息就是异想天开？伊德里西不一定了解遥远的地区，这是事实。他有着安达卢西亚人和马格里布人的血统，很可能从未去过西班牙、摩洛哥之外的地方。也许，他到过意大利的某省，担任西方天主教君主西西里诺曼国王罗杰二世的制图员。根据其他地区的情况，我们多次注意到，伊德里西参考了一个或两个世纪以前的文献；我们还在这些地图上认出了从托勒密那里借鉴过来的地名的变形。尽管如此，我们还是想知道地图中和《罗杰之书》（Kitāb Rujār）（在某种意义上这本书只能算是一本手册）中的地名所对应的实际地名。只要我们能推定这些地名是在什么时候受到影响的，我们就能知道答案。有两个区域引起了我们格外的注意：一个是河流与山川间的区域，那里出现了几处城市的名字；另一处是亚丁湾沿岸及其众多港口。毫无疑问，如果我们能找到这张地图的钥匙，我们就能进一步了解这段时期（11—12世纪中期）内这片陌生的区域（大体上说，就是我们今天所谓的非洲之角）。

但是从历史文献的角度来说，很少有唯一的钥匙，或者很少有什么知识工具能真正充当钥匙。如果没有钥匙，我们只能尝试用小铁钩强行开锁了。在页面的右手边，有几座山平行排列，这确定了三个从北（下）到南（上）层层排列的地区。这三个地区分别对应了埃及东部沙漠、苏丹－厄立特里亚平原和"阿比西尼亚"这个意义模糊的词。一条河流横穿"阿比西尼亚"的北部边界，并向西流淌，这倒是没有什么疑点，我们位于埃塞俄比亚中央高原，它恰好是向西倾斜，充当尼罗河的蓄水池。我们也许不必像留意赤道另一边的沙漠一样过多留意这片湖，沙漠也许是虚构的。另外，河流左岸没有出现任何一个城市，考虑到这张地图清楚的逻辑，这条河流肯定不是苏丹地区的尼罗河，可能也不是青尼罗河，而更可能是特克泽河（Takkazé）上游。这条汹涌的河流流过非洲最深的峡谷，在苏丹境内流入尼罗河的支流阿特巴拉河（Atbara）。有人蒙了我们的眼睛，把我们扔到了伊德里西地图上的这片区域，然后我们发现自己到了埃塞俄比亚的蒂格雷省（Tigré）及其南边和东边的邻近地区，除此之外一无所知。这令人遗憾，因为我们不得不承认，巴勒莫[1]地理学家传递的信息正好属于埃塞俄比亚不为人所知的几个世纪。

从扎利格（Zâligh）开始，沿印度洋方向分布的一连串港口中，没有一处港口有名字（在地图上）或者便于让我们想到一个具体地点的特征描述（在作品中）。但我们应该是在沿着如今非洲之角北部的索马里兰海岸行走，这部分的玫瑰花苞前后距离相等，似乎像是一条海上路线的中途停靠港。因此，与右手边不同，

---

［1］　巴勒莫（Palerme），意大利西西里岛首府。——译者注

这位向伊德里西提供信息的人应该是一位航海家。但是，我们确实是在我们所认为的地方吗？注疏者曾经想把扎利格解读为塞拉（Zeyla），当时塞拉还不是大宗贸易的港口，到了13—14世纪时才成为这样的港口，而如今已沉睡在亚丁湾深处，被人遗弃。如果我们只在乎这两座城市的名字中间有两个相同的字母，以及它们都位于曼德海峡口，那么可以简单地把它们视为同一个地方。

但是，不管怎么说，这种观点还是有漏洞的：通过参考地图的说明文字，我们得知伊德里西口中的扎利格明显位于红海边贝扎人的国度，而且，从这座"阿比西尼亚的海滨城市"出发，我们可以在两周内到达高原，但是如果是从现在的塞拉出发，这就是完全不可能的事情。为了解决这些矛盾，需要把扎利格一分为二，并且拆分相关信息。所以，可能存在两个城市，从距离上来说它们相隔很近，从名字上说它们足以让地理学家混淆。其中一座就是我们现在的塞拉，从印度洋向赤道方向航行的第一站。另一座属于红海的地理区域，即从埃及至阿比西尼亚的层叠空间；也许是达赫拉克（Dahlak），守卫厄立特里亚海岸的群岛，又或者是某座海滨港口，我们能从那里进入埃塞俄比亚内地，也就是阿比西尼亚高原。

两个不同的地理区域在这页地图上相遇了：其中一个位于红海地区，红海是地中海十分遥远的附属；另外一个则来自另一个世界，它越过了曼德海峡的狭窄口。人们应该是在脑海中想象这两个地理区域是连在一起的，所以这两座都是港口，并且都位于各自世界边缘的城市，在连接处被混淆了。

参考文献：

地图册的内页配有"罗杰之书"的章节，"一个想周游世界者的愉快旅行"（Nuzhat al-muštāq fī i ḫtirāq al-āfāq），1300 年前后的手抄本由法国国家图书馆收藏，置于编号为 Mss Arabe 2221 栏目。最实用的法文版本是 Pierre-Amédée Jaubert, *Géographie d'Édrisi* (Paris, Imprimerie royale, 1836—1840, Vol.2)。

其中与西方有关的部分（包括欧洲和非洲）由安利耶斯·奈夫（Annliese Nef）进行修订，参考以下版本：*Idrîsî, la première géographie de l'Occident*, édition présentée et annotée par Henri Bresc et A. Nef (Paris, Garnier-Flammarion, 1999)。

参考的阿拉伯原文的注释版本是：al-Idrīsī, *Opus geographicum* (Leide, 1970—1984), 9 fasc.；这是所谓的"那不勒斯"版本，因为它归功于 l'Istituto universitario orientale di Napoli 的学者团。

地图是另一个版本的内容，这个版本是 CD-ROM（光盘只读存储器）格式的，题目叫作：*La géographie d'Idrîsî. Un atlas du monde au XIIe siècle* (Paris, Bibliothèque nationale de France, 2000)。

让-夏尔·杜塞那（Jean-Charles Ducène）针对 Petit Idrisi（地图册的通常叫法）的"非洲"部分，写了一本注释本，对他来说，这个版本是"对努扎特（Nuzhat）的补充性改写"：*L'Afrique dans le* Uns al-muhaǧ wa-rawd al-furaǧ *d'al-Idrīsī* (Louvain, Peeters, 2010)。

最近出版的传记版本是 A. Nef, Al-Idrīsī: un complément d'enquête biographique, dans Henri Bresc et Emmanuelle Tixier du Mesnil (sous la direction de), *Géographes et voyageurs au Moyen Âge* (Nanterre, Presses Universitaires de Paris Ouest, 2010), pp. 53-66。

对于伊德里西提供的非洲之角的相关信息，标准的阐释参考：Carlo Conti Rossini, *Storia d'Etiopia* (Bergame, Istituto italiano d'arte grafiche, 1928), pp. 324-326。

有关塞拉的最新进展参考贝特朗·席茨和我的文章：Le port de Zeyla et son arrière-pays au Moyen Âge. Investigations archéologiques et retour aux sources écrites, dans F.-X. Fauvelle-Aymar et B. Hirsch (sous la direction de), *Espaces musulmans de la Corne de l'Afrique au Moyen Âge* (Paris, De Boccard, 2011), pp. 27-74。

15. 姘妇风波

1144 年 12 月柏培拉地区的阿伊达卜（今苏丹与索马里兰海岸）

11 44年年末，一场令人尴尬的风波让阿伊达卜（Aydhâb）港口陷入不安。12月19日，也就是希伯来历太贝特月的21号，一位犹太商人阿布·萨伊德·伊本·加玛伊尔（Abû Saîd Ibn Jamâhir）刚从印度回来，就向当地穆斯林警官诉苦，请警官帮他主持公道。他认为自己被一个名叫萨菲（Sâfî）的人诽谤了。萨菲的职位很高，是开罗授业座（yeshiva）院长任命的高级犹太顾问，不过他身份低微，因为从法律上来说他是个奴隶。也许，他原籍是埃塞俄比亚人（也许他的名字"萨菲"可以理解成是一个传统的阿拉伯绰号——"真诚的人"，也可以理解成是一个埃塞俄比亚名字，即吉兹语的"抄写人"）。伊本·加玛伊尔提供了证人——他的穆斯林合伙人。警官熄灭了这场在他管辖的城市中燃起的混乱之火，解决了当务之急：他让人公开鞭笞萨菲，把萨菲扔进监狱，几天后有人用钱币把他赎了出来。

但是，当地其他犹太商人不以为然。他们既不认为对萨菲的控告是合法的，也不认为不合法，而是主张伊本·加玛伊尔急着息事宁人。他们很可能清楚地知道其他"内幕"，就像我们今天了解到的一样。但是，关于阿伊达卜发生的事，他们仅仅写了一份备忘录，以便事件在日后经由开罗的犹太法庭审理。我们拿到的就是这份文件，用阿拉伯语写成，而且还用了希伯来字母。文件没有签名，这说明最后没有在法庭前被出示，也许是因为事件得以妥善解决，即使解决的结果算不上弥补了对萨菲的侮辱，但至少也为他澄清了诽谤的罪状。与其他带有上帝之名的书面文件一样——以及其他以上帝之名致意和宣誓的文件——这份文件不能被损毁。因此，跟其他几万份文件一样，这份文件被保存在了一间叫作"geniza"的房间里，房间位于开罗"巴勒斯坦"犹太教徒（与伊拉克或波斯的犹太教徒相对，叫作"巴比伦"犹太教徒）的犹太教堂内。直到1890年，这份文件才重见天日，当时人们正在拆除旧教堂，准备重建，被再次发现的各种文件被收藏家们或图书馆买走了；如今这些资料分散在剑桥、牛津、纽约、费城、布达佩斯和其他地方。私人或官方信件、司法文书、契约、账目和其他商业文件不仅为犹太社会，而且更宽泛地说，还为中世纪地中海社会——大部分文件追溯至11—13世纪——提供了一份特别的资料，尤其是在与印度贸易这方面。如果没有这些文件，我们对这方面的了解就很少，或者根本不了解。犹太人在这宗巨大贸易中占有突出地位。"geniza"房间中的文件指出，他们买卖纺织原料、染料、药用植物、调味品、香料原料、香味树脂、铜和锡，贸易范围从地中海西岸一直延伸到印度的西南海岸，开罗就是贸易中心。

不管阿伊达卜事件是如何和解的，有人犯了罪依然是铁打的事实，而且这桩罪行很可能没有受到惩罚——由萨菲明确揭发的罪行。伊本·加玛伊尔认为扮演受到侮辱的受害人是合理的，为的正是反驳萨菲的控告。控告的内容是什么呢？我们手中请愿书的作者们希望由原告本人来叙述内容，于是控告的内容以直接引语的形式再现了："你有一个女奴；你让她怀孕了"，萨菲喊道，"她把孩子生下来了，可你却把她和孩子一同丢在了柏培拉（Berbera）。"我们可以猜想，女奴是一个印度人，而且这个不幸的女人在一趟回程中——在亚丁[1]和印度的中间站靠岸了，或者其实是亚丁和红海的中间站靠岸了。她把她那点儿移居国外的异国快感给了一个住得离她很远的商人。她之所以被骗到或者说被迫留在索马里兰海岸（索马里兰海岸是个不太受待见的大后方，人们在那里购买皮革和猫皮，不过并没有对互相交换的小商品抱太多增值的希望），是因为商人不希望她在抵达阿伊达卜后闯入他的家庭，而不是因为开罗还不够远。因为到达开罗需要先花两周的时间穿过沙漠，抵达阿斯旺的尼罗河或埃德富（Edfou）的尼罗河，然后花三个月乘坐三桅杆小帆船顺流而下。但是问题在于：阿伊达卜是东方和地中海之间的入口，而且伊本·加玛伊尔回家了。

---

[1]　亚丁（Aden），也门城市，亚丁湾北岸。——译者注

　　我们不知道是什么让阿伊达卜的犹太商人不快：是因为伊本·加玛伊尔在犹太教教律禁止的情况下，仍然有了个姘妇，还是因为他把她丢弃在海岸呢？是因为他抛弃了一个新生儿、一个儿子，还是因为他对告发者提起与事实不符的诉讼呢？但是，我们知道这件事引起了巨大反响。哪怕犯人处理得小心谨慎，而且选择在等同于天涯海角的索马里海岸犯案，也几乎不可能隐藏一桩重罪。这是因为阿伊达卜是一个热闹的十字路口，信仰各种宗教的人在这里相遇，东方人与西方人，水手与商人，还不算那些经常在海港附近活动的人。同样，印度和开罗之间一年一度的海上船队卡利姆（kârim），也是在阿伊达卜靠岸的。而且，对于全北非和萨赫勒的穆斯林来说，他们前往圣地朝圣的主要路线也经过阿伊达卜。多亏其中一位穆斯林，伊本·朱巴伊尔（Ibn Jubayr）给我们留下了行程的证据："这是世界上最热闹的港口之一"，他写道，"印度和也门的水手中途停靠在这里，还有来来往往朝圣者的船只"。这位朝圣者向一个阿比西尼亚人租了一处住所，待了三周；在城中拥有房子和船只的阿比西尼亚人有很多。人们什么都进口，包括水。当地"更像野兽而不是人"的贝扎人，靠捕捞珍珠小产业谋生，但更多是靠打劫朝圣者营生。贝扎人在前往阿拉伯时付出了巨大的代价，等轮到他们的时候，他们等候着挤上加尔巴（Jalba）的权利，就好像挤在鸡笼里一样。加尔巴是用木板和椰子纤维做成的粗制小船，船主们渡海一次，就能使船获得收益，不过前提是渡海时没有触礁或遇上鲨鱼。小船被丢弃在海岸边是常有的事，要是可能的话，当地人还可以再不友好一点；我们只能在当地的敌视和强盗的洗劫之间做选择。"有时，一些朝圣者"，伊本·朱巴伊尔说，"在沙漠中行走，他们迷路了，然后渴死了。幸免于难的人来到了阿伊达卜，他就像我们从裹尸布中拎出来的死人。当我们居住在这座城市时，亲眼看到过这种可悲地步的人。他们萎靡不振，仿佛被压变形了，这景象令人毛骨悚然"！最后，到达目的地的只有很少一部分人。而我们的作者从中得出一个道理："阿伊达卜值得安排警力，这是一个军刀取代了牛筋鞭子的地方！"

阿伊达卜在伊斯兰教初期就被建立起来了，为的是实现奴隶和黄金的出口，并在内陆进行交易。11—13世纪，阿伊达卜即使不算是非洲和印度间的换乘站（这个角色被转移给了亚丁，那里有商行和货物集散地），但至少也算是商业组织形式从海洋模式变为沙漠模式的换乘站，是缴纳埃及海关税和必须交给贝扎强盗的捐税的十字路口。如今，阿伊达卜是一座被遗忘的遗址，坐落于哈拉伊卜（Halayb）三角区。这片区域是埃及和苏丹间的是非之地。20世纪，少数路过此地的人在那里看到了石碴堆砌的小房子、蓄水池、撒满中国瓷器碎片的土地，还有成千上万的穆斯林坟墓分布在四面八方，用大块的珊瑚石灰岩建成——也许，这些建筑就是那些从未到达或有来无回的朝圣者的坟墓。那里，一直有一小支警察的守卫部队。

参考文献：

有关特别的资料的研究，也就是开罗的"geniza"中的文件的研究，参考 Shelomoh Dov Goitein, *A Mediterranean Society: The Jewish Communities of the Arab World as Portrayed in the Documents of the Cairo Geniza* (Berkeley, University of California Press, 1967—1999), Vol.6。这是他用一生完成的著作，其中两卷在作者逝世后出版。文中提到的文件，也是出自同一位作者的 *Letters of Medieval Jewish Traders* (Princeton, Princeton University Press, 1973), n° 79 (pp. 335-338)。所有关于事件的细节都借鉴于这部作品，除萨菲原籍是埃塞俄比亚的假设。

Tim Power, The origin and development of the sudanese ports (Aydhâb, Bâdi‘, Sawâkin) in the early islamic period, *Chroniques Yéménites*, 15, 2008, pp. 92-110, 这篇精彩的文章介绍了红海苏丹海岸港口的初期阶段。Jean-Claude Garcin, Transport des épices et espace égyptien entre le XIe et le XVe siècle, *Actes des Congrès de la Société des historiens médiévistes de l'enseignement supérieur public*, 7e congrès (Rennes), 1976, pp. 305-314 研究了中世纪时期阿伊达卜在埃及贸易地理中的位置。

在阿伊达卜遗址的参观报告中，我们可以参考 G.W. Murray, Aidhâb, *The Geographical Journal* 68 (3), 1926, pp. 235-240；还参考了时间上更近一点的作品：David Peacock et Andrew Peacock, The enigma of ‘Aydhâb: A medieval islamic port on the Red Sea, *International Journal of Nautical Archaeology*, 37 (1), 2008, pp. 32-48。后者大致且快速地列出了一份所收集到的文献清单，并且建议把阿伊达卜港口定位在离主遗址东南方向二十几千米远的位置。但是，我们还是应把这个假设看作一块待接石，因为通过卫星影像获得的观察还没有在地面的完全确认。

有关卡利姆，可以阅读：S.D. Goitein, New light on the beginning of the kārim merchants, *Journal of the Economic and Social History of the Orient*, 1 (2), 1958, pp. 175-184。Éric Valet, *L'Arabie marchande. État et commerce sous les sultans rasūlides du Yémen (626—858 / 1229—1454)* (Paris, Publications de la Sorbonne, 2010), pp. 471-539，其描绘了相关地区的最后状况。作者并没有质疑卡利姆指埃及和亚丁间一年一度的船队，但是，他把这种叫法与航海季节联系在了一起。

伊本·朱巴伊尔在阿伊达卜的停留追溯至 1183 年。旅行的完整故事被写成法语：Charles-Dominique, *Voyageurs arabes* (Paris, Gallimard, La Pléiade, 1995)；本文引用的选段摘自第 102—104 页。

16. 西吉尔马萨，世界尽头的十字路口

12 世纪至 14 世纪的摩洛哥东南部

犹大·本·约瑟夫·哈-柯安（Judah ben Joseph ha-Kohen）是开罗犹太商人中的领头人物。在 1145 年，我们发现他落入险境——受到了海盗的袭击，我们不知道中途发生了什么，但最终他得以逃生，因此他来到了印度西北部古吉拉特邦的布罗奇（Bharuch，或拼作 Broach）。但他丢了货物，而且很显然身无分文了。他收到的一封信对他来说，就是一份宽慰的礼物：上天补偿了他所蒙受的损失。他的通信者写道，在需要时，犹大可以在邻近的城市，向一位可以信任的人借金子。也许，当他得知他卖出丝绸得到的一笔资金被用来买胡椒时，他也会感到开心。最后，也是最令人宽慰的，他被邀请立即登上开往芒格洛尔（Mangalore）的船。在芒格洛尔，有一艘开往亚丁的船等着他。这些令人心安的话语，出自某位叫马鲁兹·本·雅各布（Mahrûz ben Jacob）的船主之手。我们有必要明确一下，犹大是马鲁兹姐

姐的丈夫。在进行大宗贸易的犹太家庭中，合理的姻亲关系可以提供援助和领事服务。犹大·本·约瑟夫·哈－柯安自己的姐姐则嫁给了亚丁的犹太商人代表。至于他的绰号，"西吉尔马萨人"，可能表示犹大出生在摩洛哥，也许是因为他的父亲也缔结了一段类似的姻亲关系，不过是在与他所处的位置相对称的地方，非洲的最西端。西吉尔马萨、开罗、亚丁、芒格洛尔，这些就是当时犹太商人贸易范围的纵向要道中的中间站。

　　西吉尔马萨，这座位于摩洛哥东南部一片棕榈林中的城市，真的能够与当时最著名的港市和货物集散地并列吗？如果不是中世纪著名的阿拉伯旅行家伊本·白图泰（参见第26章、第29章）赋予了西吉尔马萨这样的价值，这一疑惑也许会不断加深。1351年，他在西吉尔马萨停留了一段时间，暂住在当地一位法学家的家中，法学家名叫阿布·穆罕默德·阿里－布什利（Abû Muhammad al- Bushrî）。伊本·白图泰提到，他其实在中国遇到过法学家的兄弟。他还有些感叹道："这两个兄弟彼此生活得多么遥远啊！"伊本·白图泰也许并没有行经中国内陆，但这没有什么关系——两人也许是在Qanjanfû[1]遇到的，这座城市位于离广东不远的沿海平原。阿布·穆罕默德·阿里－布什利的兄弟，在年轻时与一位叔叔到了印度，后来他与移民到这座城市的商人以及穆斯林文人做生意，渐渐地在这座城市中变得富有并受人尊敬。而且，他在伊本·白图泰的眼里让人尤为敬重，因为他送给了旅

---

[1]　根据读音推测有可能指广州府。——译者注

行家四个奴隶——两男两女。我们不确定这两兄弟在生意上是否有联系，但是从逻辑上来说，以下可能性很大：一个在摩洛哥，在黄金销售市场，另一个在中国，在丝绸销售市场。

如果大型商行——不管是犹太商行还是穆斯林商行，都在西吉尔马萨安排了一个家庭成员的话，那一定是因为劳有所偿。10世纪末，由于局势动荡不安，人们封闭了从埃及南部延伸出去的、通往尼日尔的弯曲道路；14世纪末，其他横贯撒哈拉中部的要道走的人更多。所以从10世纪末到14世纪末，大部分沙漠商队都是从西吉尔马萨出发，开始漫长的穿越之旅：五十天"穿越孤独和沙漠"，直线行走一千八百千米，从大草原进入更加干燥的撒哈拉。而且，沙漠商队也会带着黄金货物和奴隶队伍回到西吉尔马萨。10世纪，在麦斯欧迪和豪盖勒的时代，人们在西吉尔马萨把所有黑人国家的黄金轧制成第纳尔，而且，在法蒂玛王朝君主对整个马格里布征收的税中，西吉尔马萨就贡献了一半。

我们对于这条线路的设置一无所知，也许整个过程始于8世纪中期。但我们猜测，一个人需要受到冒险的诱惑，拥有坚韧不屈的精神、做事的干劲以及集体的组织和团结，才能把扎纳塔（zânata）游牧民族季节性放牧的牧场变成一座海滨港口。不过这是一座国际港口，具备完善的设施和社会结构，以便于管理跨撒哈拉的运营。从某种意义上来说，这些人才重新改善了撒哈拉的菲尼斯太尔省[1]（Finistère），这片世界尽头的海滨。他们的脑海

---

[1]　菲尼斯太尔省（Finistère），位于布列塔尼的最西端，被称作"天涯海角"（le Bout du Monde）。——译者注

中有一顶桥，通往新海岸，而把他们拉出社会边缘状态的正是穆斯林异端分子和犹太教徒。我们还看到，从9世纪到10世纪，一个相衔接的体系建立起来。在这个体系中，皈依哈瓦利吉派（参见第5章）的柏柏尔人在西吉尔马萨和萨赫勒间组织贸易活动，犹太教徒则在西吉尔马萨和地中海世界间组织贸易活动。这种全体教会的互补性没有在11世纪以来正统逊尼派的发展中以及随后几个世纪的宗教狂热事件中幸免于难（参见第32章）。

诱人的利润也好，谴责也好，税收也好，这个商业十字路口的发展不可能不激起贪欲。阿尔摩拉维德人善于观察，从一个宗教团体变成了一代王朝。11世纪中期，他们占领了西吉尔马萨，并在那里安插了一位伊斯兰王子。一个世纪以后，阿尔摩拉维德人——严守教规的穆斯林和流血的改良主义者——一改前人的温和态度，做了同样的事情。在这个时代，穆斯林以异端邪说或道德上的离经叛道为理由大肆屠杀，犹太人不断遭受迫害。一封开罗来信讲述了1146年攻占西吉尔马萨后的处决和强加的皈依，关于这封信，我们有马格里布生还者的证词。这封信由什洛莫·哈－科安（Shlomo ha-Kohen）寄给自己的父亲犹大（Judah），但后者在印度遇到海难，这封信直到1148年才到达亚丁，被送到犹大手中。在13世纪中期和15世纪中期，同样是摩洛哥组成部分的第三个柏柏尔王朝马里尼德王朝（les Mérinides）于1255年占领此地，然后转向马拉喀什。西吉尔马萨处于矛盾之中，它既是政治的边缘和财富的中心，但实际上也是后方堡垒、等候站、避难所，同时也是所有政府计划的"银行"。

也许，在 13 世纪初，西吉尔马萨经历了它最繁华的时代。1220 年左右雅谷特[1]这样描述道："城中穿过一条重要的河流，人们在河流两岸建造花园，种植棕榈树，一眼望过去看不到尽头。"一条河流吗？实际上是一条干涸河，也就是说它时而是一条激流，汇聚了阿特拉斯高山上的雪水，一直流到撒哈拉；时而是干枯的河床。这条河是齐兹河（le ziz），麦斯欧迪说，城市沿河伸展，要走半天才能走完。雅谷特确认道，人们在此种植一种独一无二的葡萄和品种不一的椰枣。女人用不同颜色的羊毛织布，好评如潮。他证实道："这座城市的居民是最富裕的。"与雅谷特同时代的阿里·萨拉赫希（al-Sarakhsî）为我们画了一幅西吉尔马萨的阿尔摩哈德总督肖像，总督是阿尔摩哈德王朝第一位君主的孙子，他一点也不像初代家臣那样意欲立刻施以惩罚，但他并不畏惧以训诫的口吻说话。他"风度翩翩，经验丰富，阿拉伯语和柏柏尔语都说得十分流利"。我们会看到，他收到消息称，加纳君主，一位黑人国王，禁止北方前来的商人从事贸易。加纳君主将他们关进监狱，也许是因为颁布了获得国内贸易权的纳税条件。我们的总督起草了一封满是格言警句的书信，从信中我们突然发现，他似乎在维护宗教宽容和自由贸易："我们（国王）之间应该保持友好睦邻关系，尽管我们的宗教信仰不同。[……]公正是国王施行良政的必要条件之一，而不公则是无耻无知之人的特权。"总督暗示，针对小商贩所做的行为就是不公之事，是出自无耻的灵魂。他为

---

[1] 雅谷特·阿尔·哈马维（Yâqût al-Hamawi, 1179—1229），叙利亚地理学家、历史学家，曾到中亚旅行。主要著作有《地理词典》和《作家词典》。——译者注

代理商的自由通商辩护，声称这只可能对人民有益。这段道德三段论的最高潮在这里："只要我们想，我们也会［在西吉尔马萨］关押附近的贵国子民。但我们绝不会这么做。以这样的方式进行判决以顺应局势，这不符合我们的身份。"

马卡里（Maqqarî）一家也见证了这个和善的时代。他们是一个阿拉伯古老商人家族的五兄弟，他们"共同拥有所有现有的或未来的物资，并互相同意平分［收益］"。在如今的西方世界，这也许是走向争吵或破产的必然道路。但在当时的环境下，这家商行倚靠的是最不可能出现差池的忠诚，是家族的忠诚。五兄弟中的两位，阿布·巴克尔（Abû Bakr）和穆罕默德（Muhammad）定居于特莱姆森，如今阿尔及利亚的西北境，摩洛哥边境不远处；另两个兄弟，阿布德·阿里－瓦伊德（Abd al-Wâhid）和阿里（Alî），居住在毛里塔尼亚的瓦拉塔（Oualata），撒哈拉的南缘（参见第 26 章）。他们是最年轻的，这是迎娶当地女子并在当地扎根的必要条件。阿布德·阿里－拉芒（Abd al-Rahmân），五兄弟的大哥经验最丰富，他在西吉尔马萨定居，所以那里就是集团"总部"。根据编年史作家的叙述，那里就是发出订单和集中信息的地方："特莱姆森人往撒哈拉运送对方指明的货物，撒哈拉人则运送皮毛、象牙、核桃和金砂。至于西吉尔马萨人，他们像天平的指针一样提供市价上涨或下跌的信息，描述商人境况和国家大事。因此，他们的物资增加了，地位也大幅提高。"马卡里家族的分布绝不是偶然的；他们的分布贴合了连接萨赫勒和马格里布并由此灌溉了地中海世界的贸易主干道。就像科安家族的姻亲关系一样，马卡里兄弟间的合作反映了一种意图扩展家族网地理范围的策略，并通过家族联系承担企业风险。

西吉尔马萨度过了六七个世纪的繁荣，后来经常受到军队和监察官的破坏，最终消亡了。那时，塔菲拉勒（Tafilalet）出现了，那是一片生长着柽柳和棕榈树的绿洲，在此之前，它的名字很少被提起。密集的经济活动和财富积累使城市的集中成为可能，反之，当经济活动减少时，城市也逐渐分散。举世闻名的城市又变回了原来的样子，一片用夯土（pisé*）加固的小镇，一座堡垒（ksar*），一片漆兹河边绿洲的无特色的民居。在其中一座小镇里萨尼（Rissani）中，西吉尔马萨的废墟像首饰盒一样奇迹般地被保存下来。17世纪，伊斯兰教的隐士在那里闲逛，毫不犹豫地声称自己是先知或救世主。人们聚集起来，祈求他们的赐福，没过多久，人们又把他们赶了出去。在这个圣物盒之上，孕育出一个新王朝，它一直统治着摩洛哥。当地传统会为你们指明古城的清真寺，这些清真寺处于圣人和国王之前的时代，是真正的英雄——商人的那个时代（见彩图）。

参考文献：

此处收集的关于犹太商人的信息来自：Shelomoh Dov Goitein, *Letters of Medieval Jewish Traders* (Princeton, Princeton University Press, 1973), pp. 14 (et note 12), 62 et suivantes, 203 (note 6)。

我们能在下列作品中找到伊本·白图泰的故事：Paule Charles-Dominique, *Voyageurs arabes* (Paris, Gallimard, 1995), pp. 985-986 (Qanjanfû), 1023

(Sijilmâsa)。

　　白图泰不可能游历中国的假说曾被多次提及；最后可以参考贝特朗·席茨和我本人的文章：Voyage aux frontières du monde. Topologie, narration et jeux de miroir dans la Rihla de Ibn Battûta, *Afrique and Histoire*, 1, 2003, pp. 75-122。

　　"穿越孤独和沙漠"的表述带我们走向雅库比，891 年左右首批提到这条路线的作者之一，引自 Joseph Cuoq, *Recueil des sources arabes concernant l'Afrique occidentale du VIIIe au XVIe siècle* (Paris, Éditions du CNRS, 1985), p. 48。我们还引用了这部作品中麦斯欧迪（第 61 页）、雅谷特（第 186 页）和 阿里·萨拉赫希（第 178—179 页）的叙述。有时我根据下列译文对阿里·萨拉赫希的叙述作了修改：Henri Pérès, Relations entre le Tafilalet et le Soudan à travers le Sahara du XIIe au XIVe siècle, *Mélanges de géographie et d'orientalisme offerts à E.-F. Gautier* (Tours, Arrault et Cie, 1937), pp. 409-414。

　　10 世纪西吉尔马萨的概况参考 Michel Abitbol, *Histoire du Maroc* (Paris, Perrin, 2009), pp. 49-51 et passim。

　　有关西吉尔马萨的犹太人，参考 Nehemia Levtzion, The Jews of Sijilmasa and the Saharan trade, dans Michel Abitbol (sous la direction de), *Communautés juives des marges sahariennes du Maghreb* (Jérusalem, Institut BenZvi, 1982), pp. 253-264；这篇文章提到了什洛莫写给犹大的信。Paul B. Fenton et David G. Littman, *L'Exil au Maroc. La condition juive sous l'islam, 1148—1912* (Paris, Presses de l'université Paris-Sorbonne, 2010), pp. 69-70，有一段法文译文，作者提到大约有两百名西吉尔马萨的犹太人，在城市被占领之前逃走了。他们在德拉河附近避难，但我们没有相关信息。那些留下来的或没能逃走的犹太人中，有一百五十人在几个月内被杀害，在此期间，他们被勒令皈依伊斯兰教。另一些人屈服了，就像犹太教法官一样（后来他又改信犹太教）。

　　马卡里兄弟的资料来自 Joseph Cuoq, *Recueil des sources arabes*, pp. 324-326。我去掉了"可乐果实"这个译文，阿拉伯文中没有这个词（只有

"果实"），尽管原文说的可能就是这种果实，可以在西非森林中采集到。

有关西吉尔马萨的历史，我们只有这段简短的概述，不过十分精彩，参见 Michel Terrasse, Sidjilmāsa, dans *l'Encyclopédie de l'Islam* (2e éd.)。

有关考古视角下的西吉尔马萨遗址，我们可以参考在当地进行的考古调查的报告，报告不多，需要十分谨慎。尤其是: Ronald A. Messier, Sijilmasa. Five seasons of archaeological inquiry by a joint moroccan-american mission, *Archéologie islamique*, 7 (1997), pp. 61-92。

从乡村风景的角度研究西吉尔马萨的历史，有关这种最富创造性的方法，可以参考 Dale R. Light-foot et James A. Miller, Sijilmasa: The rise and fall of a walled oasis in medieval Morocco, *Annals of the Association of American Geographers*, 86 (1), 1996, pp. 78-101。

17. 黄金像萝卜一样生长的国家

10 世纪至 14 世纪的萨赫勒

大约在公元 951 年，波斯地理学家伊斯泰赫里[1]断定西吉尔马萨离一处金矿不远。他补充道，"据说没有任何一座金矿比这儿更大、金子比这里更纯净"，而且"通往这座金矿的道路异常艰难"。如果说跨撒哈拉贸易的事实削弱了第二句断言的可信度，因为黄金正是通过跨撒哈拉贸易被运往萨赫勒，那么金矿的情况的确存在疑点——西吉尔马萨城附近并没有金矿。即使到了 10 世纪中期，这位地理学家获得的信息还是有误。半个世纪之前，雅库比[2]

---

[1] 伊斯泰赫里（al-Istakhrî），10 世纪阿拉伯地理学家。本名艾布·伊斯哈格·易卜拉欣·本·穆罕默德（Abu Ishaq Ibrahim ibn Muhammad）。从 951 年起，先后到波斯、中亚、印度、埃及、马格里布、西西里岛和安达卢西亚等地的名城和古迹进行实地考察，撰成地理学巨著《省道图志》（Masalik al-Mamalik，一译《列国道路志》）。在该书中，他把地球分为 20 个地区，记载了各地的地形、山川、河流、名胜古迹、交通及城市，附彩绘地图十九幅。——译者注

[2] 雅库比（al-Yakûbî，？—987 年）也作雅古比，是公元 9 世纪一位阿拉伯地理学家和历史学家。曾在亚美尼亚和呼罗珊等地居住，后出游印度、埃及和马格里布等地，并于公元 891 年完成《列国志》一书。——译者注

已经能够确定金矿位于撒哈拉沙漠另一端的加纳王国之中。进一步来说，即使没有根据，但更加真实的情况是，非洲王国加纳（参见第7章、第8章）所在的毛里塔尼亚南部地区也没有金矿。地理学家混淆了黄金的生产地和购买地，后者总是聚集着形形色色的信息提供者。

很长一段时间里，人们没有更多关于金矿的情况了。15世纪中叶，一位热那亚商人，也是目前已知的第一位前往撒哈拉的拉丁天主教徒安东尼奥·马尔方特（Antonio Malfante，参见第32章），他的穆斯林庇护人在回答他黄金来自哪里的问题时，这样说道："我在黑人国家中居住了十四年，从来没有听过谁能够笃定地说：'我可以作证，我们就是这样找到并采集黄金的。'"虽然这个人也是一位商人，可能因为某些原因对对方撒谎，但我们可以确信一点：那个时代没有任何旅行家或者地理家能够得到更为确切的情况，只能确定沙漠驼队所到达的黑人贸易国家不产黄金，黄金来自更远的地方。

采摘黄金的神奇传说让黄金的来源地越发地扑朔迷离。10世纪初，一位作家写道："加纳王国中的黄金就像是植物一样从沙地中长出来，就像胡萝卜一样，人们在太阳升起的时候采集。"14世纪中叶，开罗王宫主管大臣尤马里（al-Umarî）一板一眼地记录下了他的听闻。人们采集的黄金作物有两个品种，"一种是在春天，在雨季结束的时候从沙漠中长出来：叶子长得像四季青，根部是黄金；而第二种黄金作物一整年都生长着 [……]；人们翻凿土地，获得状似石子和沙砾的黄金根。"诸如此类的故事编织出一幅由非洲掌权者和西非穆斯林所维护的人造传说图景，告诉北非贸易伙伴金矿的位置，用来哄骗他们，防止他们直接开采金矿，从而对金矿进行控制。这幅图景的主要目的是引发好奇心，此外，毋庸置疑，如果撒哈拉沙漠政权只比北部贸易伙伴多知道一点黄金矿脉的消息，他们绝不可能直接掌控矿区的开采权，也不可能对黄金开采产生更多影响。让我们看一看尤马里关于这个话题还写了什么吧：每年，人们从马里把在黄金国中采集的黄色金属果实带给素丹；素丹还与黄金国签署了一份友好协约。"如果素丹想要黄金，就得服从规定。但这个国家的国王贸然尝试过，如果他们占领任何一座黄金城市，在其中大行伊斯兰教的话 [……]，黄金只会不断减少直到荡然无存 [……] 因此，这些国王任由异教徒掌控黄金国，服从规定，交纳商定的黄金税赋。"外交斡旋无能为力。可以说，出产黄金的撒哈拉政权与他们名义上的政治君主一样，双方了解的黄金情况都是间接的。

我们不禁问道，既然黄金的开采地点不仅仅不为购买者所知，而且对供货商来说也难以捉摸，而且黄金开采似乎并没有被完全掌控，那么这种贵金属的商业交易是如何进行的呢？首要的原因是，伊斯兰商人在撒哈拉边界遇到的那些供货商同样是中间商人。他们有一个名字：万加拉人（Wangâra）。万加拉人起初是撒哈拉边界的一个族群，几个世纪之后他们一跃成为从事大宗商品贸易的专业团体，遍布西非各地。他们曾被赋予各种名字，如今他们被称作迪乌拉人（Dioula）。万加拉人形成了一个流动商业网，这些流动商贩是不知疲倦的行者，身边跟着一两个穆斯林或者带有伊斯兰教象征的仆从，踽踽独行。伊斯兰商人走出沙漠时，在加纳或马里市场上——两个对称的商业网之间的联络点——遇到的人可能正是万加拉人。

从阿拉伯作家记述的时而混乱的材料中可以推断出，万加拉人定居在尼日尔河的岸边，他们的住处在所谓的内三角洲（每年洪水期间，湖泊、支流以及被淹没的水塘交汇形成的水域网络）方向上，或是在尼日尔河和巴尼河[1]之间全部的"河间"区域，该地区可能更加符合史料中记载的"岛屿"这一名称。不过该地不出产黄金。主要的大型矿脉位于塞内加尔河[2]及其支流法莱梅河（la Falémé）之间的班布克（Bambouk）、上塞内加尔和上尼日尔之间的布雷、上沃尔塔（la Haute-Volta）地区（布基纳法索旧称）的洛比（Lobi）以及位于尼日尔的锡尔巴河谷（la vallé de la Sirba），这些矿脉勾勒出万加拉"网"在热带大草原上活动区域的边界。这个区域网细密地覆盖了大大小小的矿区，或者说以一处枯竭后紧接着开采下一处矿区的方式覆盖所有矿区，他们通过如毛细血管般的渠道将黄金输送至二级市场，其后再由流动商贩将黄金送往撒哈拉沙漠中各王国的城市中。因此并不是这些国家在统筹黄金贸易，况且他们在矿脉地区只有微弱的干预能力。并不是黄金贸易国购买其南部的黄金再转卖到北部，而是中间国建立

---

[1]　巴尼河（Bani）是尼日尔河重要支流。发源于科特迪瓦北部丘陵区，由上游段巴戈埃河与巴乌莱河汇合而成。——译者注
[2]　中世纪时代，有关塞内加尔河是"黄金之河"这种报告传到欧洲航海家耳中，于是从16世纪到20世纪，这条河就成了在法国殖民势力下的前进之路，法国船至少早在1558年就进入这里的河口湾。——译者注

了两种贸易系统，并使交易安全且公正地进行。中间国赚取的不是差价，比如购买贵金属矿产再将其卖出；他们的收入实际上来自收取过境商品的税费，比如来自这边的黄金，或是另一边的盐。

这种两个陌生世界的遥远关系，是一天或者一个短暂季度的合作关系，双方不清楚对方是来自哪个世界的中间人，这种关系也是层层嵌套的，那个时代的作家试图明白它的交易方式。比如10世纪中叶的麦斯欧迪这样解释道："他们（拥有黄金的黑人）有一条分界线，来他们国家进行交易的人无法跨越这条界线。带着商品的商人一直走到这条界线之前，把他们的货物和衣服放在这里，然后退下。而苏丹人拿着黄金上前来，在商品旁边放下一定数量的黄金，随后退下。如果商人认可的话，他们会再次上前，如果不满意的话，他们便离开。然后，苏丹人回来再加注黄金直到成交。"或者像雅谷特在13世纪初所叙述的："精疲力竭的驼队终于走到与黄金主人见面的地点。到达附近时，商人便开始敲打随身携带的大鼓。鼓声一直传达到另一方耳中 [……] 当商人意识到有人听到他们的鼓声时，他们便摆开各人所带的货物 [……] 随后便退回营地。苏丹人带着黄金来到这里，在每个商品旁边放下一定量的黄金然后退回去。商人再次上前，拿走苏丹人放在他们商品旁的黄金。最后商人击鼓离去。"

不同国家的人如何见面，语言不通的人如何交流呢？——通过击鼓。买卖双方计量单位与货币均不一致的情况下，如何调节临时市场的供求，如何规定双方的交易用语？——通过不断加注黄金。这种交易没有诸如伊斯兰法律等公共法律的监督，那么这种无人管控的交易该如何保证呢？——通过脱下并放下衣服的行为。无数次被记录，但再没有出现过的"哑巴交易"故事能够解答现在的人所提出的一切疑惑。当然，这个故事就像"采集"黄金的奇妙篇章一样，使中世纪撒哈拉市场中黄金贸易的实际情况更加虚无缥缈，但同时，展现了黄金交易的具体情景以及黄金贸易给北非商人带来的忧虑。

参考文献：

摘录选段来自 Joseph Cuoq, *Recueil des sources* (Paris, Editions du CNRS, 1985), p.52（雅库比），p.54（Ibn al-Frakîh-关于"黄金像胡萝卜一样生长"），p.60（麦斯欧迪），p.65（伊斯泰赫里），pp.134-136（伊德里西谈到的万加拉人），pp.183-184（雅谷特），pp.264-265 及 pp.272-273（尤马里）。

安东尼奥·马尔方特的"图瓦特（Touat）的信"参见第 32 章。

万加拉人王国与尼日尔内三角洲的位置一致是 Susan Keech McIntosh, *A reconsideration of Wangaro/Palolus, island of gold,* A reconsideration of Wangara/Palolus, island of gold, *Journal of African History,* 22 (1981), pp. 145-158 一文提出的猜测。

让·德维斯收录在 *Vallées du Niger* (Paris, Réunion des Musées nationaux, 1993) 目录中的文章 L'or, pp. 344-357. 目录主编是同一人，文章从不同角度出色地介绍了这一话题。

万加拉人的这一话题还参考了 Andreas W. Massing, The Wangara, an old soninke diaspora in West Africa?, *Cahiers d'études africaines* 158 (2000), pp. 281-308.

Paulo Fernando de Moraes Fariass, Silent trade: Myth and historical evidence, *History in Africa,* 7 (1974), pp. 9-24. 这是一篇分析无声易货问题最出色的文章。

18. 矿山幻影
13世纪前后西非津巴布韦（今日的）高原、大草原

19世纪80年代，当"淘金热潮"席卷马塔贝莱兰（Matabeleland）和马绍纳兰（Mashonaland）地区（意为马塔贝莱人和绍纳人的国家）时，欧洲采矿者经常在林波波河（Limpopo）和赞比西河（Zambèze）之间发现废弃的矿井。对他们而言，这是存在地下矿脉的首要标志。矿产采掘迅速机械化，但矿业公司的工程师仍然发现，在凿井机器和挖掘机之下，满井和平巷屡见不鲜。早在现代殖民之前，非洲人就已经发现并开采黄金了。没有人对此感到惊奇：当我们还是垦荒者、基督传教士或普通的旅行家时，当我们企图征用并剥削非洲人时，智慧的先人在很久以前就已经开始对这片土地进行开垦了。无论是腓尼基人还是希伯来人、埃及人还是示巴人（Sabéen），他们都属于古代地中海世界，因此他们与自称文明传播者的欧洲社会紧密相连。正是这些无形的祖先使非洲的风景逐渐变得熟悉，让殖民者把非洲

据为已有。

今天，我们知道仅在津巴布韦高原上，就约有 4000 处在过去被开发的矿场遗址。其中包括露天矿、运输平巷以及深至含金石英矿脉的矿井。但无一例外，没有人相信非洲南部中心的这些矿脉就是《圣经》中的俄斐（Ophir）王国的所在地 [所罗门和他的同盟推罗王（Tyr）希兰（Hiram）所派遣的商船正是从这里带回黄金、珍宝和木材，用来制作耶路撒冷宫殿中的竖琴、建造宫殿的房间]。这些矿场主要表现为地上的坑洞、旁边堆积的碎屑。这是从 12 世纪至今不同时期内开采的贫矿的遗迹。16 世纪，当葡萄牙人从莫桑比克海岸踏上非洲大陆时，这些遗迹仍然存在，而且保留至今。那时，人们用铁钻开凿岩石；用火、木楔或石楔分隔矿层中最紧实的部分；用石制的碾磨机捣碎矿石；最后再用火炉熔化金属。我们有时能找到这些工具，并用碳推测时间。人们发现一些从著名矿井遗址中出土的陶瓷质地相近，而且众多矿场分布于古老的"石屋"（在绍纳语中被称为"津巴布韦"）周围，石屋是复杂的防御建筑工事，可以追溯至 13—15 世纪。因此，无论其具体是什么，我们认为有一种类似王国政权，甚至可以说帝国的中央集权把开采金矿的权力紧握在自己手中，不仅掌控着诸多复杂的工艺，而且还掌控着土地和人民。与其说这个政权是为了统治者的利益，不如说是为了贵族阶级或商人阶层，但真的应该如此吗？

我们知道在西非草原，没有任何政权可以直接掌控金矿（参见第 17 章），许多矿脉在过去已经被开采。这里的地质环境不同，主要为风化岩与冲积岩。在这里，居民在河流中用淘金盘淘金，或者在古阶地上的砂积矿床中开凿矿井：几米深的红土保护层之下，黄色的亮片逐渐显现，暴露在完整而坚硬的岩石上。地面上，有时甚至可以从电脑屏幕上的高空图或卫星图分辨出这些矿场，它们平行排布于垂直矿井的井眼处；地面下，深度地挖掘甚至使岩体中的不同洞穴相连，它们由坚固的石柱支撑。矿井之间通常会开掘狭道，以便通行。我们在玄粒岩与花岗岩层中发现了磨石和碾磨机、炉缸以及陶瓷碎片，但是这些出土物很少被用于确定年代，因为只有极少的资料可供参考。

　　但是，我们有时会在这些工地上发现中世纪外来的宝螺科贝类动物（或者叫 cauri*）、黏土制成的烟斗和烟嘴（随着 17 世纪烟草的普及），以及现代钱币，种种迹象表明这些地点采矿的时间跨度相当长。

　　大约在 12 世纪开始的非洲南部，以及八九世纪开始的西非地区，非洲中间商在刚刚谈到的矿场中获得想要收购的黄金，然后，把黄金转卖给来自伊斯兰世界中部地区的富商巨贾。这些黄金矿井，更准确地说，这些荆棘丛生的遗迹、空间分布及其体现的技术、没有因重新开发而被毁坏的遗迹中小小的新发现，所有这一切并没有对当时的社会提供太多的信息。我们在一座坍塌的平巷中很偶然地发现了女性的骸骨，那么是否就可以推论：采掘是一项女性从事的、可以提高个人收入的劳动；或者此时盛行男女分工，女性开始逐渐从事最辛苦、最危险的工作；抑或是由于采矿是一项家庭的或集体的劳动，那时的女性需要为此付出巨大的代价。

我们没有其他方法回答这些考古遗址所引发的问题，只能求助于殖民时期的档案资料以及对当今人口所进行的调查，从而揭开中世纪矿工所使用的工具、他们的行为甚至可能是他们的想法。至少我们相信这些已经被揭开了，因为这种比较研究方法或者说民族考古学[1]方法有不足之处——假设传统中被认为是静止不变的非洲社会中的有些东西也是不变的。但是我们可能错误地忽略了这份资料，它与另一项拿过去与当今世界作比较的资料一样存在缺陷。或许只需要估计这会落入什么圈套。坍塌的平巷中发现女性骸骨这一例子中，既然当今社会已不再是女性进入矿井，我们如何推断出当时的社会结构呢？

社会环境的限制比技术、社会表象或者说社会结构更一成不变，可能也更加持久，通过现场调查我们能观察到这些限制。正如非洲西部一样，非洲南部的采矿活动也只能在农闲时进行。雨季时，人们都在农田中忙碌。收获期一过，到了旱季，从十一月到次年六月，西非人得以从农事中抽身，非洲南部则是从五月到十一月。此时，含水土层逐渐下降至枯水线，因此矿井底部变得干燥；或者人们可以趁着此时重新挖掘矿井。采矿季将持续3—4个月。此外，还有一项限制，那就是传统采矿效率极为低下。在机械化采矿以及矿石化学加工实现之前，个人劳动只获得极少量的黄金（每人每日低于1克），而且该活动集中人力，消耗大量精力并且有一定的风险。也许这一活动的收益太低，不足以撼动采

[1]　民族考古学是考古学的一个分支。其内涵为探究现代原有之文化与技术来提供类推史前文化之方法。——译者注

矿活动社会中活跃的农业经济。此外，正是因为采矿活动能够在四季中找到合适时间，所以能成为一项长久稳定的社会活动；同时，采矿还能增加收入，符合人们的期待。黄金无法养育它的人民，它为那些实现温饱的人带来补余物。人们将其做成珠宝或者卖掉。但从长期来看，在这几个世纪里，商人们曾进行贸易的所有地区之中，粒粒黄金足已汇集成河。

参考文献：

Roger Summers, *Ancient Mining in Rhodesia and Adjacent Areas* (Salisbury, National Museum of Rhodesia, 1969) 是研究津巴布韦古代矿场的经典作品，不过不用过于笃信作者在书中提到的关于矿产技术源于印度的猜测；Duncan Miller Duncan Miller, Nirdev Desai et Julia Lee-Thorp, Indigenous gold mining in Southern Africa: A review, *South African Archaeological Society Goodwin Series*, 8 (2000), pp. 91-99 是关于该话题的最新介绍，正是本书总结了与津巴布韦相关的考古遗址；同时本文也参考了 A. Hammel, C. White, S. Pfeiffer et D. Miller, Pre-colonial mining in Southern Africa, *The Journal of the South African Institute of Mining and Metallurgy*, janvier-février 2000, pp. 49-56。

西非的话题主要参考了让·德维斯的文章 L'or, dans J. Devisse (sous la direction de), *Vallées du Niger* (Paris, Réunion des Musées nationaux, 1993), pp. 344-357。

想要了解含金砂积矿床的开采条件的话一定要阅读民族学家的著作，尤其是 Georges Balandier, *Afrique ambiguë* (Paris, Plon Pocket, 2010, 1 re édition 1957), pp. 84-98 这部分出色的篇章。

关于沃尔特河上游盆地的矿脉的研究，Jean-Baptiste Kiéthéga, *L'Or de*

la Volta noire (Paris, Karthala,1983) 借用融合了考古学与民族考古学调查的研究方式，而 Philip D. Curtin, The Lure of Bambuk gold, *Journal of African History*, 14 (4), 1973, pp. 623-631 中运用了一种优秀经济学方法对西非另一处矿脉班布克的开采进行研究。这位作者提出了在低收益背景下产生了财富来源的悖论，即使这个悖论被重新提出。Curtin 以另一种不同的方式但也许更加激进的方式揭露了它："由于一个奇怪的悖论，班布克因为生产黄金以巨大财富闻名，但它生产黄金是因为它穷到无法做任何其他事情"（第631 页）。

关于解答非洲南部的考古遗迹的重要殖民故事可以参考我的作品 *Histoire de l'Afrique du Sud* (Paris, Le Seuil, 2006) 中的第 3 章 Les pouvoirs et le territoire。

《圣经》中提到所罗门王的矿场,《列王记》(上) 第 9、28 和 10—12 章。

19. 索法拉国

13 世纪末至 14 世纪初坦桑尼亚（今日的）与莫桑比克海岸

12 13 年，伊本·萨德·马格里比（Ibn Saîd al-Magrhibî）出生在格拉纳达[1]附近，1286 年在突尼斯去世。一生中，他至少两次前往阿拉伯半岛上的圣地朝圣，行迹直至伊朗。马格里比续写了某种意义上的家族系列地理文集，遗憾的是，其中大部分已经失传。阿布·菲达（Abû l-Fidâ, 1273—1331）是阿尤布家族的一位王子，在马穆鲁克苏丹王朝时期统治着叙利亚的哈马市（Hama）。阿布·菲达的文学修养很高，喜欢研究地理知识。他不仅能文善政，还是一位经验丰富的编纂者，收集并整理了前人的手稿。在自己的百科全书中，阿布·菲达大量引用了马格里比的选段，这些选段因而得以保存。出于自己的好奇心，他或好

---

[1] 格拉纳达（西班牙语：Granada）是西班牙安达卢西亚自治区内格拉纳达省的省会。——译者注

或坏地修订了自以为前人所写的谬误之处。

对于马格里比和阿布·菲达，我们该褒扬谁，又该批评谁呢？他们向我们详尽地传授了非洲印度洋海岸的知识，但是，这些留给后人的知识晦涩难懂。我们从最近的地方——红海的出海口出发，虽然对伊斯兰世界中部地区的人来说，这里已经很遥远。首先是与阿拉伯半岛南岸隔海相望的拨拨力国[1]（le pays de Berbera），该国在向南延伸的同时自西向东扩展，发展成了今天的月牙钩形状。在"哈丰角"（Hafun）这个词中，我们还能辨认出"Khafouny"与"Hafouny"这两个名称，古代没有哪一个航海家不知道哈丰角。还有"Maqdishû"，也就是当今的摩加迪沙。越过当今索马里干旱的一岸，我们来到了风景宜人的地方——辛吉国。此外，还有两个我们非常熟悉的名字，是位于肯尼亚南岸（参见第34章）的两个港口——马林迪和蒙巴萨（Mombasa）。再往南是一个沙漠，然后我们便到达了非洲东岸最后一个地区——索法拉国。但这除几个名称我们便不知道其他任何信息了：一个不知道是叫巴提纳（Batyna）还是巴尼纳（Banyna）的城市；一个名叫瑟由纳（Seyouna）的索法拉人的首都；一个名为勒拉纳（Leyrana）的重要港口，那里的居民都是穆斯林以及一个商业港口达古塔（Daghouta）。

这里的居民身穿豹皮，辛吉商人所贩卖的黄金正来源于这个

---

[1] "拨拨力国"是非洲古国，是索马里北部地区古代的名称巴巴利（Barbary）或柏培拉（Berbera）的译音。一般认为其旧址在现在非洲索马里北部亚丁湾南岸的柏培拉附近，为古代东西方交通线上重要港口所在。——译者注

国家。他们把黄金转卖给更北边的穆斯林商贩。从10世纪麦斯欧迪的时代开始，这一地区发生了变化（参见第2章）——辛吉海岸另一端的索法拉国逐渐揭开了神秘的面纱。此后，出现了一些完全皈依伊斯兰教的团体。根据一些阿拉伯作家的描述，人们甚至相信黄金来源于一个内陆国家。在那里，人们可以在那些像蚂蚁挖的地道中收获黄金。

可惜，我们只能猜测这些名字在地图上的位置。不过，作者们为读者细致地标注每个地点的经纬度、一个港口到另一个港口之间的度数之差。若在网格上标注出这些点，我们便得到一条从马林迪水平延伸至肯尼亚的海岸线，几乎横跨了赤道12个经度，而且东部似乎还连接着东南亚。我们只能发现：地理学家一度认为非洲的一端与中国接壤，而印度洋则是一个内海。地理书中的错误如此明显，该怎么相信呢？

但是，如果45度角顺时针转动地图，以经度代替纬度，索法拉国的轮廓则变得熟悉——与坦桑尼亚海岸以及现在的莫桑比克的南部轮廓重叠起来。不过，这并不意味着我们能轻易地在同样遥远的距离中确定各个城市的位置，辨认出我们所谓的停靠港。但至少，我们可以确定这些城市位于哪一段海岸线。最后一段海岸线——阿布·菲达口中的最东边，对于我们来说则是最南边，是从莫桑比克岛到蓬圭（Pungue）河口处的贝拉港（Beira）之间的海岸线。两个世纪之后，葡萄牙人运送黄金的货船从津巴布韦高原南下，为了自己的利益调转黄金的运送航线。正是在此这里，他们修筑了新索法拉（Nova Sofala）堡垒。

参考文献：

　　阿布·菲达文集的阿拉伯语版本归功于 Joseph Toussaint Reinaud et William Mac Guckin de Slane, *Géographie d'Aboulféda* (Paris, Imprimerie royale, 1840)。法语版译自该版本，第一部分（一册）J. T. Reinaud, *Géographie d'Aboulféda* (Paris, Imprimerie nationale, 1848)；第二部分（一册两卷）Stanislas Guyard (Paris, 1883)，书名相同。本章使用的文本来自 1848 年版，pp.205-208。

　　G.S.P. Freeman-Grenville, *The East African Coast* (Oxford, 1962)，概要汇集了有关东非海岸的重要文章并翻译成了英文，很实用。

20. 金犀牛

13 世纪南非（今日的）东北地区

沙希河（Shashe）正是在博茨瓦纳、津巴布韦和南非三国交界处注入林波波河。林波波河的右岸，也就是南非一岸的牧场，叫作格里弗斯瓦德（Greefswald）。该牧场属于南非，其"文化景观"入选联合国教科文组织的世界文化遗产名录。而该地的"自然景观"则是一片生长着刺槐树和可乐豆木（mopane*）的热带稀树草原，雨季时被禾本植物覆盖，随处可见高大的猴面包树。"豺子进食之地"马蓬古布韦，指的是一片沙岩土丘，四周是峭壁，这里便是追溯至公元 10—13 世纪的一系列考古遗址。在南非种族隔离时期，此地是关于南非历史争论的战场之一（当然，是白人大学教授之间的争论罢了）：班图黑人或者其他高贵谱系的民族有没有可能起源于此？在这里居住并发展繁荣的非洲人有没有可能是南非的黑人祖先，也就是后来被隔离在班图斯坦（bantoustan*）、黑人保留地或者隔离区（township*）的那些黑人呢？开化的当地人有没有可能比那些自认为是最初占领者的白人移民更早来到这里进行矿藏开采呢（见彩图）？

因为该遗址所处位置的历史意义是南非第一王朝的"首都"，所以我们发现了来自王室的一些物品以及今天如何被发现的故事，也就是一份记录。这个遗址表明了作为发现者兼注解者的殖民阶层的特权，因为发掘遗址的情节很大一部分是关于白人主人公的，正如人们在其他地方尊崇一位亚特兰[1]白人王后一样。在记忆之场上，经常要做出这种让步。这个情节把一个本来是平淡的抢劫故事变成了寓言，使文物的出土背景变得更戏剧性了。

这便成了一个有关奇妙友谊的故事。也许历史正是如此，但只不过是一个虚构的故事罢了。弗郎索瓦·伯恩哈特·洛特里（Francois Bernhard Lotrie）在年轻的时候，曾做过探险家戴维·利文斯通（David Livingstone）传教士的向导，弗郎索瓦还是一位寻金者和象牙猎捕者。20 世纪初（弗郎索瓦于 1917 年去世），他居住在距离林波波河不远处的南潘斯堡（Soutpansberg），这个孤独而古怪的老头把一个黏土烧制的古代陶器送给了一个叫作莫维纳（Mowena）的非洲朋友。他因为在神圣山丘发现珍宝而得名。1930 年左右的一个周末，一群年轻人在同一处猎捕狮子，当然他们都是白人，因为只有白人能够自由进出这片白人的领地。他们在寻找饮水的途中遇到了一位非洲老人，老人尊敬而郑重地为这群年轻人提供饮水。这位老人就是莫维纳。而盛水的器皿正是这

---

[1] 古希腊作家希罗多德在其著作《历史》中把非洲北部阿特拉斯（Atlas）山脉的居民称为亚特兰人（Atlantes）。——译者注

个著名的陶器，它吸引了其中一位名叫杰瑞·范·格拉恩（Jerry Van Graan）游客的注意，他是一名小学教师，曾在比勒陀利亚（Pretoria）学习历史。1932 年 12 月，杰瑞同一群朋友一起回到这里，登上达格里弗斯瓦德牧场上的山丘，前来考证。他们每日挖掘，在这里发现了墓地，并朝各个方位翻动墓地，最后发现了由金箔制成的小小的金犀牛。在发现了四散的物品之后，他们发掘出三座墓陵（总计三十多座），墓陵位于地下浅层。一打开石板，挖掘者们可能就发现了石板结构下面处于坐姿的死者，除非这只是从之前的下葬处中取回的一堆骸骨。墓葬中还有纯金或者金银细工的首饰、千颗黄金珠、上万颗琉璃珠，以及保存完好的陶罐和陶器碎片。

发现墓葬不久后，这位年轻人写信告诉他曾经的大学历史老师利奥·富歇（Léo Fouché）。富歇是一位自由派的南非白人，他立即让国家买下这座牧场，并购买从该地出土的那些没有被盗走和破坏的文物，并发起了首次挖掘行动。20 世纪 20 年代，一些游客曾偷偷来过这座山丘。此后，数座墓葬被发掘出来，出土了大批文物，这些损毁的墓葬背后的信息自然也逐渐丰富起来。金犀牛恰巧是一件被盗后又被重新找到的文物，如果说金犀牛只是一件被盗后再也没有找回的文物——即使重新找到了，仍然缺少联系，难以在背景信息中考察出土物。

在格里弗斯瓦德持续几十年的考古研究中，数十米的沉积地层被发掘，从山顶一直到马蓬古布韦的山脚下，同时包括山丘向四周辐射十几平方千米的其他遗址。人类活动的层序表明 9 世纪到 13 世纪之间该地的人口增长与社会阶层分化具有明显活力；这种活力在马蓬古布韦的山顶（从 12 世纪末开始被新的统治者占领）与沉积地层上部表现得尤为集中，这与 1300 年不久前的最后的人类居住活动相符合，那时上层阶级在该地落葬，一起入葬的还有他们在当地没收的居民财宝。在不预判国家性质的前提下，是否能把他们称作国王？而我们只能通过十分匮乏的考古信息才能理解这一国家形态。如果我们把这些黄金做的物品和珍珠视为皇室的象征或皇室地位的见证者，那么就称为国王，但是不要忘记，考古文物展现出的其他社会方面。这些中世纪的社会包含丰富的牧园生活内涵。被发掘的考古遗址内，生活空间的中心从大型畜栏展开，畜栏象征着牛在经济与饮食中所占据的位置，广泛来讲，甚至还展示了牛在社会交往特别是夫妻关系中的位置，正如近几个世纪非洲南部社会的情况一样。该地的遗址中出土了大量的黏土制成的动物雕塑，其中最特殊的便是母牛的雕塑，这再次验证了这一观念。

为了更好地理解马蓬古布韦遗址的内涵，我们需要把握海拔高度以衡量地域同步性，同时也要俯身关注物质文化元素。林波波右岸遗址的蓬勃发展以某种方式与对岸高原（参见第 18 章），即今津巴布韦的采矿活动产生联系，据我们了解，很有可能是因为南非一岸的黄金还未曾得到开采。值得注意的是，该地区以河流为中心轴的边缘出现的明显社会分化与大量黄金累积的迹象与东非海岸南部最早进行黄金出口活动是同一个时期。如此，我们便能绘制出一个三角关系，并进一步阐释。上千个考古遗址中出土的小小的彩色琉璃珠极有可能来源于印度东南部本地治里邦（Pondichéry）附近的阿里卡梅杜（Arikamedu），除非来源于另一个所谓的"印度洋—太平洋海域"（indo-pacifique*）产区的小工坊。正如马尔代夫的货贝（cauri*，参见第 27 章）和中国宋代时期被称为"青瓷"的青玉瓷器碎片一样，这些珍珠证明了该地与印度洋商业地区繁荣的贸易往来。马蓬古布韦"小王国"无疑是这样出口大象象牙的：我们发现了一种形状和工艺极其标准化的手镯，使人想到大规模生产；还有猫科动物和其他食肉动物的毛皮，通过骸骨判断，这些是小斑獛、果子狸、豹、薮猫和狮子，骸骨上有切割的痕迹，它们不是食物残渣；或许还有黄金，尽管我们只发现了金银细工物品，比如珍珠、饰物、金箔镶边的物品等，没发现能够重铸的金块。不过这不是必要的：马蓬古布韦山丘可以向四面八方与新的地方贸易伙伴进行贸易，而不一定成为他们的中间商。他们把其他地方贸易伙伴称重买卖的东西加工成宝物，从交易中获取利润。金犀牛既不是天然的金块，也不是第纳尔（dinar*）。

也许，小小的金犀牛以自己的方式证明了一种更加复杂的关系网。在重制与修复之后，这件物品长 14 厘米多一点。身形强壮，比起真正的犀牛来说颈部更加粗壮、僵硬。但其外形紧凑，肩膀处因为头部低垂因此线条突出，增强了雕像所呈现的力量感。有序排列成线条的小钻孔表明金箔是被锻造在木制芯柱之上的，在筛分墓地沉积物时发现的黄金铸钉进一步确认了这一点。犀牛的尾部是实心的金柱体，耳朵是精致的椭圆形外翻切片，眼睛则是由装饰钉制成的微型半球，而犀牛角是一个金箔做的圆锥体。一个圆锥体？一直以来我们都注意到，与拥有两个角的非洲犀牛不同，马蓬古布韦出土的金犀牛只有一个角。开掘、保护、修复这座动物雕像的相关人员十分肯定，它只有一个长角。我们可以从中看出亚洲犀牛品种大致的设计轮廓和描绘，即印度犀牛（学名：Rhinoceros unicornis）和爪哇犀牛（学名：Rhinoceros sondaicus）。这两种犀牛都只有一个长鼻子。据此我们可以发现，该遗址的象征，更广泛地说，南非历史的象征——金犀牛，是一件舶来品。如果是金犀牛的黄金壳，那么马蓬古布韦出土的众多黄金物品的金属化学性质都表明，它们是来自其他地区的进口物品。可能还剩下金犀牛的一个部位——其中可能由木头制成的支架。所以，雕塑从考古发掘之初便不得不经历缓慢的分析，只有在极其小心谨慎的发掘活动中才可能发现少许纤维，使确定木材品种、推定木材年龄成为可能。

　　如此一来便只剩以下推测，木雕可能在非洲其他地方制造而成，随后在林波波河沿岸镀金，表明这是皇家物品。无论如何，我们甚至不用推测便能知道，在伊斯兰常规贸易之外，这个国家为大部分沿岸商人所知的可能存在的不利条件——它与津巴布韦高原的黄金产区以及最后一个大宗贸易（参见第19章）海港转运地相距遥远，该国处于传统农牧业为主的传统经济体中，同时还了解到一个政权的诞生，该政权可以从该国与未知世界的贸易中获得政治利益。

参考文献：

马蓬古布韦勋章是南非共和国的最高荣誉，于 2002 年设立，该勋章上有金犀牛的标志。

南非拼写体系中没有软音符 ç，因此弗郎索瓦·伯恩哈特·洛特里（Francois Bernhard Lotrie）的名字写作 Francois。

发现遗址的故事来自 Sian Tiley, *Mapungubwe. South Africa's Crown Jewels* (Le Cap, Sunbird Publishing, 2004)。这部作品为比勒陀利亚大学博物馆的物品名册，其中几篇与马蓬古布韦相关。我的作品中还提到一些马蓬古布韦的地区信息：F.-X. Fauvelle-Aymar, *Histoire de l'Afrique du Sud* (Paris, Le Seuil, 2006), pp. 172-186。不过我们可以首先参考 Léo Fouché, *Mapungubwe, Ancient Bantu Civilization on the Limpopo* (Cambridge, Cambridge University Press, 1937)。

该遗址于 2003 年入选世界文化遗产名录。

想进一步从历史遗迹的角度了解该地的"文化景观"可以阅读 Jane Carruthers, Mapungubwe: an historical and contemporary analysis of a world heritage cultural land scape, *Koedoe*, 49 (1), 2006, pp.1-13。

Andrie Meyer, K2 and Mapungubwe, *South African Archaeological Society Goodwin Series*, 8 (2000), pp. 4-13 这篇文章很好地概括了地层顺序。

Maryna Steyn, The Mapungubwe gold graves revisited, *South African Archaeological Bulletin*, 186, 2007, pp. 140-146 总结回顾了墓葬内容，并根据未发表的照片更新了考古资料。

我们对马蓬古布韦出土的一些黄金样品做了光谱分析，关于这一主题可以参考 B. Grigorova, W. Smith, K. Stülpner, J.A. Tumilty et D. Miller, Fingerprinting of gold artefacts from Mapungubwe, Bosutswe and Thulamela, *Gold Bulletin*, 31 (3), 1998, pp. 99-102。

Linda C. Prinsloo, Nigel Wood, Maggi Loubser, Sabine M.C. Verryn et Sian Tiley, Re-dating of chinese celadon shards excavated on Mapungubwe Hill, a 13th century iron age site in South Africa, using Raman spectroscopy, XRF and XRD, *Journal of Raman Spectroscopy*, 36 (2005), pp. 806-816 提出了新的年代测定法以推测中国青瓷碎片的年代，据此我们可以推定居民在该遗址聚居的结束时间。

玛丽李·伍德（Marilee Wood）在作品中确认了琉璃珠的研究：Making connections: relationships between international trade and glass beads from the Shashe-Limpopo area, *South African Archaeological Society Goodwin Series*, 8 (2000), pp. 78-90，我从中借鉴了"印度太平洋"琉璃珠原始作坊的假说。

热带稀树草原的信息来自 Elizabeth A. Voigt, *Mapungubwe: An Archaeozoological Interpretation of an Iron Age Community* (Pretoria, Transvaal Museum, 1983)。

一个骆驼和一个猫科动物的新金箔雕塑的碎片从 2009 年开始进行修复，两个雕塑现在在比勒陀利亚市的马蓬古布韦博物馆进行展示。

Munyaradzi Manyanga, Innocent Pikirayi et Shadreck Chirikure, Conceptualizing the urban mind in pre-European Southern Africa: rethinking Mapungubwe and Great Zimbabwe, dans P.J.J. Sinclair, G. Nordquist, F. Herschend et C. Isendahl (sous la direction de), *The Urban Mind. Cultural and Environmental Dynamics* (Uppsala, Uppsala University, 2010), pp. 573-590 提出了该遗址的一种重要的强有力解释。

比勒陀利亚大学出版了一册文集，内容与马蓬古布韦挖掘的历史和组织情况有关：S. Tiley-Nel (sous la direction de), *Mapungubwe Remembered: Contributions to Mapungubwe by the University of Pretoria* (Pretoria, 2011)。其中包括重要文件的复制版本，例如杰瑞·范·格拉恩写给富歇的信件以及范·格拉恩在老年时口述挖掘活动的手写资料。

21. 基尔瓦的地层　城市的诞生

10 世纪至 15 世纪坦桑尼亚（今日的）海岸

坦桑尼亚南部两条河流形成的高大新月形海岸线铸就了基尔瓦（Kilwa）海湾，同时也塑造了一个被礁石环绕的盆地、一片深入红树林的狭长水域以及一座既受水域入口保护又把持着入口的中心岛。星星点点的考古遗址证明，人类在千年之前就已经在这座海湾中居住。现在的基尔瓦城在陆地上，而基尔瓦最重要的遗址群基尔瓦·基西瓦尼（Kilwa Kisiwani）则位于岛上，在斯瓦希里语中，它的意思是"岛上的基尔瓦"。

拨开一片繁茂的红树林，映入眼帘的是一座规模宏大、结构庞大而复杂的遗址群。胡苏尼·库勃瓦宫（Husuni Kubwa）位于小岛北岸面朝大海的河湾之中，筑建在绝壁之上，层层陡峭的阶梯一直延伸至海滩。"胡苏尼·库勃瓦"在斯瓦希里语中意为"大城堡"，在阿拉伯语"hisn"（堡垒）一词中我们不难发现该名字的踪迹。今天，修缮后的砖墙之上，建筑顶部已不复存在。我们从中最先辨认出被一间间厅室环绕的宽阔庭院，看起来就像是一个商贸驿站。庭院被分隔成了仓库和商铺，既能储存货物又能进行交易，是商业场所。建筑群落中还有很多其他的露天场所，虽然其功能不甚明晰，但可以确定的是那是用于集会的地方，是政治场所。不难得出以下结论：这片建筑群展示了当地以及外来上层人士政治生活的方方面面，接见、庭讯、礼仪交往、商业、税收、议会等。这座"堡垒"环绕山崖顶峰而建，像为悬崖镶边似的，其气势一统江海，陡峭的建筑群遮挡了原本高地的景色。建筑的装饰朴素大方，现在只剩下壁龛和墙壁的线角。从一座铭文的题词中，我们了解到修建这座堡垒的是素丹哈桑·伊本·苏莱曼（Hasan ibn Sulaymân），这里被寄予了辛吉海岸之门的希望。胡苏尼·库勃瓦宫可能取代了先前的一片建筑群，该建筑群的废墟就在它的东边。

大清真寺距城堡大约 1500 米，位于小岛的西北角。可以说，在已知的古代清真寺之中，除廷巴克图大清真寺之外（参见第 28 章），这里毫无疑问是撒哈拉沙漠以南的非洲大陆上规模最大的古代清真寺。庞大的砾石墙体使建筑保持着原本的高度，顶部由交错排列的穹顶与圆拱构成，门窗均饰有线角。建筑的内部则是密林般的石柱，石柱上方与略微断裂的拱体相连，使建筑的整体线条纤长优美。虽然大清真寺大大小小的修缮一直持续到 18 世纪，但它实际上是与胡苏尼·库勃瓦宫同一时代修建的建筑，从 14 世纪开始，它的建筑高度便不曾改变。礼拜殿的最里面，在北向摆放的米哈拉布（mihrâb*）之后，我们发现朝向圣地麦加方向的另一个房间里面也摆放着一个米哈拉布（mihrâb*）。这里是先前的清真寺，可能因为这个寺庙过于小巧，因此逐渐融入了后来的墙垣之中。

英国考古学家内维尔·奇蒂克（Neville Chittick）在 1958 年至 1965 年对基尔瓦遗址进行挖掘，他指出与清真寺的扩建有关的考古地层，它同时也与所谓第三时期（La période Ⅲ）"大堡垒"的修建或者说重建有关。第三时期也就是 14 世纪和 15 世纪。从考古学的角度来看，这座历史建筑似乎与此前几个时期割裂。在这一阶段，城市主要是用柴泥（torchis*）修建方形住宅，由深入珊瑚石灰岩地基中的木柱构成。在遗址中发现的货币也与这一时期相关，包括马赫达里（Mahdalî）王朝的素丹铸造的迪拉姆（dirham*）银币以及铜制辅币 [我们只了解极少的第纳尔（dinar*）]。遗址内还出土了大量进口琉璃珠，而外来陶瓷制品中，中国瓷器占了绝大多数，包括常见的蓝白瓷和青瓷。当地陶器的主要构成发生了明显变化，这也是该时期开始的标志，深层考古地层表明了一种几乎是截然不同的陶器生产，尤其是一种在斯瓦希里海岸常见的红色黏土碗。前一个时期，也就是处于 13 世纪的第二时期（La période Ⅱ）已经开始发行铜币，此时银币数量较少。银币主要来自之前的王朝——"设拉子"（shirazi），不过设拉子这个名字不一定与波斯的设拉子之城有某种道不清的联系。大清真寺的存在证明了当时的穆斯林群体数量可观，与此同时我们在其他地方发现了具有明显伊斯兰传统风格的墓葬。这一时期进口的货物包括来自波斯湾的伊斯兰陶器和绿泥片岩制成的餐具，绿泥片岩是一种来自马达加斯加的软岩。正是在这一时期中，在珊瑚化石中切割的珊瑚石灰石砖石得到了发展，同时人们开始把石灰作为砂浆用于铺设地面。坩埚则表明居民会对铜进行加工，而这些铜可能是进口的（见彩图）。

　　第一时期（La période I）所聚集的曾经的考古地层中没有水泥建筑，也没有清真寺，即使这里曾经有一座柴泥搭建的清真寺，考古学家可能也没有注意到。还没有任何证据证明这一时期的基尔瓦有穆斯林群体。这并不是指完全没有长期在此居住的外国的甚至是本地的穆斯林，一块刻在石头上的阿拉伯铭文残片则表明在第一时期（la période Ib）这里有穆斯林的存在，大概在11—12世纪。这时人们进口印度的红玉髓珍珠，而仅能辨认出柴泥建筑的遗址中几乎没有表现出大量商业活动的迹象——至少在与海外的交易中。风嘴和炉渣的碎片证明了铁矿市场狭小，需要从邻近的大陆进口矿石。而在这一地层中发现的大量贝壳则展示出恰好与此相反的贸易路径。海洋贝壳中的珍珠主要是用于出口，抛光机的发现可以证明珍珠产自当地。岛民种植高粱、研磨谷物，但却是他们使用的贝类留下了大量痕迹。贝壳堆积物是岛上最古老的居民经济活动的最佳快照，也许从9世纪开始，接近原始沙砾的贝壳就与当地的陶瓷碎片共同构成了地层的主要部分。也许基尔瓦的居民恰好只是渔民。虽然此地环境宜居，但不能单凭这一点解释当地人在此定居的原因。我们在地下深处找到了被误认为是"萨桑王朝"的陶器碎片，它们实际上来自伊斯兰教世界（阿拔斯王朝[1]），其铅釉独具特色，极为罕见。所以，不能说人类在这里定居很长一段时间之后才与伊斯兰世界建立起联系。实际上，人类定居与居民接收这一贸易信号同时开始。所有的商贸活动，无论它们在任何初期阶段是如何微弱，人们都将逐步靠近海边以寻求交易机会。正是商业活动所带来的交易与机遇得以使人们在此定居，并迅速界定该地的主要功能——交易往来之地。

16 世纪以来，我们现有的关于基尔瓦建立的故事是半史半实传说的，这些故事强调城市的王室与商业精英均是外来血统，这自然是精英阶层的观点。考古资料通常会扩大这一外来特点的重要性，但这些在考古中发现的各时期进口物品——通常是奢侈物品——的地位能够证明这个论据并不充分。考古研究还讲述了另一群人的故事，他们最初以捕鱼为生，拥有冶铁技术。从这个方面来看，居民仍具有班图语系农业社会的特点。在公元 1000 年之前，岛民在半个非洲南部大陆上进行冶金交易。此时基尔瓦的居民的目光还集中在大陆，向大陆出口货物，直到公元第一个千禧年。然后到了 13 世纪，岛民或者说部分岛民转身面向外海，开启了远距离商业贸易。他们在贸易中角色的演进留下了痕迹：最初是外商到达的简单证据——基尔瓦就此成了从阿拉伯半岛周边甚至更远处而来的商船的远航停靠点。还有考古实物的证据，不过需要像解读指纹一样对它们进行解释，它们不仅仅隐藏在海岛北

---

[1]　阿拔斯王朝，于 750 年取代倭马亚王朝，定都巴格达，后于 1258 年被蒙古旭烈兀西征所灭。阿拔斯王室是伊斯兰教先知穆罕默德的叔父阿拔斯·伊本·阿卜杜勒·穆塔里卜的后裔，在该王朝统治时期，中世纪的伊斯兰教世界达到了极盛，在哈伦·拉希德和马蒙统治时期更达到了巅峰。——译者注

部沙滩居民的肩膀上，同时融入居民的习俗与观念之中：有利于当地资源流通的坚硬建筑、穆斯林的宗教信仰（见彩图）、高贵精致的餐具以及刻着国王头像的金属铸币——它是中世纪撒哈拉沙漠南部的唯一样本。这些便是当地的上层阶级货币系统、生活品位以及宗教信仰的证明，这些使他们在其他群体的上层阶级中自成一派，与他们交往并融为一体。这一切描摹出一种文化的轮廓，而正是这种文化在城市还未出现时便孕育了城市，这就是城市化。

参考文献:

基尔瓦海湾所有考古遗址的盘点以及遗址的近期修复相关内容发表于 Stéphane Pradines et Pierre Blanchard, Kilwa al-Mulûk. Premier bilan des travaux de conservation-restauration et des fouilles archéologiques dans la baie de Kilwa, Tanzanie, *Annales Islamologiques*, 39, 2005, pp. 25-80，文章参考了丰富的图像资料，尤其是大量的平面及剖面地图。

我们可以参考 John Sutton, Kilwa, a history of the ancient Swahili town, with a guide to the monuments of Kilwa Kisiwani and adjacent islands, *Azania*, XXXIII, 1998, pp. 113-169。

本章参考了内维尔·奇蒂克关于该遗址的考古著作 , *Kilwa. An Islamic Trading City on the East African Coast* (Nairobi, British Institute in Eastern Africa, 1974), Vol.2。本章中关于地质分层的结论来自这部著作。

Peter Garlake, *The Early Islamic Architecture of the East African Coast* (Nairobi, Oxford University Press, 1966), passim 中提供了基尔瓦的遗址建筑的出色考古研究，其中包括大量平面图和剖面图。

Derek Nurse et Thomas Spear, *The Swahili. Reconstructing the History and Language of an African Society, 800-1500* (Philadelphie, University of

Pennsylvania Press, 1985), pp. 16-22 对很多斯瓦希里遗址的地层进行了注解，并适当强调了 13 世纪在建筑技术与斯瓦希里城市的城市规划方面的重大变化。

在区分马赫达里（Mahdalî）和另一个可能与地域性王朝有关的名字阿赫达里（Ahdali）时，我与奇蒂克的观点有所不同，在这一点上我比较认同 Mark Horton et John Middleton, *The Swahili* (Malden, Blackwell Publishers, 2000), passim 中的观点。

在关于基尔瓦遗址的大量作品中，我们要提及 S. 普拉丁（S. Pradines）的研究成果，虽然他的研究属于非正统观点，但体现了学术争论的良好态势：L'île de Sanjé ya Kati (Kilwa, Tanzanie): un mythe shirâzi bien réel, *Azania*, 41 (1), 2009, pp. 1-25。

22. 马达加斯加的骆驼或马可·波罗的非洲

13 世纪末的索马里和马达加斯加

众所周知，马达加斯加岛隔着宽 400 多千米长的莫桑比克海峡与非洲大陆相望，岛上没有狮子、斑马，也没有猴子、长颈鹿、羚羊，更没有任何一种常见的大型非洲哺乳动物。至于 Madeigascar[1]——如今的马达加斯加岛（Madagascar），一个方圆 4000 英里的岛屿，马可·波罗指出："要知道，这个岛上的居民只吃大象和骆驼肉，每天都有大量的大象和骆驼被宰杀，数量众多，令人难以置信。人们说，骆驼肉是当地能找到的肉食中最可口也是最有益健康的，因此他们一年四季都吃。"

马可·波罗从未去过马达加斯加岛。1298 年，在热内亚的监狱中，马可·波罗向他的狱友鲁思梯谦（Rustichello）讲述故事，这些口述的故事被后者用法语记录了下来。故事是马可·波罗在

---

[1] 在《马可·波罗游记》中把现马达加斯加（Madagascar）写作马达加斯加（Madeigascar）。——译者注

旅行途中听闻的，很可能就在他离开中国后的漫长归程中——借道由伊斯兰世界海军统治的航线上听到的。关于这些遥远的地方，人们不禁向他提到《一千零一夜》中的一种动物——巨鹏，"体大凶猛，不需要同伴的帮助就可以抓起一头象，然后带着大象飞到高空中，再把大象摔到地上"从而杀死它以饱腹。马可·波罗还告诉我们说他在中国见到过巨鹏的一片羽毛，长达90指距。人们可能难以相信，但是马可·波罗本人却相信这一说法。有趣的是，这个传说肯定了巨大的大象岛的存在，但是马达加斯加岛上根本没有大象，而且大象从未存在过，更没有骆驼。不过没关系。马可·波罗提到了岛屿的面积以及那里有一条流向南方的汹涌洋流，它使"船只从不主动靠近那里"，至少不常去。满足这些条件的只有马达加斯加岛和莫桑比克海峡。尽管马达加斯加岛在历史进程中被赋予过其他通行的名称，比如阿拉伯作家把它叫作阿尔·卡马尔（al-Qumr），[1]欧洲的航海家也曾一度称其为圣·罗兰（Saint-Laurent），但是，首次出现在马可·波罗笔下的马达加斯加这个名字最终取代了它们，我们应该还这位威尼斯人一个公道。

一直以来，我们都知道《马可·波罗游记》中马达加斯加这一章中的其他所有信息都来自非洲东岸，特别是来自摩加迪沙（阿拉伯语为 Maqdishû），马可·波罗只是混淆了大岛屿与该名称。他说那里由四位"艾谢克"（esceqe），即四位谢赫（cheikhs）——"掌握整个岛屿统治权的老人"来共同统治。让我们忘记"岛屿"

---

[1]　阿尔·卡马尔（al-Qumr），阿拉伯语中意为月亮。——译者注

这个词，因为摩加迪沙位于大陆上。人们从那里出口"红檀香木"（可能是一种芳香的木材）、龙涎香（参见第 2 章）、象牙以及"野猪"的獠牙（可能是非洲疣猪的牙齿）。动物的种类——豹子、狼、赤鹿、狍子、黄鹿——很可能就是人们贩卖毛皮的那些动物，比如猫科动物、鬣狗、羚羊。而人们购买的则是由商人带来的货物。实际上，"数不清的商船来到这里，载着数不清的商人、琳琅满目的锦缎和丝绸以及其他不胜枚举的商品。商人们把所有商品卖给本岛商人，交换本地特产。他们乘着满满当当的货船而来，把所有商品卸下并卖掉，然后再把岛上的商品一一装上船，船一旦装满，他们就离开"。

马可·波罗从未去过摩加迪沙。况且，透过他的眼睛，我们对当地社会一无所知，除了居民"靠做生意和手艺谋生"，即手工制品，以及拥有"体型庞大的动物群"——是什么动物呢？带回的信息暴露了提供信息的人，来往于码头的常客。人们在那里装运布匹、卸载来自非洲的货物，但是他们几乎都不懂当地的风俗。

我们可以说马可·波罗的描述混合了来自两个不同地区的信息，一个是非洲东南部海域的大海岛马达加斯加；另一个则是摩加迪沙，它曾经是贸易中转地，现在是索马里的首都。事实上，几乎没有什么混淆——两地的信息就像油与水一样很容易被分开。地理信息属于马达加斯加，而相对的贸易信息则属于摩加迪沙。对于阿拉伯航行者来说，摩加迪沙是第一个停靠点，是辛吉国与索法拉国贸易的北大门（参见第 19 章）。13 世纪，人们已经开始使用斯瓦希里语，这是一种融入了阿拉伯词汇的班图语，现在成为肯尼亚与坦桑尼亚的官方语言。外国商人经常造访的商业区可能在 10 世纪之前就已存在。但也许正是从这个时期开始，一批果断转向商业贸易的本地精英开始发展壮大，起到连接海洋与大陆的作用。该地最古老的阿拉伯墓志铭证明了这里曾有伊斯兰教的信众，时间可以追溯至马可·波罗的两个世纪之前。与马可·波罗同一世纪的摩加迪沙古清真寺中的铭文可靠地表明了存在一个庞大的群体，他们希望得到文化需求上的满足。商业交易的习俗非常复杂：每当商船靠近时，人们会派遣帆船和三角帆船桑布克（sanbûq*）欢迎他们的到来，为其提供食物并询问他们是否需要住宿。

在这片天地的另一尽头，南边，坐落着马达加斯加岛。至少从 10 世纪开始，它便为波斯的和阿拉伯的航海家所知。该岛在随后的数个世纪中开始了接纳移民进程，移民中有来自婆罗洲（Bornéo）讲奥斯特罗尼西亚语的人，还有来自近邻大陆的非洲人。也许马来的海盗与商人也时常光顾这里。我们了解到在岛屿的西北海岸线上居住着很多穆斯林，但人们不会主动去那里，马可·波罗是这样说的：因为反向的洋流会让归程变得艰难，人们只有在毫无预料的情况下才会去那里，或者此去无回，很快被遗忘。这些聚集地不在惯常的西印度洋航行领域之内。

在摩加迪沙与马达加斯加之间，整整一个世界沿着索马里的南部、肯尼亚、坦桑尼亚以及莫桑比克岛北半部的海岸线铺展开来，同时还包括像桑给巴尔以及更远的科摩罗群岛（les Comores）附近的沿海地带。一个世界，一种非洲的、伊斯兰的文明，它既

扎根于陆地同时又面朝大海，是农牧业的也是城市的（参见第 21
章）。斯瓦希里文明只是一些存疑的商人和对传说信以为真的水手
谈及的、几乎被马可·波罗完全忽视的或者只是浮光掠影触及的。
马可·波罗的这样的混淆——朝向印度洋的这个东非世界的两端
被拉近了——产生了一个离马达加斯加一步之遥的摩加迪沙与一
个位于摩加迪沙大门口的马达加斯加。简单且更确切地说，这就
是这片世界的深度与统一。

参考文献:

马可·波罗文本故事最好的介绍参考 Philippe Ménard, *Devisement
du monde,* texte édité par Marie-Luce Chênerie, Michèle Guéret-Laferté and
Ph. Ménard (Genève, Droz, 2001), t. 1, pp. 9-115 的引言部分。本章引用的
是由路易·汉比斯（Louis Hambis）注解的现代法语版: Marco Polo, *La
Description du monde* (Paris, Klincksieck, 1955), pp. 288-290。还需要参考
以下出版物: *The Travels of Marco Polo*, traduction annotée par Henry Yule et
Henri Cordier (New York, Dover Publications, 1993), pp. 411-421。

关于马达加斯加岛上的居民，可以参考 Alexander Adelaar, Les langues
austronésiennes et la place du malagasy dans leur ensemble, Archipel, 38,
1989, pp. 25-52; Roger Blench, New palaeozoogeographical evidence for the
settlement of Madagascar, *Azania*, XLII, 2007, pp. 69-82; Philippe Beaujard,
L'Afrique de l'Est, les Comores et Madagascar dans le système-monde
eurasiatique et africain avant le 16e siècle, dans Didier Nativel et Faranirina
Rajaonah (sous la direction de), *L'Afrique et Madagascar* (Paris, Karthala,
2007), pp. 29-102。

关于摩加迪沙这一话题，我们可以参考 E. Cerulli et G.S.P. Freeman-Grenville, dans *l'Encyclopédie de l'Islam* (2e éd.) 中对"Maḳdishū"的注解。

伊本·白图泰的摘录引自 Paule Charles-Dominique, *Voyageurs arabes* (Paris, Gallimard, 1995), pp. 603–607。

23. 天使的杰作　人类的功劳

13 世纪前后埃塞俄比亚大高原中的拉利贝拉

从上空看，这个历史建筑的地图是十字形的，处于一个四方的深坑之中，建筑几乎与深坑持平，顶部平整。与建筑轮廓边缘平行的带状浮雕也呈十字形。其中心是一个十字架。建筑表面是环建筑一周的层间腰带，仅有相互平行的分隔线作为点缀。在上部，拱状的门洞饰有翅托立柱，上面有阿拉伯花纹的线角与十字架。在下部，庭院中目之所及的高度上只有一些没有开口的假窗，形似木质门框。人们可能会认为建筑的上下两部分不属于同一时期，然而并不可能：古迹占据一整块土地，被凿建在岩石上面，凿建就是字面的意思。还有两个大门可以入内。为了修建石柱、拱门与穹顶，教堂内部也被凿空了。这是一座基督教堂，在其东边有一个房间，名为"马克达斯"（maqdas）——受幕墙保护的神庙，只有神父才能从那里进入。厅室中摆放着石头或者木头做的祭坛，是仿照《圣经·旧约》中的约柜制作的。这一座教堂为了祭献圣·乔治而建（吉兹语写作"Giyorgis"）。

确切地说，圣乔治教堂不能称为一座"建筑"，因为它并不是用石块或者木头逐一堆叠建造而成的。而是在不损害岩石原有基体的情况下由内到外或者从外到内雕凿而成的。其建筑的接缝比为耶稣缝制的祭服还少。人们希望人类的劳动化为无形，以更好地赞美上帝的这份杰作。

拉利贝拉的建筑群还有其他同样用整体岩石建造的教堂，是为了祭献圣母玛丽亚、救世主耶稣以及以马内利。有一些则被称为"半岩体"建筑，教堂的一边仍然依傍于岩石。其他的则位于地下。总计11座教堂在由地道集聚成的巨大基坑中，被回廊一一连接着。神父和信徒们说，国王拉利贝拉时期，在天使的帮助下，教堂在短短几天内就建成了。拉利贝拉国王是13世纪初期的统治者，信仰基督教，这个地方随后以这位国王的名称命名。研究者认为天使可没帮上什么忙，并发现这片奇迹的建筑群中有来自外地的建筑师的手笔——来自埃塞俄比亚北部的古老帝国阿克苏姆的建筑师，甚至是拉利贝拉时期来自其他国家的建筑师，比如埃及。大众小说家和浪漫主义人士还提出圣殿骑士团的影响。

这些说法均无有力证据支撑，是毫无用处的，因为为了这些解释具有吸引力，唤起人们的想象，所以只解释了没有被证实的部分，而所有说法都一致认为：拉利贝拉是一次完成的结晶，其最初目的是修建一座小型的王城或者圣地。有什么比一只来自天空或者大地的手更能得到这座建筑的珍宝，在大地母体上把它一下子完全修建好呢？

人们之所以很容易相信拉利贝拉的教堂是在同一时期修建好的，是因为缺少迹象让我们考虑到其他可能。最常见的考古遗迹研究包括测定人类活动带来的连续性堆积层序。我们通过挖掘土层进行测定。但当过去的人类活动就是不断挖掘土地时，我们只能等待，直到发现当地的历史地层。在"凿建的"建筑这一情况中，问题显得同样棘手，因为每次新的开凿都会逐渐剥离岩石上的石料，过去的痕迹被渐渐抹去。一件雕刻品——这些教堂正是一件件雕刻品——便只保留了最后几次开凿的痕迹（见彩图）。

它的历史就这样从我们手边溜走。果真如此吗？仔细研究这些东西，可能发现被破坏的自然状态和众望所归的奇迹：露天的结构在经年累月中累积沉淀物，而这些沉淀物构成了人类的居住和活动地层。最早的照片显示，位于教堂前方或者绕其一周的沟渠，即包围教堂的巨大基坑曾一度被沉积物堵塞，有时甚至被填满。毫无疑问，自中世纪以来，那里曾有人类居住的多级层次。遗憾的是，出于世界上最善意的目的，20世纪时的考古活动再次把这些地层的潜在证据全部清理干净了。在进一步研究这些清理活动时，我们会思考开凿教堂时遗留的碎屑被送往哪里：它们也许可以证明施工的连续阶段，保留余下的工具，或者还能够重新揭开之前的人类居住活动？此时，卫星图像与土地勘探的联合使用使重新找到被清理的碎屑成为可能，所有的碎屑就散落在教堂的各个角落。几个世纪以来，人们就漫步在这些碎屑之上却忽视了它们。只需要继续挖掘这些由石头和沙土外壳构成的贫瘠矿床。

其次，仔细观察建筑时会发现石头上还留有人为介入的痕迹——风格与形态变化的痕迹，还有更改建筑结构用途的痕迹。让我们看看大天使加百列和拉斐尔教堂的正面。它的入口大门位于左边，一座不久前修缮过的悬空步桥一直延伸至门口。几个石梯构成的小台阶铺陈在大门前。但阶梯并不是随便指向哪里，在它8米之下有一口采光井，那里开凿出了一个地下仓库，但是人们无法入内。在教堂正面的右侧也有一个门，门前是一个悬空的平台。同样有很多残留遗迹：这里曾经应该有一个巨大的露天平台位于教堂的两个入口前，教堂上装饰着在封死的门洞上开凿的窗户，而露天平台因为开凿采光井被一分为二。在教堂修建之前，岩体中无疑还有一座地下建筑，它矩形的大门上装饰着方形的窗框，前面有一个朴素的院子。在修建教堂正面时，最初的院子便消失了。而在这一切之前，只有一座岩体。

在拉利贝拉土地中可能没有太多垂直的地层，但我们仍然可以沿着垂直的峭壁解读出一系列的行为和意图。这些峭壁表明，曾有无数建筑规划改变了原有计划，放弃了建筑最初的用途。这个建筑原本不是教堂，鸿沟结构原有的功能也已被遗忘，这一结构最初并不是为了防御。同时，甬道原有的用途也被遗忘了，这个甬道原本是一扇门，之后成了高悬的窗户。一系列的行为和意图让人们遗忘了建筑过去的形态，并为它打造出新的历史和使命。因此，忘记天使吧，如今被挖掘出的拉利贝拉建筑群不太可能仅仅由一只手，或者说仅仅在一个时期内就被建造出来（见彩图）。

岩石的上方是一些断裂的峭壁，后期被凿空的缝隙从岩石中突起，而一些低矮的圆房间以及狭窄的长廊在岩壁下方延伸开来。

这是穴居人遗留下的小型住处，在第一座教堂修建之前，他们是最早居住在这里的人。人们兴许能在各个教堂的建筑装饰和建筑元素中发现阿克苏姆、科普特、伊斯兰教或者其他影响。但该地的地理信息、岩石的力学性能、建筑师善于以立体呈现突出部分的高超技术，以及打磨石块的经验却只能在当地传统中寻得踪迹。而且，出现在埃塞俄比亚各地的岩石教堂与古穴居人的居住条件也息息相关。为了进一步揭开修建这些教堂的男人与女人的真面目，最好不要仅仅用外来的或者惯常的眼光审视他们的行为。

参考文献：

关于拉利贝拉教堂，我们可以首先参考 Francis Anfray, *Les anciens Éthiopiens* (Paris, Armand Colin, 1990), pp. 189-201。

David Phillipson, *Ancient Churches of Ethiopia* (New Haven, Yale University Press, 2009) 这部作品图文并茂，用很大篇幅来描写该遗址。

François-Xavier Fauvelle-Aymar, Laurent Bruxelles, Romain Mensan, Claire Bosc-Tiessé, Marie-Laure Derat & Emmanuel Fritsch, Rock-cut stratigraphy: sequencing the Lalibela churches, *Antiquity*, 84 (2010), pp. 1135-1150 展示了拉利贝拉的最新研究。

Claude Lepage, Un métropolite égyptien bâtisseur à Lalibäla (Éthiopie) entre 1205 et 1210, *Comptes-Rendus des séances de l'Académie des Inscriptions et Belles-Lettres*, 146ᵉ année, n° 1, 2002, pp. 141-174 支持拉利贝拉建筑工程和技术源自埃及的观点。

F. Anfray, Des églises et des grottes rupestres, *Annales d'Éthiopie*, XIII, 1985, pp. 7-34 提出岩石教堂与穴居人的联系。

24. 素丹与大海

1312 年前后的塞内加尔与冈比亚（今日的）海岸

前哥伦布美洲大陆的移民来自非洲这一猜想的著作与文章数量众多，光是它们的标题就能写满一整本书。我们大可将这些著述分为两类。第一类主要是欧洲人在 19 世纪至 20 世纪初写的，这些著作期望证明中美洲文明蓬勃发展的萌芽来自埃及法老——文明之母——的移民，因此中美洲文明的兴盛离不开地中海文明与西方世界数千年来取得的一切荣耀。第二类作品主要是 20 世纪下半叶美国黑人或非洲人写的著作，它们与第一种观点大致相同，但把埃及是黑人文明作为大前提，也就蕴含着以下含义：非洲是一切文明的摇篮。"欧洲中心主义"与"非洲中心主义"是一场遮盖了记忆战争的意识形态之战。我们可以用一个问题作为总结："古埃及究竟属于谁？"

还没有任何正式的论据能够证明奥尔梅克文明、玛雅文明、托尔特克文明或阿兹特克文明起源于美洲之外。但我们仍然可以搜集成对的例子作比较——很多作家都采用这一做法：埃及金字塔与墨西哥金字塔、一座玛雅的建筑石雕与一幅撒哈拉的岩石绘画、一座奥尔梅克的建筑雕像与非洲人的面庞，从中发现它们的相似性，这无疑涌现了众多"巧合"。我们把更多注意力放在两个大陆在命运之日——1492 年之前的直接接触上，放在其中最为细微的痕迹上。如果在克里斯托弗·哥伦布发现新大陆之前，维京人就已经出现在文兰，即纽芬兰，而且至少在 11 世纪的几十年间中出现，那么为什么非洲探险家不曾到达新大陆，到达他们更青睐的新大陆的中部或南部（因为文明形态正是从那里发展起来的，人们喜欢用与此相关的文明的名称）。我们便会反对以下观点，这样一个情节，如果真的发生了，这个情节不会把非洲人变成传播者，更不会让维京人成为传播者（为此需要进行一段持续且不可逆转的运动），而只是成为发现者。

　　然而，似乎确实有一段故事能证实这一番猜测。伊本·法德尔·尤马里（Ibn Fadl Allâh al-Umarî）记述了这个故事。尤马里在触怒君主之前是埃及马穆鲁克王朝宫廷的大臣，他后来的身份更为后世所知——一位对撒哈拉以南的非洲特别感兴趣的百科全书编写者。尤马里在 13 世纪 40 年代写作，记下了埃米尔[1]阿布鲁哈桑·阿里（Abû l-Hasan Alî）的故事。伊斯兰教历 724 年，也就是 1324 年，来自马里的素丹穆萨前往麦加朝圣，途中曾暂住在埃及的首都，此时阿里是开罗的统治者。这位埃米尔有无数

[1]　其名称源自阿拉伯文的"amir"，意思是指"统率他人的人"或"国王"。——译者注

关于素丹穆萨的逸闻趣事。尤马里记录下埃米尔讲述的这个故事，在故事中，这位素丹回答了他如何掌权的问题。

"我们出身在一个权力世袭的家族中。理应位于我之前那个的继承者不相信人们无法跨越大西洋。他想到达大西洋的另一边，并积极投身于此。他集结了两百艘船队，每艘船上都载着满满当当的人和黄金，还有足够吃上数年的干粮和饮水。然后他对船员说：'除非你们到达大洋的另一端，或者干粮和水已全部耗尽，否则你们不要回来。'船队出发了。他们消失了很久，没有一个人回来。漫长的时间就这样逐渐流逝。最终，仅有一艘船返回了。我们询问船长他们看到了什么，又遇到了什么。他回答说：'噢，乐意至极，陛下。我们航行了很长时间，直到一天，一条干旱的河流出现在波涛汹涌的大海中央。我在船队的最后。其他船此时正在向前航行，它们无法掉头，就这样消失了。我们不知道他们在一瞬间遭遇了什么。我，我就从那儿回来了，没有驶入这条干旱的河流。'素丹不相信他的解释。在这之后他又准备了两千艘船，他和船员乘坐在其中的一千艘船上，另一半船用来放水和干粮。然后，他就让我代替他继承王位，然后他便与他的同伴起航出发了。这是我们最后一次看到他们，他与他的同伴，于是，我成了唯一的掌权者。"

这个故事为我们讲述了一次海上的征程，船队再也没有归来——也许，我们能够想象得到，相信是因为他们到达了大海的另一端。那么他们就是真正发现美洲的人吗？既然绝对不止一小撮人上了岸，那么也许是他们把非洲文明中的某些东西带到了大西洋的另一边？既然他们能成功一次，那么后来没有再数次跨越大洋吗？但需要注意的是，故事没有提到位于航程终点的大陆。从故事的撰写到传播，参与这一系列进程的人当中没有任何人提到位于另一端的陆地。因此很显然，这位素丹是如此相信人们可以跨越大洋并且希望他的船队能够证明这一点，以至于海洋不是虚无的（一个深坑、世界的边界或一片黑暗）而是有"终点"的看法仅仅是一个理论，还没有经验能够证实——没有人返航讲述途中的经历。然而，从远航开始的那天起，无论是四百只还是八百只船的船队没有把任何人带回来，没有人返航把远航的故事告诉大家。为了"发现"，应当到达某地，然而为了"发现了"，则应当回到当初出发的地方。

雷蒙德·莫尼非常肯定，在这个时代和地区，这样的远航在实践中是完全行不通的。划着无帆的独木舟；没有沿岸航行和远洋航行的海航传统；大西洋群岛（佛得角在葡萄牙人到达时荒无人烟）在过去无人居住；不了解大气与洋流的状况——用莫尼的话来说，穆萨远航的素丹祖先无疑是"探寻海洋的殉道者"。但如果莫尼的论证只说服了询问存在与否的那些人，那么可能还会面临以下问题：是谁发现了美洲大陆？

14世纪的马里王国（参见第26、28、29章）疆域辽阔，有时被称为帝国，因为伊斯兰王朝中臣服于君主的属国中还有许多其他的国王，伊斯兰君主战胜了这些国家或者通过其他方式接受他们的臣服。其中一个属国的封地西临大西洋，位于塞内加尔与冈比亚两条河流之间。它是帝国的海上窗口，位于马里大草原上，完全远离权力中心。但马里的商人与流浪者可能不会忘记这片临海的属国。无论这次远航是否存在，故事提到的一定是这片海洋。鉴于穆斯林学者乌理玛（ouléma*）走遍了整个国家，在他们的文章中是否有当时阿拉伯人航行的蛛丝马迹呢？但答案是否定的。同时代的地理学家也不太关注海洋，前往摩洛哥南部大西洋沿岸的航海家少之又少，至于公海领域更是一个人也没有。因此，那时人们甚至不知道加那利群岛与马德拉岛的存在。还有一个关于乌克巴·伊本·纳菲的传说，他征服了北非的无数城市，功勋卓著（参见第 5 章），战功累累，为后世传颂。人们说他从埃及进入非洲，行迹直至摩洛哥大西洋海岸边的苏斯地区。他在那里骑马走进海水中，因为他向上帝保证，如果大陆向西边延伸，那么他就沿着道路直行。马里的素丹君主会回想起这一幕吗，他会像是为了表明他亲自完成某种历史功绩，同时携带着某个历史和宗教计划一样，再次继续演绎这一幕吗？这一逸闻由穆萨，即他的直接顺位继承人平静地陈述给当时埃及王室的一位"官员"，其中包含着某种政治信息：我来自伊斯兰王朝，希望能把伊斯兰教传播到大洋的另一头，并作为一位殉道者死去。

但事实上，故事的真实性值得怀疑，故事的真实意图值得猜测。如果进行总结和解读，素丹穆萨大概是这样回答的："我们出生在一个权力世袭的家族中。理应位于我之前那个的继承者不相信人们无法跨越大西洋。他投身于此，但是失败了。于是，我成了唯一的掌权者。"这个故事首先是一个关于王权转移的故事，其中也许能挖掘出一些比跨越大西洋争论的起因更有深度的东西。

　　我们经常在书中看到穆萨之前的这位悲惨的权力继承者名叫阿布·巴克尔（Abû Bakr）或者阿布巴卡里（Abu-Bakari）。即便无数作者一再重复这一说法，但这是完全错误的。这一有误说法源于对著名的历史学家伊本·赫勒敦（Ibn Khaldûn）文本的错误翻译，该作家勾勒了马里素丹的世系。实际上阿布·巴克尔应当是穆萨的父亲，而不是在穆萨之前继承王位的人。穆萨之前的马里素丹继承者名叫穆罕默德，他来自王朝的另一支谱系——马利贾塔（Mâri-Djâta）。从马利贾塔族谱的先辈一直到13世纪中期，王朝的王位均是父子相承。穆萨正是在1312年左右接替了这位穆罕默德的王位。这些细节非常重要，因为它们表明了穆萨的掌权引起了统治王朝内部族别的变化。与王位继承事件相关的海上航行故事可能值得探究，这次王位的转让也许不是在风平浪静中发生的，毕竟穆萨来自旁系一族，总之少不了引起王位正统性的严重问题。也许不能用海上航行的题外话来理解穆萨所讲的他获得王位的情形，这其实是一种增强其王位正统性的叙述。"我们出生在一个权力世袭的家族中"，他以此作为开头讲述他的故事。我们应该正视这句话并听清楚权力是如何世袭的。

　　在上文我们已经提到了，把一些材料拿来作对比是比较冒险的。但是我们仍然要这样做，并对这样做的缺陷抱有清晰的认识。在这里我们搜集一份资料的不同篇章，其中阐明了在许多非洲社会中都有这种做法。

　　很多神话都与卢安果王国（Loango）的起源有关。从16世纪开始，卢安果王国在非洲中部发展兴盛，即当今刚果和安哥拉卡奔达（Cabinda）的内陆地区。其中一个神话提到了传播文明的英雄，诸如火、粮食的丰收还有王国的建立都要归功于他们。在海上航行之后，他们从一条河流的入海口上了岸，并向当地人自我介绍，人们就这样认识了他们。另一则神话讲述了第二个王朝的起源。上一个王朝因为统治者滥用权力而被推翻。人们便开始寻找王室的第一位母亲。人们在森林里，在性情古怪而严肃的居民中找到了她，一个俾格米[1]人小女孩。人们陪她走到海边，让她乘船出海去到远一点的地方，然后再回到王国中，人们向她保证她的子嗣都是王室。在这两个例子中，大海上的绕行包含一种勘察的意义，或者说寓意着无上的考验。这一举动在布雨和散布好运的神明的保佑下进行，尤其在空白王朝的例子中，它将权力赋予新的国王。

让我们穿越到几个世纪之前，到达索马里南部或肯尼亚北部。922 年，在那里，一条载着准备去往坎巴卢阿曼商人的小船因为风暴搁浅在辛吉国的海岸上。由于没有停靠在熟悉的海岸，人们几乎肯定自己即将被吃掉。然而，黑人居民以及他们热衷贸易的国王却热情好客。但在离开之际，令人意想不到的是，阿曼人绑架了国王并把他当成奴隶掳走（他们很有可能同时在当场买了至少两百个奴隶）。国王被卖到阿曼。几年之后，这群商人在同一个海域再次遭遇风暴，满载厄运的风暴把他们扔在相同的海岸边。

---

[1] 非洲的俾格米人大多生活在中非和西非，多为狩猎收集者，主要依靠从生活环境中取得的食物。他们有时也会跟邻近的农夫交易，以取得耕种得来的食物，又或其他所需的物品。——译者注

令人震惊的是，他们又遇到了国王。国王认出了他们并且带着冷冰冰的愤怒接见了他们。最终，国王宽宏大量地原谅了他们并且讲述了他的遭遇。这位年轻人先是被带到巴格达，他在那儿学会了阿拉伯语并成为伊斯兰教徒。后来他逃跑了，到了麦加，然后又到了开罗，最后终于找到了当初被掳走的那片海滩。他上岸的时候并不是一点都不害怕，因为他觉得新任国王会很快将他除掉。但预言家们打算在加冕新任国王之前等待失踪者的消息。因此，他回到王宫时人们认出了他并热情地迎接了他。这个故事或许充满着阿拉伯或波斯水手的民间传说，但是我们却觉得这是一个非洲的故事。无论这个历险是确有其事或者只是一个传说，引起我们注意的是，人民需要通过一次海上远航把这位经过两次考验的年轻人当作国王，而来往的商人则需要这次海上远航把他当作伊斯兰教徒。

此处无疑缺少了应当收集的历史学、人种学以及神话学要素。但也足以提出以下假设，很多非洲地区都有一个相同的王国神话起源，可能是危机时期新王加冕的共同仪式。无论是讲述了权力如何从权力空白中产生的故事，还是国王必须经历海上绕行才能得到承认的故事，它们都讲述了大海——所有江河之父——上的绕行成就了统治者。

穆罕默德真的远航了吗？如果穆萨讲述的仅仅是马里帝国时期政治语境中的一次王朝危机，那么答案可能是否定的。如果确有其事，我们可以打赌，他的政治行为——我们很难了解其确定的宗教背景：宫廷仪式、洒圣水以及神明裁判[1]——原本是为了经历海洋的考验，从而在结束后加强其统治。但他却失败了。有人却成功了，正是讲故事的那个人。

参考文献：

尤马里的段落引用自 Joseph Cuoq, *Recueil des sources arabes* (Paris, Éditions du CNRS, 1985), pp. 274-275。

关于非洲人为美洲带来文明的非洲中心理论，可以参考 François-Xavier Fauvelle-Aymar, Jean-Pierre Chrétien & Claude-Hé-lène Perrot, *Afrocentrismes. L'histoire des Africains entre Égypte et Amérique* (Paris, Karthala, 2000), pp. 249-270 中的 Bernard R. Ortiz de Montellano, Black warrior dynasts. L'afrocentrisme et le Nouveau Monde。

"古埃及究竟属于谁？"这一问题借鉴了 Wyatt MacGaffey, Who owns ancient Egypt?, *Journal of African History*, 32 (3), 1991, pp. 515-519 这一优秀书评的题目。

Navigations médiévales sur les côtes sahariennes antérieures à la découverte portugaise (1434) (Lisbonne, Centro de Estudos históricos ultramarinos, 1960) 中许多处提到了雷蒙德·莫尼对海上远航的猜测。L'expédition maritime d'un sultan du Mali vers 1310, *Conference on Manding Studies* (Londres, School of Oriental and African Studies, 1972) 未出版的报告中（但很多图书馆有打字版本）有该方面的口头介绍。

马里苏丹谱系的最新研究是 Nehemia Levtzion, The thirteenthand

[1] 神明裁判，或称神判法、神断法，指的是通过得到神的旨意来判断事情的真伪、正邪的审判方法。古代和中世纪在世界各地都存在类似的神判法，有些地域甚至延续到了近世。——译者注

fourteenth-century kings of Mali, *Journal of African History*, IV (3), 1963, pp. 341–353。

刚果的传说来自 Luc de Heusch, *Le Roi de Kongo et les monstres sacrés* (Paris, Gallimard, 2000), pp. 44–48。

阿曼航海者的故事来自 10 世纪时一位名叫布祖尔格·伊本·沙利亚尔（Buzurg ibn Shahriyâr）的作品，英文版参考 G.S.P. Freeman-Grenville, *The East African Coast* (Oxford, Clarendon Press, 1962), pp. 9–13。*Livre des merveilles de l'Inde par le capitaine Bozorg, fils de Chahriyâr de Râmhormoz* (Leide, Brill, 1883—1886, Vol.2) 中有 L. 马塞尔·德维克（L. Marcel Devic）的法语翻译和彼得·安东尼·冯·德·里茨（Pieter Anthonie Van der Lith）的阿拉伯语版本，该作品被多次重印。

25. 盐地遗迹

11 世纪至 14 世纪的塔加扎（今马里最北端）

西奥多·莫诺本想成为一名海洋学家，却无奈踏上了沙漠之旅。1934 年他搭载上了每半年从廷巴克图出发的巨大沙漠驼队阿扎拉依（azalaï），那时他还没有获得后来加身的撒哈拉之王的名气。图阿雷格人乘着逶迤 3000 米的驼队，把盐袋运送至塔伍德尼（Taoudeni）附近的阿戈尔戈（Agorgot）矿区，它位于马里撒哈拉宽广的北部地区。整个行程长达 800 千米。到达行程终点之后，莫诺想要参观距矿区西北部 50 千米的塔加扎（Taghâza）。他不会失望的，他写道："两座城镇的废墟犹然可见，能在那儿辨认出建筑物的位置 [……] 而且不仅仅是一些被夷为平地的废墟墙角，有时候甚至能看见真正的建筑残垣，比如门拱的拱腹。结有氯化钠 [……] 地上有被遗弃的碎片，来自摩洛哥的漆画的陶器、泥土或者珍珠做的物什、数不清的玻璃线连接而成的手镯的碎片，五颜六色的。塔加扎（Teghazza）在一片异常荒凉的地区中心，这里没有牧场，不是一个人们能够多做停留的地方。我只在那里待了几个小时。"

　　莫诺了解此地的文献。他知道在他之前，勒内·卡伊埃（René Caillié）在 1828 年乔装成阿拉伯人取道同一条路线，他曾在特里格（Telig）矿井歇过脚，这个矿井离塔伍德尼有一定距离（半天路程）。在那儿，卡伊埃了解到黑人奴隶在摩尔人即柏柏尔人的监视下生产盐板。几天之后，重新走上去往塔菲拉勒的路之后，他到了塔加扎。他说："那里有巨大的盐块，而人们在距离不远的地方给牲畜饮水，无数的房子都是用这种物质构成的砖块建造的。"早在卡伊埃之前，伊本·白图泰就曾去过塔加扎。那是在 1352 年3 月："在痛苦和折磨中度过了十天，因为水是发咸的，没有任何一个地方比这个小镇上的苍蝇多。"这位旅行家还发现一件奇怪的事：房屋和清真寺都是用盐块筑建的，房顶则是骆驼皮做的。居民开凿位于较浅地层下的岩盐（3—4 米深），还要锯开呈平板状的岩盐。柏柏尔人的奴隶干这些活，他们吃从摩洛哥带回来的椰枣和从撒哈拉进口的小米。这证实了中世纪塔加扎贸易的重要性。

　　与莫诺同时代的人也注意到塔伍德尼的艰苦环境。两座相邻矿井的生活环境在数个世纪过去之后并没有发生显著改变："塔伍德尼荒无人烟，几年内，该地发咸的水使被强迫带到这里并留在此地的黑人奴隶死亡。在整个地球上 [……] 没有能与之相比的工业地狱。"

西奥多·莫诺描绘的马里塔加扎的盐地遗迹的草图。
资料来源: Th. Monod, *Méharées* (Arles, Actes Sud, 1989), p. 271
(1re édition 1937).

　　塔加扎坐落在位于海边的一个巨大的瑟布卡[1]——一种自然形成的距今数百万年的潟析盆地之中。数世纪以来，人们为北部的大草原与同样远的南撒哈拉沙漠提供盐板，从而把盐运往黑人国家。这里可能是 11 世纪被称为塔坦塔尔（Tâtantâl）的地方，似乎已经耸立起了"一座城堡，城堡的墙壁、房间、城堞和塔楼全部都是由盐块建造的"。采盐活动对跨撒哈拉贸易经济非常重要，塔加扎因此令人垂涎。马里和摩洛哥的驼队来此进货时矿区正被马苏法（massûfa）柏柏尔人控制。桑海王国[2]曾在一段时间里统治过这里，其中心城市是廷巴克图。16 世纪中期，摩洛哥的苏丹人占领过此地，把采矿活动转移至塔伍德尼，开采变得更为困难，但却离廷巴克图更近。塔加扎并没有废弃，直到 17 世纪人们还会光顾此地。莫诺在这里搜集到一些这一时期的陶器碎片，此外，在这里进行的一些考古探测展现了人类居住的最晚痕迹。

---

[1]　瑟布卡（Sebkha），通常被地貌学家用来指代被洪水淹没的平底盆地，那里的盐渍土壤限制植被的生长。——译者注
[2]　桑海王国，西非古国。公元 9 世纪占领商业重镇加奥，并以此为都，形成了桑海国家，历史上又称加奥王国。——译者注

　　哈桑·阿尔－瓦赞[1]——"非洲人莱奥"在欧洲更出名——1510年左右曾在此地逗留数日，他告诉我们，人们把盐从塔加扎运往至廷巴克图，"一个很缺盐的地方"。伊本·白图泰写到，在马里的城市中，"一骆驼的盐 [……] 能卖到二十到三十第纳尔（dinar*），有时甚至值四十"。那时矿场还叫作塔坦塔尔，整个撒哈拉西部由加纳城（参见第7章、第8章）统治，而我们了解到，此时"国王对进入国家的每一骆驼负载的盐征收一第纳尔，若是出口的话则征收两第纳尔"。因此，盐显然是从沙漠中进口的，从而再出口到大草原地区。我们还读到，"所有的国王都要觐见加纳的统治者"，因为他们对于从伊斯兰地区进口的盐有不可缺少的需求。露天矿场由游牧民族经营，他们迫使奴隶在那里工作。于是从游牧民族到南方以农业为生的定居民族之间发展出了一条存在了千年的古老道路，在数百年中，只有道路的南部终点有所不同——加纳、马里、廷巴克图。盐道的存在表明了当时对盐的需求，盐这一产品对于撒哈拉南部的稀缺程度正如东部的黄金之于西部。因为非洲大地上虽然有丰富的矿石，但是却缺少矿物盐，而盐分不足进一步转移到了植物与动物身上，可能会导致营养不足。人们采用"盐疗法"来解决骆驼、牛等牲畜缺少盐分的问题，"盐疗法"即为每年夏天进山放牧，将牲畜带到矿物丰富的牧场进行放牧，让家畜在此地吃草，舔舐含盐的白霜。对于居民来说，食用盐分（氯化钠和微量元素）能够抑制矿物营养不足导致的

---

[1]　哈桑·阿尔－瓦赞（Hasan al-Wazzân），文艺复兴时期欧洲旅行家。他是来自格林纳达的摩尔人，曾遍游现在的非洲北部，并达到近东地区。——译者注

"谗盐"，同时还能提升抵抗高温的新陈代谢能力。

雷蒙·莫尼证明了西非多种多样的制盐方式。他所鉴别的不同技术的地区分布与地区生态环境紧密相关。毛里塔尼亚南部临大西洋的海滨地区，以及塞内加尔北部制盐的方法主要是在自然形成的或是人工的盐田中经天然日光蒸晒制取海盐。而处于热带气候的几内亚湾沿岸，无论是炎热的北部还是南部，因夜间降雨量过多，所以无法通过蒸晒制取海盐。该地区主要通过加热海水制盐，用这种方法制成的盐饼销往森林各地。而大草原地区主要是通过多种技术提取植物盐，即炉缸中的灰烬，来自盐生植物。人们通过淋滤、滗析生产出盐水，进而用放在锅炉上方的黏土模子蒸发盐水。同样的装置也运用于土盐的制作过程中，常见于尼日尔河、乍得湖与艾尔高原之间。这些地区用收集并洗净的含盐土制作盐饼。盐水同样经过烧煮以在黏土盆底中形成盐饼。而整个撒哈拉西部地区则依靠一种更为常见的盐资源，但其开采过程更加复杂。更为常见是因为这里的盐表现为单纯的氧化钠化石，呈板状的岩盐有规律地穿插于薄薄的黏土层之间。阿拉伯语资料记载了撒哈拉矿场的信息，塔加扎是其中的一个矿场。还有大概位于毛里塔尼亚南部海岸的矿场阿维利尔，以及地下矿地塔维托克（Tawtok）和图特克（Toutek），人们已经不知道它们现在位于什么位置，可能在马里最东边或者阿尔及利亚的边境，人们从这些矿场进口盐，并把盐运送到提供货币兑换服务的加奥。这些差不多就是所有矿场了。除盐资源的稀缺以外，盐矿的开采面临一定问题——开采既不能家庭化也不能从家庭或者当地经济中被剥离。盐资源的供应依赖于一种无法进行外包的活动，并在有时候服从大宗贸易的规则。在撒哈拉沙漠南部的非洲，盐作为首要需求产品具有重要意义，它解释了塔加扎这个如此贫瘠的地方在数百年间对撒哈拉河海沿岸地区政权的吸引。

参考文献：

Nicole Vray, *Monsieur Monod, scientifique, voyageur, protestant* (Arles, Actes Sud, 1994) 介绍了西奥多·莫诺的传记。

西奥多·莫诺的引文来自他的作品 *Méharées* (Arles, Actes Sud, 1989, 1re édition 1937), p. 266。

勒内·卡伊埃的引文来自 *Voyage à Tombouctou* (Paris, La Découverte, 1996), t. 2, p. 294。关于塔伍德尼的部分参见本书第 284—285 页。

塔伍德尼的矿场开采条件可以参考 Dominique Meunier, Le commerce du sel de Taoudeni, *Journal des africanistes*, 50 (2), 1980, pp. 133-144 以及该作者列出的参考书目。

可以在 Ibn Battûta, *Voyages* (Paris, La Découverte, 1982), t. Ⅲ, pp. 396-397 以及译本 Paule Charles-Dominique, *Voyageurs arabes* (Paris, Gallimard, 1995) 中找到伊本·白图泰的记述。

塔坦塔尔的段落要归功于地理学家阿巴克里参考 Joseph Cuoq, *Recueil des sources arabes* (Paris, Éditions du CNRS, 1985), p. 95。关于加纳的摘录参考本书第 101 页（阿巴克里）和第 74 页（伊本·豪盖勒）。

与塔加扎相关考古资料很匮乏，大部分没有出版，雷蒙德·莫尼对此做了一个总结 *Tableau géographique de l'Ouest africain au Moyen Âge* (Dakar, Institut français d'Afrique noire, 1961), pp. 116-117, 328-332。其中第 321—334 页主要谈论盐以及西非与撒哈拉的制盐技术（其中珍贵的地图值得仔

细研究)。

E. Ann McDougall, Salts of the western Sahara: Myths, mysteries, and historical significance, *The International Journal of African Historical Studies*, 23 (2), 1990, pp. 231-257 同样记述了塔加扎相关资料，但缺少考古文献。

与莱奥描述的塔加扎的段落参见 Jean-Léon l'Africain, *Description de l'Afrique*, traduction d'Alexis Épaulard, notes du même ainsi que de Th. Monod, Henri Lhote et R. Mauny (Paris, A. Maisonneuve, 1980), t. II, pp. 455-456。

Larbi Mezzine, Relation d'un voyage de Taġāzā à Siġilmāsa en 1096 H./1685 J.-C., *Arabica*, XLIII (1), 1996, pp. 211-233 中保留了 1685 年塔加扎与西吉尔马萨之间驼队路线的重要文献。

莫诺同时代人的引述来自 d'Émile-Félix Gautier, *Le Sahara* (Paris, Payot, 1923), p. 163。

关于人类的"馋盐"以及动物的"盐疗法"可以参考巨著 Pierre Gouletquer et Dorothea Kleinmann, Structure sociale et commerce du sel dans l'économie touarègue, *Revue de l'Occident musulman et de la Méditerranée*, 21, 1976, pp. 131-139 以及 Le dromadaire face à la sous-nutrition minérale: un aspect méconnu de son adaptabilité aux conditions désertiques, *Science et changements planétaires-Sécheresse*, 11 (3), 2000, pp. 155-161。

26. 马里的关税

1352 年 4 月 17 日的瓦拉塔（今毛里塔尼亚）

你首先遭遇到的是沙漠中的黑手党。如果没有聘用他们做领路人或者卫兵的话，这些人就会抢劫你。我们在前文看过了西吉尔马萨（参见第 16 章）宫殿的地上铺满了被这群柏柏尔匪徒砍下的头颅。在前往黑人国家的道路上，半路出现的强盗会在撒哈拉沙漠中将你们拦截下来。这大概是 17 世纪末的时候。非洲北部的政权掌握在阿尔摩哈德人手中。人们严守教规条令，不会为了保护同伴的生命而多做停留。这些抢劫者在某些时期又变成了保护者，并从中获利。摩洛哥旅行家伊本·白图泰热衷游历整个伊斯兰世界，他在 1352 年 2 月中旬到 4 月中旬穿越了撒哈拉沙漠。这个驼队由桑哈扎部族的马苏法人管理。注意，领队、探路者、赶骆驼的人和卫队都来自这群黑手党。把命运"交到"他们手中总比把命运"葬送"在他们手中要好。无论如何，驼队的人只能信任他们：至少让旅客相信，虽然伊本·白图泰所在沙漠旅队的领路人是独眼的，但他仍是沙漠旅途中最合适的领路人，因为沙漠中的道路不像罗马大道一样具体可现，能在疏松或者多石的土地中被勾勒出来，而且沙漠中的道路很可能会消失在无尽的"沙山"中。

然后便是水的问题。更合适的字眼是"口渴的问题"，在穿越沙漠之行中，"口渴"是你唯一的伙伴。所有旅行家和地理家都说："人们在路上喝的水是咸的。"沙漠中的水有时是"腐败而有害的"，雅谷特还幽默地说，沙漠中的水"除了是液体以外，跟水没有半点相同之处"。这种喝的东西无疑会引发肠胃不适，每一天都变得痛苦难耐，穿越撒哈拉的经历也随之成为糟糕的回忆。稍好些的年份会下雨，充足的雨水汇集到石洞深处，旅客便可以饮水、清洗衣物。如遇上不好的年份，呼啸的大风会将羊皮袋中的水吹干。这时，人们就会宰杀骆驼，把瘤胃取出，沉淀瘤胃中储存的水。人们在瘤胃上开一个槽，用类似麦秆的东西汲取液体。最为恶劣的时候，旅行者会在被宰杀的大羚羊的下水中找寻暗绿色的液体。一些作者还记得马卡里兄弟（参见第 16 章）曾经"整治撒哈拉沙漠的商道，挖掘水井，保证商人的生命安全"。但在强盗被砍头的年代，非洲北部的大商人得自己保证沙漠旅队与路线的具体安排。那个时期会击鼓宣告驼队出发，一面旗帜在队伍前方飞舞，那旗帜无疑是西吉尔马萨政权的象征。后来，人们逐渐把组织驼队穿越沙漠的事务出让、外包给沙漠中的游牧一族，要么是因为有悔改之意的强盗的服务渐渐不合商人的心意，要么是新的驼队商人认为他们的服务太昂贵，水井也消失了。口渴会杀死你，但引起口渴的原因更加折磨人。最初你会有一种无力感，然后便会失去意识。你能清醒过来，或者不会。"这是撒哈拉沙漠中最常见的一种死亡形式"，殖民时代一部撒哈拉官员手册用平静的口吻写道。

在沙漠旅队中必须要"唯利是图"。你得像伊本·白图泰那样，在西吉尔马萨买自己的骆驼，然后在四个月内把它们养肥，让它们能够在整个行程中坚持下来。一些大商人牲畜众多，而有些则只有几个。绝不能只带一只骆驼上路，至少要带两只：一只给自己，另一只装行李。如果你带了匹马，那么还需要带上马所需的水。每个人都要在出发之前细细清点货物，还有马具和干粮，并在出发前最后一刻装上葛尔巴（Guerba）——山羊皮做的储水袋。在还需安排好推荐的住宿，保证在到达时会有人为你预留住处或者房间。路途中的一切东西都需要自己筹备，没有什么东西是共同使用的。驼队只负责前行的路线和队伍的安全。在暑气最盛的时候，每个人都搭建帐篷。要相信仆人，以防发生盗窃。还得雇用守卫照看你的财物，或只是为了让他们不偷你的东西。回程时，你需要自己看管奴隶。而这一切还不包括交易本身带来的许多麻烦。12世纪初的一则逸闻具有讽刺意义，一个商人说："我的舅舅踏上了去往南方的旅途准备在那里做黄金买卖。他买了一匹骆驼准备回去。他遇到了一个城里人同他一起 [……] 城里人刚做完奴隶的买卖。随后，两人请求沙漠驼队带他们回去 [……] 我的舅舅一身轻松，毫不费神：如果驼队出发，他就骑骆驼；如果队伍歇脚，他就搭帐篷休息。但是这个城里人却因为他的奴隶们疲惫不堪，难以忍受：一个缺水病倒了，另一个又饿了，这个跑了，那个又在沙丘中迷路了。驼队停下来歇息时，每个人都照看着自己的货物。而城里人已经到了最疲惫的一刻。这时他看向我的舅舅，他正在阴凉处心平气和地坐着，旁边是摆放得整整齐齐的包裹，它们就待在那里，非常安静。"发生了多少这样的故事呢——比起雄心壮志却毫无经验的"城里人"，徒步的老手稳稳占据了上风。

然后还有每天遇到的微小的、数不清的、糟透了的麻烦：跳蚤无处不在，为此你得在脖子上戴一圈浸了水银的细带；有动物死尸的地方就会有数不清的苍蝇，也就是在水井以及营地附近；除此之外，还有蛇。1352 年 2 月，伊本·白图泰所在的沙漠旅队里有一位来自特莱姆森的商人，名叫阿尔－哈吉·扎严（al-Hâjj Zayyân），他喜欢抓蛇逗弄它们，那一次他的食指被蛇咬了。人们用红铁灼烧，治疗他的伤口，还宰了一匹骆驼，他一整晚都把手放在骆驼的瘤胃中。这真的有用吗？人们那时相信这一方法。而这一切还是不够：人们从关节处截断了他的手指。马苏法人肯定会嗤笑这个城里人的消遣。不知道是充满着哲学智慧还是妄图夸大危险，他们说要不是蛇在咬人之前喝了水，伤口一定会致命的。伊本·白图泰说，最后还有精灵出没，沙漠里有很多精灵。这些无形的天神与伊斯兰教的上帝共存于一切地方。她们喜欢愚弄落单的旅人。调皮的精灵让你着迷，最终让人迷失在沙漠中。

驼队通过严格的规定对抗沙漠恶劣的环境，在途中歇脚以减少极端情况的发生。柏柏尔头领一定说过："不要离开队伍太远，以免遇到危险。"实际上骆驼会按照自己的节奏前进，一旦接到指令，它们就会停下，也就是在适当的时候停下，这便是笔直大道上所计划的歇脚时刻。在负重的骆驼和面无表情的马苏法人徐徐前进的时候，那些为此次旅途花钱的人性格浮躁，他们在前行过程中片刻惬意的休息时光嬉戏打闹，追着羚羊逗着狗，或者走到队伍前面的地方放牧，让马吃草。但是为了游戏与欢愉，这些城里人却付出了沉重的代价。有时一个队伍有好几千头骆驼，驼队没有办法清点商人人数，他们的踪影很快就在几座沙丘的遮挡中消失了。这位摩洛哥旅行家的驼队里有一对表兄弟。两人吵架，哥哥生气了，就离开队伍了。这是第一个错误！伊本·白图泰写道，"我们休息的时候，不知道他发生了什么。于是我建议他弟弟雇一个马苏法人去找他的哥哥，兴许还能找到他。但他拒绝了"。这犯了第二个错误！"第二天，一个马苏法人自愿去寻找他的哥哥。他发现哥哥的足迹时而沿着大道，时而被风吹散，没有其他消息了。"应当让这个自愿的人去找他的哥哥吗？这可能犯了第三个错误。我们不知道命中如何注定。但几百年之后，就在同一段路上，不过是相反方向，一个朝圣队伍中有两个人先后失踪，而队伍在他们消失后一天一夜才发现。故事的作者充满哲学意味地总结道："我们的意识是平静的，因为在违反沙漠旅队规定时，在危险发生之前我们还有意识。"

　　在整整两个月的旅行之后，你到达了旅途的终点。在14世纪，位于今天毛里塔尼亚的西南边的瓦拉塔是到达港。你已经来到了另一个世界。人们已经在几天之前发布了信函，通知沙漠旅队到达的消息。旅客的信件被送往城中的商人手中。人们闻讯而至，给旅客送去饮水，虽然是卖给他们的，但这些水却能够帮助旅客在跨越了炎热而荒芜的沙漠之后，度过旅途最后的行程，即使只是夜宿。

伊斯兰历 753 年的第一个赖比尔月，[1]也就是 1352 年 4 月 17 日左右，伊本·白图泰到达瓦拉塔。天气酷热难耐。他写道，"城中有很多棕榈树，树荫中种着香瓜。雨水渗入的多沙土地中，人们挖掘出水井，城中的水正是来自这些水井。羊肉是常见的货品。居民穿着来自埃及的精美服饰。[……] 这里的女人比男人更受尊敬，她们美丽异常"。这是城市留给伊本·白图泰的印象，虽然对于一个在此地逗留了 50 天的他来说，此地的描述不多。城市的居民是马苏法柏柏尔人。北非的商人在此地修建房屋，所以游客要找一个名叫萨雷（Salé）的摩洛哥人租用房间。不过，这个城市由马里统治，黑人统治者把位于首都南部 24 天路程距离之外的城市——瓦拉塔——变成了它的属地，"黑人国家的第一个行省"。再来看看城市的统治者，统治者称为法尔巴（farbâ），这一头衔是曼丁哥语。"他坐在柱廊下的地毯上面，前面立着手持弓箭与长矛的护卫，马苏法贵族站在他身后。商人们立在副官前面，他通过身旁的翻译吩咐这群商人，带着不屑。"调度安排就如法律条款一般井然有序：全副武装的守卫在前，当地显贵在后。

"骆驼一进入城中"，伊本·白图泰说道，"商人就把货物存放在市场上"。而当商人去觐见统治者的时候，"黑人就看管这些

---

[1]　赖比尔·敖外鲁月（Rabia Al Awwel），伊斯兰历中一个月份的名称，意为第一个春月，穆罕默德出生在这个月。——译者注

货品"。商人对法尔巴表现出来的殷勤与尊敬令白图泰感到十分惊讶。他说，"鉴于黑人的失礼以及他们对白人的轻蔑，我很后悔来到这个国家"。白图泰随后被姆什里弗（mushrif）——阿拉伯语中意为课税人——邀请参加为驼队举行的招待宴会，白图泰更惊讶了，他甚至无法直视那些用来宴请宾客的餐食：葫芦中盛着捣碎的小米，上面浇着蜂蜜和发酸的牛奶。"黑人就用这些来招待我们吗？"白图泰问他的同伴，可能还故意撇了撇嘴。"其他人回答说，对他们来说这已经是最豪华的招待宴了。"

伊本·白图泰的高傲妨碍他看到其身边的一切规划。每一个人都尽力服从礼仪规定、遵守秩序、忍受无礼的举止，这一切表现出这个世界比沙漠中的驼队拥有更为严密的规章制度。一直想摆脱驼队控制的商人平静迈入这个世界，而身负本国文化的游客却无法接受。商人从瓦拉塔进入马里。瓦拉塔是国界点，因此是一处关税点。商人之所以迅速卸下骆驼背上的货物并让官员看管货物，那是因为商人需要依照贩运货物的重量清缴关税。因此，前文提到驼队遣人在队伍前探路可能是为了防止驼队的组织者冒险走上一条走私道路。你离开了黑手党，进入了国家。

参考文献：

强盗头颅的叙述来自瓦拉塔的阿里·萨拉赫希（al-Sarakhsî），参见 Joseph Cuoq, *Recueil des sources arabes* (Paris, Éditions du CNRS, 1985), p. 179。雅谷特的引文与瘤胃取水的方法来自同一本书第 183 页；马卡里兄弟相关的引文第 324 页（Ibn al-Khatîb）；关于贩卖黄金的智慧商人的寓言以及引文第 168 页（al-Wisyânî）。

直接或间接引用的伊本·白图泰的记述来自 Paule Charles-Dominique, *Voyageurs arabes* (Paris, Gallimard, 1995), pp. 1023-1028。

Raymond Mauny, *Tableau géographique de l'Ouest africain au Moyen Âge* (Dakar, Institut français d'Afrique noire, 1961) 详细描写了驼队贸易的装备情况（pp. 397-403）。保持清醒意识段落的引文来自 Larbi Mezzine, Relation d'un voyage de Taġāzā à Siğilmāsa en 1096 H./1685 J.-C., *Arabica*, XLIII (1), 1996, pp. 211-233（此处是第 216 页）。

撒哈拉手册引用自一部出色的作品 Émile-Félix Gautier, *Le Sahara* (Paris, Payot, 1923), p. 94（作品还有其他版本）。

27. 撒哈拉沙漠中的遗物

11世纪至13世纪前后的毛里塔尼亚（今日的）中部

西奥多·莫诺与一个叫作沙莱克·乌勒德·葛吉穆勒（Salek ould Guejmoul）的羚羊猎人和两个毛里塔尼亚军人共同组成远征小队。还有六只骆驼随行，其中两只背着沉重的金属桶，桶中装满了水。1964年12月2日，小队从瓦丹（Ouadane）出发，在12月7日到达一处补水点，也是最后一处，他们在那里重新装满水。旅队从那里朝东南方径直走了十天，没有改变方向。莫诺在他的日志中一丝不苟地记录下每天行走的时间以及途中被耽搁的原因：12月9日前后下了三天冰雹和雨，阻碍了前进。在一个没有也肯定没有方向指示的地方，只有他的记录提供了大致可信的行程距离。就行程来说，莫诺推测，从水源地开始计算，小队大概走了250千米。为了进一步核对这一数据，他还统计了走过的沙峰数目，共130座。17日，他们改变了方向，朝东北方行进了两个小时，然后朝北走；随后穿越了最后四座沙峰。沙莱克利用休息时间重新辨认残骸的位置。他们继续朝东南走了半个小时。远征的目的地就在此处——水源地西北方向第 127 个沙峰。第二天就得返回了，他们在第二天下午三四点重新出发，再次踏上十天无水之旅。在去程与回程之间的这段自由时间里，他们对该地进行了考察。

　　寻找遗址的过程如此艰难，他们确信今后一定会重返此地进行后续调查。所以必须事无巨细地记录下现场的一切，"等待机会"，便于今后能重新找到此处。在缺少卫星手段提供地理定位的情况下（GPS 全球定位系统能在几米精度之内记录并定位世界上的任何地方），人们只能依靠记忆：要么是莫诺的记忆，也就是他一丝不苟的记录，但他认为这远远不够；要么是更为鲜活的记忆，比如莫诺沙漠远征的同伴或者是那些宣称刚去过此地的人的回忆，比如羚羊猎人和士兵——我们在前文提到他们的名字——或者来自他们部落的人。

　　此后，人们便用一个有趣的词组——"驼队遗物"——命名这个地方。数百年来，无数人把自己的货物丢在这里，或者说小心翼翼地留在沙地中，目的可能是希望今后能重新找到这里。他们是谁，是迷路的人吗？留存在此处的货物是他们自己的货物还是抢来的战利品？为什么再也没有人回到这里？这些都是今日无法解答的疑问。为了在沙漠海洋中找到这个几十厘米高的小沙丘，你需要在数十万个相似的沙峰股壑出处恰好经过它旁边。直到 1962 年 2 月才有人找到它。一些在附近打猎的牧民发现了这个地方，并在这里找到几根黄铜。很快，这个地方就被称作马阿登伊加分（Ma 'aden Ijâfen），意为伊加分的"矿地"，伊加分是该地区的名字。消息传到了瓦丹。撒哈拉像一个回声筒一样，所以当时在达喀尔（Dakar）的莫诺也知道了这件事。1964 年 1 月，他第一次找寻遗址失败了。但第二次，他成功了。

前往马阿登伊加分遗址的西奥多·莫诺小队的照片。四个人与六匹骆驼穿越撒哈拉中最贫瘠的地方。遗址是一个毫不引人注意（低矮）的小山丘。西奥多·莫诺的银版照片。

资料来源: Th. Monod, Le Ma'aden Ijâfen: une épave caravanière..., *Actes du premier colloque international d'archéologie africaine* (Fort-Lamy, Institut national tchadien pour les sciences humaines, 1969), fig. 55.

因此，我们信任远征小队在大半天里所做的勘察工作，勘察持续了6—8个小时。首先是进行地形测绘。他们把1米多长的标尺插入遗址边缘的沙地中。四个视点面朝方位基点，莫诺在此基础上画出了标尺，不仅可以作为空间指标，同时也是草图的比例尺。寥寥几笔就使小山丘的全景展现在我们眼前，遗址的周围布满了金属条。有些就在小丘山顶的正中间，它们可能是几百年中的助航标志。点状表示沙子。沙丘用透视剖面图表现。空心小圆圈表示贝壳和货贝（cauri*）。然后他们拍了几张照片。那时的照片是银版[1]的。照片取景要广：两张照片展示了遗址的整体状况，固定草图的标尺还留在原地；还有两张巨幅照片拍摄了遗址的金属条和数量众多的货贝。小队还要对遗址进行挖掘。勘探进行得很仓促：从山丘中间向底部挖掘出一米宽的壕沟。壕沟深60厘米，底部30厘米是不含矿的沙石。上面放着六捆金属条，每根长约1米，直径为20多厘米。虽然金属条因腐蚀而相互粘连，但它们都十分完整。四散在表面的金属条同样成捆状。而在它们上面还有一袋袋的贝壳，它们的双壳早已大开。因为小队没有时间做挖掘测绘，所以拍了标尺和壕沟的两张照片。但至少应该画出他们所理解的遗址的原始状态并做简要记录。当然，莫诺记录下了所有的发现：沉积物下沙子的粒度测定结果；两捆金属条的总数量——分别为180块和111块。他们还在壕沟中发现了布条碎片，可能是装运金属和货贝（cauri*）商品所剩的布条，还需要对其进行

---

[1]　法国巴黎一家著名歌剧院的首席布景画家达盖尔于1839年发明了银版摄影法，这是一种利用水银蒸汽对曝光的银盐涂面进行显影作用的方法。——译者注

近距离的检测并画出布条的纹样。挖掘坑中还有不同种类的绳子残段，可能是用来捆绑金属块的，因此也需要把它们一一画出来：种类 A、B、C、D。然后选出需要带回的样品，一定选择轻便的。莫诺最终选了 25 根金属条。首先在实验室中对它们称重，计算出货物的总重量；然后进行观察和测量，推测它们的产地；最后再进行分析，与其他普通矿床的化学成分作对比。一桶货贝（cauri*）重约 4 千克，总计 3220 个标本。在归类之后，我们发现贝壳的主要品种是货贝（Cypraea moneta）。意外的是，来自货物包装上的布条上保留了残余的植物纤维，可以仔细观察这些布条并把它们与其他普通布料比对。这是一种可以测定时间的有机物质。

　　马阿登伊加分的考古沉积物是 5—6 匹骆驼的负重，其货物的目的地是南方。商队携带了大约两千多块黄铜条，重约 1 吨，它们可能是在摩洛哥生产的。货贝则可以在印度洋周围的各个沙滩上找到，但是整个中世纪，人们只在印度西南海岸附近的马尔代夫群岛上采集贝壳并大量出口。它们是伊斯兰国家的两种出口物，撒哈拉对黄铜和货贝有巨大需求。金属条会被熔化并加工成首饰、武器或黄铜器具。非洲西部有很多地方从事这种金属加工：毛里塔尼亚的泰格达乌斯特（参见第 6 章）、塞内加尔的辛提尤巴拉（Sintiou Bara）、尼日尔的马兰德（Marandet）。从中世纪开始，货贝（cauri*）便是整个撒哈拉地区的货币，因此它们在北非商人手上具有很高的交易价值。遗址的位置远远偏离了所有常见的沙漠商路，莫诺认为被遗弃的货物应该是来自从摩洛哥南部或者德拉河或努恩河山谷出发，并去往瓦拉塔的一个沙漠商队。至于遗留货物的情景，他猜测道，"商队扎营过夜；[……] 人们拴住骆驼；日出时分，驼队的人发现他们少了一批牲畜——一些尾随驼队的小偷趁夜里掠走了一些动物，或者他们袭击了驼队，却被赶走了，没偷成。无论如何，商人们遇到了麻烦。[……] 一个解决办法是将一部分货物暂时留在原地"。还有一种猜测，同样也是毫无根据的：骆驼和货物落在了强盗手中，强盗使它们偏离了普通商路，准确来讲，谨慎的城里人——也就是羚羊捕猎者和他们的族类——是不会冒险选择这些路的。无论如何，这个可能不太可靠的事件发生在 11—13 世纪，因为覆盖在货物上的纤维属于这一时期。

今天应当对遗址进行整体挖掘，取出所有遗留物并对它们进行研究，用现代手段对余下货物进行分析，进一步勘探遗址的附近地区。但莫诺的报告就是我们所了解的关于遗址的全部信息了，再也没人找到过这个地方。

参考文献：

关于马佳巴特·阿里－库伯拉（Majâbat al-Koubrâ）地区的博物学与考古学观点（史前时期）可以参考 Jean-Guillaume Bordes, Angel González-Carballo et Robert Vernet (sous la direction de), *La Majâbat al-Koubrâ, nord-ouest du bassin de Taoudeni, Mauritanie. Sismique pétrolière, exploration archéologique* (Luxembourg, Musée national d'Histoire et d'Art, 2010).

莫诺的原始报告出版在 Le "Ma'aden Ijâfen" : une épave caravanière ancienne dans la Majâbat al-Koubrâ, *Actes du premier colloque international d'archéologie africaine* (FortLamy, Institut national tchadien pour les sciences

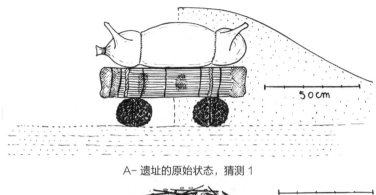

A- 遗址的原始状态，猜测 1

B- 遗址目前的状态：沙地中未经破坏的捆状黄铜层，与"爆裂"的表层（黄铜与货贝）

C- 猜测的货物构成：两层捆状黄铜条，上面放着装袋的货贝

西奥多·莫诺猜测的马阿登伊加分货物的还原图：袋装的货贝（cauri*）放置在成捆的金属条上。由西奥多·莫诺绘制而成。

资料来源：Th. Monod, Le Ma'aden Ijâfen: une épave caravanière..., *Actes du premier colloque international d'archéologie africaine* (Fort-Lamy, Institut national tchadien pour les sciences humaines, 1969), fig. 51.

humaines, 1969), pp. 286-320。莫诺对此次冒险作了其他更简略的叙述。

1964 年 1 月到 2 月失败的沙漠之旅可以参见 Majâbat al-Koubrâ (2ᵉ supplément), *Bulletin de l'Institut français d'Afrique noire*, XXVI , série A, n° 4, 1964, pp. 1393-1402。本次旅程大大丰富了泥土、植物、动物以及新时期考古人类栖居地的研究资料。西奥多·莫诺其后创立了位于达喀尔的黑色非洲法国研究所伊芳（IFAN），该机构进行西非与撒哈拉非洲相关的一切自然科学与考古研究。从马阿登伊加分带回的样品存放在伊芳之中。黄铜条成为后来的研究对象，这一研究归功于 R. Castro, Examen métallographique d'un fragment de baguette de laiton coulé provenant d'une épave caravanière "Ma'aden Ijâfen" , *Bulletin de l'Institut français d'Afrique noire*, XXXVI , série B, n° 3, 1974, pp. 497-410。

根据金属条的包装布条碎片对遗留货物进行了两次年代测定，时间上有交叉部分。本章使用的年代测定是 11—13 世纪，与莫诺测定的年代不同，他认为应该遗留货物应该是 12 世纪初。2011 年，在软件 oxCal v.4.1.7 的帮助下进行了一次重新测定，其结果更加准确，但是时间范围比莫诺的结果更模糊，两次年代测定的差距正源于此。在非洲的撒哈拉沙漠中，马阿登伊加分的金属条只有很少的考古证据或者说考古对等物，不过可以与出土于塔库瑟伊（Takusheyi）的黄铜条进行对比，参见 Detlef Gronenborn (sous la direction de), *Gold, Sklaven & Elfenbein. Mittelalterliche Reiche im Norden Nigerias / Gold, Slaves and Ivory. Medieval Empires in Northern Nigeria* (Mayence, Verlag des Römisch-Germanischen Zentralmuseums, 2011), pp. 76-79, 104-105。

非洲撒哈拉沙漠地区冶铜工业的概述可以参考铜合金的对比研究资料，Laurence GarenneMarot (avec Loïc Hurtel), Le cuivre: approche méthodologique de la métallurgie du cuivre dans les vallées du Niger et au sud du Sahara, *Vallées du Niger* (Paris, Réunion des musées nationaux, 1993), pp. 320-333。

马阿登伊加分遗弃货物大量增长时，塞内加尔河的中部山谷可能是冶铜活动的重要地区，参见 L. Garenne-Marot, Le commerce médiéval du cuivre: la situation dans la Moyenne Vallée du Sénégal d'après les données archéologiques et historiques, *Journal des africanistes*, 65 (2), 1995, pp. 43-56。

11 世纪由马格里布商人引进的货贝（cauri*）成为 14 世纪马里地区货币制度的基础。从 16 世纪开始，这种贝壳成为几内亚湾所有地区的主要货币与计量单位。关于马尔代夫的货贝出口与这种贝壳在中世纪国际贸易中的历史，可以参考 Jan Hogendorn et Marion Johnson (sous la direction de), *The Shell Money of the Slave Trade* (Cambridge, Cambridge University Press, 1986)。关于亚洲的货贝（cauri*）情况，可以参考 Bin Yang, The rise and fall of cowrie shell: the Asiastory, *Journal of World History*, 22 (1), 2011, pp. 1-25。

M. Johnson, The cowrie currency of West Africa, *Journal of African History*, 11 (1), 1970, pp. 17-49 (première partie) et 11 (3), pp. 331-353 (deuxième partie) 中，很大一部分资料与货贝（cauri*）在西非的地位有关。

关于货贝（cauri*）在印度语中的起源，参考 Th. Monod, Autour du mot songay koroni, *Le Sol, la parole et l'écrit. Mélanges en hommage à Raymond Mauny* (Paris, Société française d'histoire d'outre-mer, 1981), t. 1, pp. 283-288。

Josette Rivallain, Monnaies d'Afrique: visions africaines et visions européennes, *Revue numismatique*, 6ᵉ série, t. 157, 2001, pp. 121-130，详细地介绍了非洲货币制度的分类。

瑟杰·罗伯特告诉我他与他的妻子曾在 1976 年乘坐直升机前往遗址，但是失败了。

莫诺在 2000 年去世，小队中其他三个陪同莫诺前往马阿登伊加分的人均去世了。

28. 黄金球

14 世纪的马里帝国

专业人士认为，这是中世纪绘制的最美丽的地图，也是制图历史上最重要的作品之一。这幅由羊皮纸制成的地图是独一无二的，其中有大量图解。1380 年，法国国王查理十世的财产清单中曾提到这个作品：它可能是另一位国王赠送的礼物，一位伊比利亚的国王。地图上注明的日期为 1375 年。它被称为"卡塔兰地图"（atlas catalan）。在现代语境中，一幅"卡塔兰"实际上包括两幅天文和星象的版画，以及四张标注航海和地理信息的地图。其中一幅包含所谓的西地中海地区，以及从北海到尼日尔河岸的大陆地区。这个世界辐射至巴利阿里群岛[1]的主要岛屿马略卡岛（Majorque）的周边地区，该岛的辐射范围甚至更远。第二幅地图紧接着第一幅地图将整个环地中海世界补充完整。

---

[1] 巴利阿里群岛（les Baléares），地中海西部群岛，西班牙的一个自治区和省份。——译者注

最吸引人的是最鲜艳的地方——地图底部，这里是非洲。在西边，一个颌下戴着面纱的白人骑在一个动物上，可能是一匹骆驼，虽然制图者未必见过骆驼。骑骆驼的是一个柏柏尔游牧人。在东边，另一个身着靛青色的白人头上系着头巾，手上拿着一把弯形长刀，他是欧尔加纳（Organa）的国王，欧尔加纳可能是今阿尔及利亚的城市瓦尔格拉（Ouargla）。两人的视线交汇于位于两者之间的人。他正坐在王位上，脸侧向一边。他的皮肤是黑色的，鬓须修剪得当，小臂与脚裸露在外，穿着金色的宽大衣衫，头戴金冠，一只手拿着百合花的权杖，另一只手拿着一个黄金球。他举起这只球，仿佛要给世人观看。

国王统治的地区名叫几尼亚（Ginyia）。地图中，国王被四个地名簇拥着：塔加扎（Tagaza，参见第 25 章）、廷巴克图（Tonbuch）、加奥（Gougou）以及位于阿尔及利亚图瓦特绿洲之中的布达（Buda）。偏左的两个地名也是国王的领地，虽然领地级别不同：苏丹（Sudam，源于阿拉伯语的"Sûdân"，指黑色人种）和马里（Melly）。图上配有一段说明文字，（用加泰罗尼亚语）写道："这位黑人君主名为穆萨马里（Musse Melly），是几内亚的黑人国王。他的领地中有大量黄金，因此他是这里最为富裕尊贵的君主。"

不能尽信地图上的所有细节，王冠和权杖是欧洲皇权的明显象征，它们出现在地图中是为了表明这位君主位高权重。几尼亚或几内亚（Gineua）这个名字的来源不明，葡萄牙人走上西非的大西洋之路时它更名为几内亚（Ginée）。君主的姿势以及两侧伴有靠垫的王座让人不禁想到年代更早的一幅地图——安琪利诺·杜尔塞尔特（Angelino Dulcert）的那幅地图，它与卡塔兰地图一样，都在马略卡岛上制作而成。但这幅地图制作于1339年，比卡塔兰地图早了几十年。这幅地图第一次提到了"雷克斯马里"（rex Melly，拉丁语），意为马里的国王，但在这幅地图中他头上系着头巾，食指朝天，意味着他是一位"伊斯兰国王"，这幅地图已明确表明他拥有数量众多的金矿。在与撒哈拉地区有关的信息方面，卡塔拉的第二幅地图与第一幅地图很相似，图上也出现了统治者的名字——穆萨，虽然在时间上不一致，因为穆萨于1337年去世。这一点不由得让我们想到卡塔兰地图中的非洲部分可以对今天遗失的地图进行补充，那是人们未曾见过的地图。但那幅应该与1339年的地图很接近，同时还包括1375年的地图上出现的信息。那幅地图上会提到马里统治者，国王的造型与其他两个作品别无二致，还会提到国王的名字与国内的城市名称，也许地图上已经出现了黄金球。

人们通常把佚名作品卡塔兰地图归功于两位马略卡岛的犹太地图师，一对父子，亚伯拉罕（Abraham）的儿子克列斯克（Cresques），以及克列斯克的儿子雅富达（Jafuda 或 Yehuda）。众所周知，他们两人在这个时期绘制地图。但是论据还不够充分。不过无论地图的作者是谁，仍有充分理由相信地图是在马略卡岛制作的，而且地图上的信息是犹太人搜集的，马略卡岛是14世纪中期西欧生产地图的大本营。第一个理由便是，从1229年开始，即巴利阿里群岛被伊斯兰教徒攻克的那一年，马略卡岛成为地中

海西部重要的商业十字路口。因此，纷繁的信息随商人一起涌向
巴尔玛（Palma）。犹太商人数量众多，举足轻重，他们在阿拉贡
统治者的请求下定居此地，统治者们毫不犹豫地给予他们特权。
这些激励举措的主要目标是马格里布地区的犹太人：征服者说，
1247年，国王雅克一世邀请西吉尔马萨（参见第16章）的犹太
人萨洛蒙·本·阿马尔（Salomon ben Ammar）以及他所有的教友
前来马略卡和加泰罗尼亚大陆定居。在穆瓦希德政权数十年的迫
害下，宗教庇护的提议对犹太人团体来说无疑令人心动。阿拉贡
的统治者当然会对此感兴趣——他们只想吸引犹太人及其古老的
商业网，毫无疑问，他们希望通过损害一直以来独占上风的马格
里布商业市场以截取利润。国王对西吉尔马萨团体的特别邀请明
显表明他希望改变跨撒哈拉沙漠贸易商道线路——无论他承认与
否。仅在马略卡岛地图出现的一个世纪之后，整个西方世界第一
次在地图上浮现出一条商业城市链，从西吉尔马萨的北非大城市，
途经塔加扎，一直到马里帝国。那里有一位手握黄金球的君主宣
告他的成功。

　　如果说关于穆萨国王的马里帝国的一些信息是犹太人收集的，
而这些犹太人固定往来于马格里布和地中海西部的贸易路线，所
以这些信息有时也可能来自源头，也就是来自那些穿越撒哈拉沙
漠的北非商人。卡塔兰地图上廷巴克图的符号可能正是如此，这
次铅版印刷时没有使用圆形环状——非洲这一地区所有伊斯兰地
区的标志。这里的图案是一个造型独特的建筑物，一个四方形的
房屋，上面排列着穹顶。奇特的造型引起我们的注意，带来似曾

相识的感觉。它展现的实际上是该城市的传统建筑。格尔那丁（Grenadin）问到，这个建筑是廷巴克图用班阔（banco*）建造的津加里贝尔（Djinguereber）大清真寺吗？这座清真寺归功于安达卢西亚的建筑师兼诗人阿布·伊夏克·厄尔－萨赫里（Abû Ishâq al-Sâhilî），而且它被确定是穆萨的统治期内马里的传统建筑。除此之外，人们几乎对这座早期建筑物一无所知，所谓"传统"也许根本不是起源于本地，而是从阿拉伯古代资料中汲取灵感。也许是在伊本·白图泰的文集中得到的灵感，他记录到他在1353年曾经参观过位于廷巴克图的这一建筑遗迹。伊本·赫勒顿（Ibn Khaldûn）的文集中也曾提到过。1387年，他在红海海岸的某处遇到过阿布·伊夏克，并从其口中得知这位建筑师1346年过世的祖父在1324年曾在麦加遇见了马里国王。祖父陪伴国王一直到他的国家，并建造了"拱顶方形建筑"，"能工巧匠为其刷上 [……] 石灰并 [……] 饰以彩色阿拉伯花纹"。作者写道，这个国家过去没有建筑传统，大清真寺华美非常，因此它的建筑师获得了一笔巨大的赏金——整整一万密斯卡尔（mithqâl*）黄金。我们不知道卡塔兰地图中位于廷巴克图名字旁边的建筑图形是不是一座清真寺，但我们能够发现一个巧合，那就是14世纪的众多阿拉伯古代资料指出，与廷巴克图相关的建筑传统得到迅速发展。

我们是否应该惊讶于非洲国家的一座建筑物这种精确的信息能传到巴利阿里群岛的制图作坊中吗，或者说这一信息的流传花了好几十年？都不是。穆萨国王的名声渐广，并在14世纪传遍了大街小巷。穆萨以及他的随从在开罗、伊斯兰圣地的朝圣之路，以及他们旅居阿拉伯半岛的故事深深地体现了这一点。人们直到半个世纪之后还在谈论这些故事。正好与卡尔塔地图同一时期的一位埃及作者记录道："穆萨·伊本·阿布·伯克尔国王（Mûsâ ibn Abû Bakr）[在 1324 年] 到达埃及境内，前来朝拜安拉的古老寺庙并拜访世人敬仰的先知 [穆罕默德] 之墓。穆萨是一位年轻男子，浅黑色的皮肤，面容英俊，风度翩翩。[……] 他在一群衣着华丽的骑着马的士兵之中，随行人员超过 1 万民众。[他带着] 精美万分、华丽非常的礼物和馈赠。人们说他的领土的长度是走 3 年的路程，而且还有 14 个属地，其中有国王和统治者。"

　　聪慧、虔诚、富裕，这是马里统治者留给开罗的印象。朝圣后的 25 年间，埃及关于马里素丹朝圣的史料数不胜数。阿尔·尤马里记录道："在我第一次前往开罗并在这座城市中停留时，我听说穆萨素丹因朝圣前来此地。我看到开罗当地群众在提到这些人奢侈挥霍时兴奋不已。"还有一位收集史料的传记作者，当时的米赫曼达尔（Mihmandâr），即在埃及素丹宫廷中负责陪同外国使团的马穆鲁克官员，他这样描绘马里的统治者："他身份尊贵，生活奢华，信仰宗教。[……] 当我代表纳西尔丁·穆罕默德[1]同他见面时，他用最周到的方式迎接我，并用最细致入微的礼遇对待我。[……] 随后，他赠送数担纯金的素丹财宝。[……]"王子宫廷内侍的儿子这样记录道："他高贵而大方，慷慨施舍、善行无数。他带着 100 头骆驼负载的黄金离开马里。穆萨在朝圣路上的任何地方

---

[1]　纳西尔丁·穆罕默德（al-Malik al-Nâsir），埃及马穆鲁克王朝的哈里发，第三次在位时间为 1309—1340 年。——译者注

都挥霍黄金，无论是在马里到开罗之间经过的部落中、开罗还是开罗与汉志 [Hijâz，阿拉伯半岛西部容纳伊斯兰圣地的地区] 之间，在去程和回程的路上都在挥霍黄金，以致最后需要向开罗借钱。他以高昂的利润作担保，向商人们借债。"花销、馈赠、借债的利息都相当高昂：穆萨的慷慨显露出一种类似美德的超脱情怀，即便一些人认为他天真得过分。但我们记得最清楚的是那些涌入开罗城的黄金：马里的素丹在定期的宗教典礼上用黄金做交易；穆萨的队伍在城中游行，他们的武器上镶嵌着黄金，衣服也用黄金纹绣；黄金还在官员手中来回轮转。这位米赫曼达尔还说："这个男人的慷慨大方如海水般涌向开罗全城：他没有为埃米尔——马里素丹的近亲或者出任素丹的人——剩下一丁点黄金。开罗人通过交易和馈赠从他和他的随行人员身上获取了不计其数的好处。[这些人] 大肆挥霍黄金导致开罗的黄金贬值，金价下跌。"12 年后，阿尔·尤马里进一步解释道："[在穆萨素丹] 到来之前，开罗的金价很高。一密斯卡尔 [即第纳尔] 至少值二十五迪尔汗，金价长期呈上涨趋势。但是从那天起，黄金贬值，金价下降。金价一直下跌到不超过二十二迪尔汗甚至更低。因为 [……] 大量 [穆萨素丹所带的] 黄金涌入埃及并在此流通。"用现代的术语来说，那时处于典型的金银复本位制。两种货币价值不同，同银币相比，金币持续急剧贬值（超过 10%），正是因为市场上突然出现了大量黄色金属。穆萨一行人所留下的金光闪闪的回忆浓缩在卡塔兰地图上黑人国王举起的黄金球之中。

　　人们过去经常说穆萨素丹手中的黄金球是金块的符号。但是却没有问过为什么。通过举起金块展示一个黄金丰富的国家的强大经济实力是正常的，因为金矿能对广阔的地中海周边国家产生巨大吸引力，无论它们是伊斯兰国家还是基督教国家。但是被握在国王手掌中并被展示给世人的金球与权杖和金皇冠一起出现，但后两者仅仅是域外国王的象征，难道黄金球除了象征财富之外没有其他价值吗？我们或许可以在史学家伊本·赫勒敦的《殷鉴书》[1]中找到答案，作者从1375年开始编订此书，并持续了30年，它与卡塔兰地图处于同一时期或稍晚一点：马里国王马里·加塔二世（Mârî Djâta Ⅱ）于1373年去世。这位君主名声不好："[他]毁掉了王国，散尽钱财，王朝被置于岌岌可危的境地。""他铺张浪费，大肆挥霍钱财。"伊本·赫勒敦转述一位可信的加奥法官的话，"他卖掉了从他父亲那里继承而来的王室珍宝——黄金球"。黄金球重达二十坎塔尔[阿拉伯语中"quintal"一词，相当于50千克]，在矿地中被发现时就是纯金状态。因黄金球极为罕见，因此被视为最珍贵的宝物，是无价之宝。马里·加塔二世，这位挥霍成性的国王把它卖给经常往来马里的生意人。他荒淫无度[……]突发奇想地贱卖了这一宝物。

如果我们相信金块的存在，并忽略它的重量仍然把它叫作金块的话，那么根据几百年前众多作家的观点，这个金块是加纳（参见第8章）统治者的那个金块吗？我们无法确定。但实际上，也许在加纳成为马里帝国的属地时，这一王室象征便成了封建君主

---

[1]《殷鉴书》全称为《阿拉伯人、波斯人、柏柏尔人历史的殷鉴和原委》。——译者注

的宝物。无论如何，黄金球在挥霍无度的马里·加塔二世的父亲——马格汉一世（Mâghâ Ier）时就已经是马里的宝物了。马格汉一世在穆萨之后迅速继承了他的统治。因此，我们认为那时黄金球属于穆萨便无可厚非。

参考文献：

卡塔兰地图保存在法国国家图书馆中，编号为 Ms Esp. 30。地图有许多个版本，其中三个复制品值得注意：第一个是尤素福·卡玛尔（Youssouf Kamal）王子奢侈且无比珍贵的收藏品之一，*Monumenta cartographica Africae et Aegypti* (Leide, imprimé pour l'auteur, 1926—1951, 5 tomes en 16 fascicules), 本章地图参考 t. IV – *Époque des portulans, suivie par l'époque des découvertes*, folios 1301-1303；第二个是 Georges Grosjean, *Mapamundi. The Catalan atlas of the year 1375* (Zurich, Urs Graf Verlag, 1978)；最后一个是 *Mapamundi del año 1375 de Cresques Abraham y Jafuda Cresques* (Barcelone, Ebrisa, 1983)。

本章开篇的评论来自托尼·坎贝尔（Tony Campbell）对引用最多的 G. 格罗让（G. Grosjean）作品的评论开头部分，参见 *Imago Mundi*, 33 (1981), pp. 115-116。在同一本书评中，她还提到了地图的分配问题。

Yoro K. Fall, *L'Afrique à la naissance de la cartographie moderne* (Paris, Karthala, 1982)，作者将卡塔兰的非洲部分与 14、15 世纪的其他地图一起进行研究，尤其是安琪利诺·杜尔塞尔特地图。

本章引用的地图上的文本与地理名称参考的是：J.A.C. Buchon et J. Tastu, *Notice d'un atlas en langue catalane, manuscrit de l'an 1375 conservé parmi les manuscrits de la Bibliothèque royale sous le numéro 6816* (Paris, Imprimerie royale, 1839) 这一版本，该版本有时根据制图专家进行纠正。

关于当时马略卡岛的制图业发展情况，参考 Gonzalo de Reparaz Ruiz, L'activité maritime et commerciale du royaume d'Aragon au XIIIe siècle et son influence sur le développement de l'école cartographique de Majorque, *Bulletin hispanique*, 49 (3-4), 1947, pp. 422-451。

Michel Abitbol, Juifs maghrébins et commerce transsaharien du VIIIe au XVe siècle, *Le Sol, la parole et l'écrit. Mélanges en hommage à Raymond Mauny* (Paris, Société française d'histoire d'outre-mer, 1981, Vol.2), Vol. II, pp. 561-577 这篇文章讲述了马格里布犹太团体以及他们与黄金贸易关系的历史。Nehemia Levtzion, The Jews of Sijilmasa and the Saharan trade, dans M. Abitbol (sous la direction de), *Communautés juives des marges sahariennes du Maghreb* (Jérusalem, Institut Ben Zvi, 1982), pp. 253-264 这篇文章则认为现有资料证明不存这样的团体。这两位作者还提到了西吉尔马萨与马略卡岛的关系。

伊本·白图泰关于廷巴图克的描述参见 Paule Charles-Dominique, *Voyageurs arabes* (Paris, Gallimard, 1995), pp. 1042-1043。

伊本·赫勒顿关于阿布·伊夏克和马里·加塔的描述参见 Joseph Cuoq, *Recueil des sources arabes* (Paris, Éditions du CNRS, 1985), pp. 346-349 et 480-481。在 1376 年至 1377 年之前写作的埃及作者巴达尔·阿里-丁·阿里-哈拉比（Badr al-Dîn al-Halabî）的引文来自同一本书的第 327—328 页，阿尔·尤马里的摘录来自第 275—276 页、第 278—279 页。

廷巴图克津加里贝尔大清真寺的最新考古资料还未发表，本次考古行动由贝特朗·普瓦索尼埃（Bertrand Poissonnier）带领，证明了大清真寺的考古地层与 14 世纪初的文化建筑一致。值得一提的是生泥［即班阔（banco*）］建筑被暴雨完全毁坏，因此进入了长期的整修阶段以及几乎是完完全全的改造期。

雷蒙德·莫尼在其关于廷巴克图的简短考古名录中，Notes d'archéologie sur Tombouctou, *Bulletin de l'Institut français d'Afrique noire,* T.

XIV , n°3, 1952, pp. 899-918 恰如其分地写道："我们谈到的建筑基本上是 '原型' 的第三个或者第四个 '版本'。我们完全不知道它们与最初的建筑 究竟有几分相似。"

　　John O. Hunwick, An Andalusian in Mali. A contribution to the biography of Abū Ishāq al-Sāhilī, c. 1290-1346, *Paideuma*, 36, 1990, pp. 59-66 讲述了建筑 家的大概生平。但是也可以参考 Suzan B. Aradeon, Al-Sahili: The historian's myth of architectural technology transfer from North Africa, *Journal des africanistes*, 59 (1-2), 1989, pp. 99-131 中的批判观点，他认为可能是安达卢 西亚诗人将 "建筑" 带到了撒哈拉沙漠地区，该地区忽略了建筑的实用性 与技术。

29. 国王的诏令
1352 年 6 月到 1353 年 2 月的帝国之都马里城

66 马里的素丹是曼萨·苏莱曼（Mansâ Sulaymân），曼萨意为'素
丹'，苏莱曼是他的名字。他是个吝啬成性的、没有多大指
望的素丹。"伊本·白图泰用短短几句话描述了他游历期间当政的
君主。一天，有人通知他君主给他赏赐，应该是衣服和赠礼。所
以他跟随信使："我满以为赏赐的是华袍贵服和金银钱财，结果却
看到三张烤面饼、一块用额尔蒂（乳木果油，参见 karité*）煎的
牛肉和一葫芦满满当当的凝奶。看到这一切的时候，我不禁笑了，
对他们见识太少，对细微什物过分重视惊奇不已。"

伊本·白图泰几乎一生或者说 20 年间，都充当着伊斯兰世界
的素丹统治者或者宗教名流的食客，但难以得到满足。每到一个
地方，他就求这些人予他食宿。伊本·白图泰于 1303 年出生在位
于直布罗陀海峡的丹吉尔（Tanger），他游历过伊斯兰世界大部分
地区，并数次前往麦加；也曾在印度待过几年，住在德里素丹的

宫廷中；还去过马尔代夫群岛，在那里担任过法官。如果他旅行的野心不在于游历整个伊斯兰世界，那么他至少期望能在游记中描绘出整个伊斯兰世界。伊本·白图泰想要——展现当时所有的名迹与强国，这个百科全书式的计划是如此宏大，因此他可能需要对事实做一些改动。所以我们便会怀疑白图泰的中国之旅、伏尔加河与东非的经历是否真实。甚至对马里的旅程也会心生疑惑：对于长达 8 个月的旅居来说，他对马里的刻画略显单薄。其中缺少了最不应当缺少的部分：日常生活、气候、玩乐、邻近的村落、妇女等。我们在其中找到了所有应当找到的东西，而且只有这些：对素丹统治者品行的刻画、贵族的名册、法规、盛典及其观众。但是我们不应当从游记中的一些不确定因素推导出马里之旅的不可能性，也不能从马里之旅的不可能性推导出整个游记都是谎言。旅程的记录略显不足可能还有其他原因，不仅是经历不足这个原因；因为可以用其他资料补充不够充足的经历。那么我们假设伊本·白图泰所记录的都是他的亲身经历。

伊本·白图泰没费太多笔墨为我们描述从毛里塔尼亚南部的瓦拉塔（参见第 26 章）到马里都城的路线。我们只知道应该一直向南走。"路边的树非常高大，仅仅其中的一棵树就能完全挡住一匹骆驼。"这自然是猴面包树——稀树莽原中极具特色的树木轮廓。在资料中我们还能辨认出乳油木（karité*），人们从这种树的果实中提取果油，用来油炸食物，伊本·白图泰告诉我们果油还能做成油膏，用来涂抹房屋。他们走过数个食物充足的小镇。十天之后便到了一个大城镇——杂额雷村（Zâghari），这里聚居着来自万加拉（参见第 17 章）的黑人商人和一些白人，他们也是穆斯林，但属于不同教派，还有哈瓦利吉派（参见第 5 章）。随后他们来到喀尔赛胡镇（Kârsakhu），它位于流向廷巴克图的"大江"旁边，"大江"就是尼日尔河。随后眼前出现了另一条需要跨越的河流——算绥莱河（Sansara）。然后就进入了马里城，"黑人国家君主的都城"。整个行程需快走 20 天。问题是除出发地瓦拉塔以外，我们不认识其他任何一个地名。

游记成名后，人们经常通过地图和罗盘推演。从瓦拉塔行走 20 天，根据更为准确的西南或东南方向、穿过的河流，或快或慢的脚程，当然还需要根据都城曾经最合适的位置，最终，根据相近的地名所判定的位置，我们认为中世纪马里的都城可能位于尼亚尼（Niani）小镇，今几内亚科纳克里[1]的东边；或者是今冈比亚上河区附近名叫马里的城镇；或是尼日尔西部，今马里境内巴马科（Bamako）尼亚米纳之间的某处。我们猜测的三个地点分布于当今的三个国家。我们可以将这个难题解释为马里帝国不同时期的都城不一样，或是同一时期有多个都城，这种猜测是有根据的，但还不足以说明伊本·白图泰所言为实。三个猜测地划定了一块长 800 千米、宽 400 千米的区域，这一点具有重要意义。如果我们只有一位 10 世纪安达卢西亚旅行者的文字来判定亚琛（Aix-la-Chapelle）、艾克斯莱班（Aix-les-Bains）、亚桑蒲坊（Aix-en-Provence）三者之间卡洛琳王朝都城的位置，我们不会有

---

[1]　科纳克里（Conakry），几内亚首都，位于几内亚西南沿海，大西洋东侧，是全国最大城市和最大海港。——译者注

一张完全不同的欧洲地图。

如果说马里都城的位置尚有疑问，但空间构造则有迹可循。根据伊本·白图泰对他参加的不同仪式与节日的描述，这些场合为他描写宫廷提供了丰富的题材，我们至少可以尝试还原其建筑结构。

我们首先会发现——更准确地说，我们会看见一座宫殿。进入宫殿只有皇室的人和在宫殿服侍的男男女女，伊本·白图泰对他们的相貌只字未提。宫殿应该是一个建筑群，围墙众多，串状的房屋形成院落，有些是国王、王室家族和官吏的住处，有些是皇室的办事处，还有些是宗教建筑。这个宏大建筑群可能是用班阔（banco*）修建的。建筑群的一角有一个拱形建筑。它可能是25年前建造的，也就是在苏雷曼的哥哥——曼萨穆萨（参见第28章）当政期间。伊本·白图泰只提到这是一个有穹顶的独立房间。它看起来只有一个门，通至内宫。房间外面只开了窗户，外面是一片叫作马斯赫瓦尔（mashwâr）的空地，马斯赫瓦尔是阿拉伯词汇，指北非地区举行公开仪式的地方。外墙的装饰引人注目，包括三个木质边框窗户构成的两组装饰，内部镀金。这些窗户上挂着毡幔，幔帘低垂。书中没有对马斯赫瓦尔进行描述，但根据在这里举行的活动及其过程，可以看出空地一直铺陈到拱形建筑之前。其四周可能是封闭的。马斯赫瓦尔的正门对称地位于拱形建筑对面。空地外面延伸出两旁栽着树木的道路。我们知道在同样的街区，完全可能还有一个清真寺位于宫殿和马斯赫瓦尔的正门口。

伊本·白图泰在马里参加了许多仪式，他把其中很多次称为觐见。但严格来讲，只有在拱形建筑中的会见才有资格称得上是觐见。这一天，"素丹坐定于拱形建筑内，人们就从[拱门的]窗内挑出一根绶带，上面系着一条埃及花格手帕。人们见到手帕便击鼓鸣号"。这是伊本·白图泰与其他城中居民坐在马斯赫瓦尔内所观察到的某次具体诏令，他耳中时不时就会传来象征着各种行为的鸣号。三百个手持武器的人从宫门中走出，有的手执弓箭，有的手执短矛或盾牌，分左右站立在广场上。他们是宫内侍卫，均为奴隶。继而牵来两匹鞍鞯齐备的马和两只绵羊，宣召素丹的代表，从字面意义上来看即为"代表"素丹的人，某种意义上来说是他的替角。这是国王到达的标志性场景。穆斯林长官和穆斯林宗教人士——即"国内"贵族相继到来。军兵站在马斯赫瓦尔外面，或骑着马，每位长官后面是他们的随从。他们佩戴着"弓矛与鼓号，号角是用象牙制造的，乐器用苇管葫芦制成，人们用小棒击打乐器，它的声音悠扬动听。"那里还站着一批宦官和外国人。一位身着奇装异服的人站在大厅门前，伊本·白图泰在刚到马里时就见过他，并指明他是翻译，他的名字叫作东额（Dûghâ）。"那天他穿着华丽的[丝绸做的]衣服，头戴精致的绣边缠头，佩戴着一把金鞘宝刀，脚穿带马刺的靴子。这一天只有他穿了靴子，手中拿着一双短矛，一把是金的，一把是银的，而矛头是铁做的。"

朝见就这样开始了。游记中著有一例素丹议政的简单过程，我们不知具体是议定的事务，但我们知道过程如何：他换上破烂不堪的衣服，揭开衣服再匍匐上前。素丹回答他时，他双膝跪地。

素丹说完话，他就抓一把尘土扬在自己的头上和背上。然后是一位地位更高的人，他吹嘘自己的功绩，如果有人证实他所言为实，便拨动身前的弓弦。素丹讲话的时候，所有人必须摘下缠头。这一例是一个远道而来的法学家为一起不公正事件请求公断。他很有智慧。他说蝗虫侵袭了国家，人们派了一位圣人乌理玛去蝗虫那儿看，蝗虫对圣人说："由于那里暴政肆行，安拉就派我们毁掉庄稼"。无人敢说一句话，但是人们会怪罪蝗虫吗？

马里的朝见的空间安排和过程表现出有趣的一面：人们看不见国王。首先要知道一直到 19 世纪、20 世纪，这种行为在许多非洲王室中都很常见，尤其是在撒哈拉地区。这是神圣王权的一种表现，不过不能太早下定论。因为素丹并不是从不出现在众人眼前，他也不是不在场，与此相反，他无时无刻都在场，以遮挡身体的"国王"方式在场。在马里，无数种方式可以肯定国王的出现：窗户前的绶带、方格样式的手帕、音乐、他的替角、王室的动物以及一切表现出对国王谦卑的礼节。这不是一种神圣王权，而是对王权的肯定，通过国王复杂的在场形式，同时还刻画出国王的政治形态，这种政治形态放大了神圣王权化为肉身所减弱的部分。

然而，国王并不是始终都是无形的。民众能在另一些公开仪式上见到国王。他每周五会与信徒一起前往清真寺祈祷。而在众多其他场合上，无论是穆斯林还是非穆斯林，是达官显贵还是平民百姓，是志得意满还是愤愤不平的人都能在国王行使权力时见到他。但只有在他处于同胞视线之外行使最高权力的觐见时刻。这些时候，口头交流的不对等补充了眼神交流的不对等，口头交流即国王的诏令，用来回复或谦卑或克制或讽刺的进言，而且诏令以完全公开的方式下达给每一个人，无论他是平头百姓还是国内权贵。这不是对话，更不是议事，而一种奇怪的传话机制。让我们凑近来看：人们不能直接与素丹对话，而是通过站在拱形建筑窗户下的人，他把外面的事件和请求传达给素丹，再将素丹的回复传向马斯赫瓦尔方向，高官组成的内阁就站在马斯赫瓦尔后面。应该把这个人叫作发言人——向公众宣读诏令的差役吗？不是他，但发言人是关键人物。这个人是东额，伊本·白图泰把他叫作翻译，因为此人会说马林克语和阿拉伯语，因此他可以承担两种语言的翻译，但他的重要性更是因为他把外面的请求告诉素丹再将国王的决定传达回来。东额站在正门前——这个把马斯赫瓦尔与街道分开的政治入口——聆听抱怨与不满。伊本·白图泰说："凡有启奏者，需向翻译面谈，东额转告[站在窗户前的]站立者，该站立者再报告给素丹。"即便在此时此刻的启奏是关乎政治的，国王的诏令依旧需要被大声宣读。

　　没有秘密，没有嗫嚅小声的请求，没有偏心的建议。国王坐朝时审判、嘉奖、决议，总而言之，国王当政时，有的只是东额公开发布的请求与决议。在某种程度上，东额是国王诏令的使者。而此时此刻，国王——权力之源——必须保持沉默、幻化无形。

参考文献：

　　伊本·白图泰的记述有多个版本。阿拉伯语原文和法语译文参考
Charles Defrémery et Beniamino Raffaelo Sanguinetti, *Voyages d'Ibn Batoutah*

(Paris, Imprimerie nationale, 1853—1859), 5 tomes en 4 volumes。其中一次再版中有文森特·蒙泰尔撰写的前言和注解 (Paris, Anthropos, 1968)。所有的翻译版本都是从阿拉伯语翻译的。本章引用的是 Charles-Dominique, *Voyageurs arabes* (Paris, Gallimard, 1995)，pp. 1028-1037。

关于伊本·白图泰的旅行以及人们抱有的怀疑，比如最常见的行文逻辑，可以参见贝特朗·席茨和我本人对该话题的研究文章：Voyage aux frontières du monde. Topologie, narration et jeux de miroir dans la Rihla de Ibn Battûta, *Afrique & Histoire*, 1, 2003, pp. 75-122。

关于伊本·白图泰旅行的意图，参考 Gabriel Martinez-Gros, Les merveilles, les rois et les savants: le voyage d'Ibn Battûta, dans Henri Bresc et Emmanuelle Tixier du Mesnil (sous la direction de), *Géographes et voyageurs au Moyen Âge* (Nanterre, Presses universitaires de Paris-Ouest, 2010), pp. 225-252。

John O. Hunwick, The mid-fourteenth century capital of Mali, *Journal of African History*, 14 (2), 1973, pp. 195-206 一文认为伊本·白图泰所描写的都城位于今天马里的巴马科与尼亚米纳之间，这是该话题最新猜测。虽然文章年代较为久远，但我们认为这是目前的研究情况。需要指出的是目前为止当地没有任何一项发现可以证明这一猜想。

由波兰人与几内亚人组成的队伍对几内亚科纳克里地区的尼亚尼（Niani）遗址进行了考察，参见 Władysław Filipowiak, *Études archéologiques sur la capitale médiévale du Mali* (Szczecin, Muzeum Narodowe, 1979)。关于该遗址其他需要关注的资料可以参见我的文章，La correspondance entre Raymond Mauny et Wladyslaw Filipowiak au sujet de la fouille de Niani (Guinée), capitale supposée de l'empire médiéval du Mali, *Les ruses de l'historien. Essais d'Afrique et d'ailleurs en hommage à Jean Boulègue* (Paris, à paraître)。

10 世纪的欧洲地图被认为是一位伊斯兰商人提供的信息，实际上是一位安达卢西亚犹太人。把地名 AQSH 认作是 Aix 产生了一些疑虑。关于这两个话题可以参考 André Miquel, L'Europe occidentale dans la relation arabe d'Ibrâhim b. Ya'qûb (Xe s.), *Annales. Économies, sociétés, civilisations*, 21 (5), 1966, pp. 1048-1064。

对国王隐藏身体的思考受到这篇文章的启发: Jean Bazin, Le roi sans visage, *À visage découvert, catalogue d'exposition* (Jouy-en-Josas, Fondation Cartier, 1992), pp. 103-111, 再版于 J. Bazin, *Des clous dans la Joconde. L'anthropologie autrement* (Toulouse, Anacharsis, 2008), pp. 252-269。

30. 阿比西尼亚的阉割黑奴贸易　敌人间的和解

1340 年前后的埃塞俄比亚和索马里兰

阿姆哈拉（Amhara）的统治者通常被称为埃塞俄比亚的尼格斯。[1] 在统治阿比西尼亚地区的所有国王中，根据家族继承权，他可能在过去统治着周边的国王。阿姆哈拉的国王信奉基督教，而周边的一些国王则信奉伊斯兰教。对埃塞俄比亚国王来说，这一情况在表面上看起来很和睦。埃塞俄比亚众多手抄本用吉兹语记载了阿姆达·赛永（Amda Seyon, 1314—1344）与伊法特苏丹国组织的（伊斯兰教的）"异教徒"联盟战争。手抄本中写道，这位名叫撒布拉丁（Sabraddin）的素丹狂妄自大，转而攻击基督教国王，并宣称："我将成为埃塞俄比亚每一片土地的国王，我要用我的宗教统领基督教徒，踏平所有教堂。"袭击、战斗、部分地区沦陷、佩戴刀剑的敌人列队奔走，然后是背叛与激烈的正面交

---

[1]　尼格斯（negus），埃塞俄比亚皇帝的尊号。——译者注

锋——阿姆达·赛永这场战争记载的是埃塞俄比亚帝国国土、政治、宗教的"一体化"的一次无法阻挡的进程。

　　如果我们只能相信基督教王室在纪念碑上所记载的内容，而这一纪念碑可能位于喜欢指手画脚、不服管教的基督徒聚居地，那么我们便会难以理解时而联盟的阿比西尼亚伊斯兰属国为什么会长期存在。阿姆达·赛永的胜利不仅仅是从基督教的观点阐述基督教与伊斯兰教的关系，同时也是一种宣传手段，为了宣传国王征战的意义和他作为福音传教士的先驱角色。从此以后，当撒布拉丁用腹语下达命令时，圣战的记载被赋予了怎样的信仰？

　　同一时期的其他资料记录了另一方的观点，这在非洲历史中极为少见。因此，我们可以像使用正反打镜头一样，更加清晰地勾勒出 1340 年左右伊斯兰教与基督教战争的特点。

　　我们的资料来自埃及马穆鲁克王朝的旧臣阿尔·尤马里，他在失宠之后被遣返回了大马士革。他回忆说，1340 年左右伊斯兰教的身份尊贵的使者团来自现在位于索马里兰境内的塞拉港（参见第 14 章）——那时是伊法特（Ifât）苏丹国的首都，他们一行人带着古怪的外交任务来到开罗。他写道："智慧的法学家阿布德·安拉·额兹－泽莱（Abd Allah ez-Zeilâi）在开罗素丹皇宫前主动进行调解，那时阿姆哈拉国王的一个使臣让基督科普特教教堂的教长[1]写一封信，禁止国王在伊斯兰国家大肆掠夺，抢走教堂内的圣物。使臣下达命令后，教长写了一封雄辩而有说服力的

---

[1]　教长（Patriarche），或译为族长。——译者注

信，批判国王的行径同时禁止所有人再行劫掠之事。他所做的劝告十分完美，但洗劫教堂在那时的确是常有的事。"实际上，埃及教堂的主教是东正教大主教，由亚历山大科普特正教会教长任命，是伊斯兰国家的国民。因此，埃塞俄比亚的基督教国王最终只能通过一位国外的穆斯林素丹委派其教堂的主教（参见第 4 章）。阿比西尼亚的伊斯兰教徒心里懂得其中的缘由，他们利用这位基督教使臣的信件加快派遣自己的使团前往埃及，并在素丹的压迫下，得到教长写给埃及国王的禁令。

实际上，阿比西尼亚地区宗教团体之间的圣战比阿姆达·赛永的行为更加温和，这一点不需要此次外交事件来证明。阿尔·尤马里提到阿比西尼亚有七个伊斯兰国家，"他们的国家政治结构脆弱，而且很贫穷"，塞拉的谢赫则为"他们的脆弱和分散的权力"感到遗憾。但他还提到更没有争议的一点，那就是这些伊斯兰国家与基督教国家相邻，共享同样的文化基础。中世纪的阿比西尼亚人食用当地的谷物——苔麸，他们吃生肉，生产黄油和蜂蜜，而且还嚼用巧茶[1]的芽尖，这一种令人兴奋和愉悦的作物；他们都讲阿姆哈拉语，用埃塞俄比亚字母进行书写。他们在当今埃塞俄比亚的高原北部相遇。文化同源的伊斯兰教与基督教可能并不是天生的敌人。而且，除清真寺与教堂针对"异教徒"的报复性宣传，一切都表明，16 世纪毁灭性宗教战争到来之前，基督教徒与伊斯兰教徒是历史与未来的共同体。因此双方改变了策略：为了制造

---

[1]　巧茶（khat），又名阿拉伯茶或埃塞俄比亚茶，也可音译作卡塔叶。叶含兴奋物质，可嚼碎食用。——译者注

毁灭性的战争，需要创造出截然不同的身份。

　　而眼下，两个团体被紧紧绑在了经济利益趋近的绳子上，"趋近"意味着双方有潜在冲突。阿比西尼亚的伊斯兰国家从名为达姆特（Dâmût）的内陆国获得黄金。这是个异教国家，虽然我们不知它位于何处，但可以肯定它是紧邻基督教国的老对头。这不由得让人想到，被掩盖在基督教与伊斯兰教争抢地盘的宗教战争之后的，是争夺通往商品出口国贸易通道的政治与经济竞争。而需求量最大的"商品"当然要数奴隶了。阿比西尼亚的一个伊斯兰国家，哈迪亚（Hadya）专门从"异教"国家进口奴隶，这里的异教国家指的是基督教国家。我们谈论的是贸易。

　　问题出现了，哈迪亚国希望购买阉割过的奴隶。阿比西尼亚的阉割奴隶在市场中广受好评。几个世纪以来，埃及与伊拉克的后宫都可以见到这种奴隶。但基督徒国王强烈谴责阉割之行，认为这是极为恶劣的行为。所以需要引入交易的第三方。首先在基督教国家购买奴隶，然后再把他们送往瓦什卢城（写作 Washlû 或 Wašlū），瓦什卢可能是基督教国家疆域外的一个无名的小城，位于伊斯兰国家附近。那里住着"混居的、不信教的民众"，即没有道德观念。用尤马里的话来说，瓦什卢城的人"在所有阿比西尼亚国家中是唯一敢阉割奴隶的吗？"因为是他们实施了阉割，使奴隶的身价大幅上涨。然后商人们便带着奴隶步履匆匆地开始赶路，因为需要治疗活下来的奴隶。在哈迪亚，"人们第二次用到剃刀，为了打开被脓堵住的尿道。然后对奴隶进行治疗，直到他们痊愈"。但是在旅途中，那些活下来的奴隶在第二次手术后逐渐支撑不住。尤马里与我们一样惊讶于治疗的地点与阉割的地点。似乎哈迪亚专门从事外伤治疗，因为瓦什卢人只会使用剃刀。可以肯定，这一古怪的角色分配不仅是为了满足经济上的合理性，而且是为了满足一个虚伪的共同体——基督教徒和穆斯林得以达成他们并不期望看到的合作行为。

参考文献：

阿姆达·赛永战争的记述参考意大利语译本 Paolo Marrassini, *Lo Scettro e la croce. La campagna di 'Amda Ṣeyon I contro l'Ifāt* (1332) (Naples, Istituto Universitario Orientale, 1993)。本章摘录引自第 51—52 页。

埃塞俄比亚国王与宗教团体在领土范围扩大方面的关系，参考 Marie-Laure Derat, *Le domaine des rois éthiopiens* (1270—1527) (Paris, Publications de la Sorbonne, 2003)。

阿尔·尤马里关于埃塞俄比亚伊斯兰国家的记录，参见 Ibn Fadl Allah al-'Omarī, Masālik el absār fi mamālik el amṣār, I - *L'Afrique moins l'Égypte*, 译文参考 Maurice Gaudefroy-Demombynes, (Paris, Paul Geuthner, 1927), chap. VIII-XV。文章引文来自第 2—3 页，第 16—17 页。

我根据传统使用埃塞俄比亚词汇指代基督教国王，即阿比西尼亚王国，在阿拉伯资料中该词指包括其他政治及宗教形态的更广阔的地理区域。

伊斯兰世界的阉割奴隶生产"经济"以及"外迁"规定考虑到伊斯兰世界（Dar al-Islam）对阉割的禁令，参见 Jan Hogendorn, Economic aspects of the "manufacture" and sale of eunuchs, *Paideuma*, 45, 1999, pp. 137-160，或者该作者的另一篇文章 The location of the "manufacture" of eunuchs, Tōru Miura et John Edward Philips (sous la direction de), *Slave Elites in the Middle East and Africa: A Comparative Study* (Londres, Kegan Paul International, 2000), pp. 41-68。

31. 盘点大津巴布韦遗址的考古发掘

14 世纪至 15 世纪的津巴布韦（今日的）

有些人认为，这个古老的商行废墟是腓尼基人的，还有人说是埃及人的，或是阿拉伯人的。有人甚至说这里是俄斐王国（参见第 18 章）的首都，或示巴女王的城市。综合各方意见，总之这里要么是一个大型贸易城市，要么是一座国王的堡垒，或者是一个举行仪式的中心。看来我们有不少猜想。虽然我们今天对大津巴布韦仍有诸多不同猜测，我们必须承认这个遗址是非洲人建造的，他们居住在这里。至于这个建筑的具体功能是什么，最好还是让我们的判断再保留一段时间。

我们现在位于津巴布韦高原的东部，在这个被称为大津巴布韦（Great Zimbabwe）的遗址之中。两个山岭间深谷谷底中矗立着由花岗岩巨石砌成的古迹。墙壁沿水平弯曲，高 7 米，厚 4.5 米。我们在露天的狭窄通道中穿行，借阶梯而上，进入围墙腹内的平坦空地，揣摩着这些附属建筑的功能。围墙在非洲的广袤土地上圈出一块居住建筑———一座令人震撼无比的堡垒。其中有一座锥形塔楼，是实心的，也就是说无法进入其内部。因为缺乏建筑功能的说明，人们断定它是"用于典礼的"，一种蕴含了一切含义但又意无所指的万能说法。人们在19世纪下半叶后期第一次到访此地，那时这里还树立着柴泥修葺的茅草屋和缠绕其上的藤蔓，人们发现这里有许多用整块皂石铸造的石碑，上面装饰着猛禽的雕塑，因此称其为"象征性"的石碑———同样是个万能且空洞的字眼。人们为了寻找物品而清除沉积物时挖掘出了遗址的主要部分，但却忽略了遗址的地层位置。因此过多的"发现"差不多能够表明建筑的具体位置，但却很难确认它的考古层序。尽管如此，我们仍然能确认，曾经历多代人类活动的大津巴布韦可以追溯至14世纪和15世纪上半叶。

　　高原之上还有许多津巴布韦[1]或"石头房"。西边的邻国博茨瓦纳也有这样的房子，而东边，从沿海的平原一直到莫桑比克还有少许石头房。大津巴布韦是这些石屋中最大的建筑，津巴布韦国家正是以此命名。把大津巴布韦作为首都的王国统治着广大的地域，王国的强大要归功于对黄金的控制，这里的黄金主要出口到斯瓦希里沿岸地区（参见第18、19章）。但是可能要给此处提到的"王国"加上引号：我们不知道———或者可以说几乎不知道这个地方的政治与社会结构。王国的权力是呈金字塔状，还是与津巴布韦一样是领主分封制？同时还要为"首都"加上引号。我

---

[1] 津巴布韦，在班图语和当地绍纳语中意为"石屋"。——译者注

们确认在高原中发现的绝大部分进口陶瓷的碎片都位于大津巴布韦，这意味着它的地位尊贵。这是毫无疑问的，但如果其他某些津巴布韦也发现了陶瓷的碎片，那么就得另当别论了。

1903 年 7 月，大津巴布韦的废墟之一被挖掘出来，它被称为伦德尔废墟（Renders Ruin）。这是一个由墙壁连接起来的圆形隔间群落，现在已经无法分辨建筑在过去开放和封闭的空间，甚至无法辨别地面和一些能够表明建筑功能和规定用途的结构。但至少在围墙一号内，我们在外露层和与沉积层脱离的混乱沉积物中发现一批混杂的珍贵物品，它们构成了一处宝藏。我们从 1902—1903 年考古挖掘收集的物品清单开始还原这些物品，所幸的是这一清单保留了物品在遗址中的原本位置（数字是物品收入清单的序号）。中括号中的内容可能是根据考古资料中的其他信息做出的评论。74：铜戒指（2 个）；蛇形图案。76：普通的铁锣。77：大块珊瑚 [更准确地说是珊瑚钙]。84：皂石做的护身符或印章（？）。85：大型铜块。86：与锣 [76] 一同发现的摆锤。92：辐射状孔洞的皂石 [物品]。97：铁勺。98：铁制灯与底座（猜测的）。101：扭绞的铁线辊 [总长度为 7000—8000 米，被预切成手链长度]。104：一批黄铜线制成的手链 [其中 2000—3000 米是扭绞的扁平铜线挽成的大辊，还有 2000—3000 米是扭绞的圆铜线，约 48 根手链以及大量的残段]。108：矛枪枪头 [铜]。110：锄头刀刃、标枪头、箭镞头、斧头以及废墟中发现的其他铁制物品组合 [尤其在伦德尔废墟中挖掘出了上百千克的类似物品]。115：两个铜制小钟。117：铜铸块、铜锭、铜线、铜手链以及铜饼 [来源不同，其中包

括伦德尔废墟]。118：长 12.6 英尺 [3.75 米] 宽 1 英寸 [2.5 厘米] 的铜带。119：一箱南京瓷器盒 [即中国瓷器]，包括各种大小和样式的盘子（来自"废墟的各处"）。121：上釉陶器，有《古兰经》即阿拉伯字母的字符 [包括 12 片在白底上有蓝色和金色的特殊装饰的搪瓷碗碎片]。122：威尼斯玻璃碎片 [深绿色]。123：古代彩陶的碎片，上面有陶轮的痕迹。124：三个古老的釉陶碎片 [青釉陶：中国的青瓷]。125：12 英尺（3.6 米）的细铜链。126：泥土烧制的喷嘴口。127：[因腐蚀] 粘连的黄铜线。128：两个铁器。130a：一只幼狮子下颌的残片。130b：一大块树脂。130c：疣猪獠牙的残片。130d：两块玻璃棱镜。131：一个旧铜盒子的残余部分。

　　似乎所有的物品都出土于现代人类活动层（层序顶部）和基岩（层序底部）之间的"厚层沉积物"中。除挖掘者的印象以外，考古报告中并没有证据指出所有物体都来自单一的考古沉积。有些出土物已经接触到下伏的岩石，有些则整体处于厚厚的沉积物中，给考古学家留下了出土物是从遗址上游的斜坡开始堆积的印象。总而言之，乍一看到这些文物的时候，我们便想使用带引号的"宝物"来形容它们，因为我们发现如果有些文物实际上可能是一文不值的"彩票"，[1] 那么另一些文物则是在沉积与残留现象之后能在同一个地方发现的东西。我们可以抱有几分信心地说，文物清单中单列出来的这些考古文物，在时间相对较短的一到两

---

[1]　法语中的彩票"lot"与一批文物中的一批"lot"是同一个词，此时用彩票一词是一语双关。——译者注

个世纪内，是一个（或者很多个）宝物。

在这些定义模糊的宝物中，一些物品似乎也属于其中一部分，虽然它们因为一些无法解释的原因没被列在清单上。我们用字母对它们进行命名：a："现在的当地人不认识的"两品脱［一升］蓝、绿色玻璃珠。b：一品脱［半升］类似珍珠但直径更大的珠子，"现在的当地人也不认识的"。c：（至少）100个罗纹的海绿色陶瓷珠，当地人也不认识。d：贝壳［好几千克］。e：两只严重损毁的象牙。f：大约20块金碎片，几块破碎的金丝镯子和许多金珠，"整体重达三盎司［约90克］"。g：两个带有蓝色、粉红色和白色的花卉图案的伊斯兰玻璃杯碎片。h：一个皂石大碗。i：200颗象牙和玻璃珍珠，玻璃珍珠与之前的珍珠明显不同。j：两组铁双锣［明显不同于76号样品］。k：铸铜用的坩埚。

理查德·霍尔（Richar Hall）是一位英国记者，是首批到达大津巴布韦的考古学家之一，他认为宝藏能进一步证明存在一个"阿拉伯贸易站"。理查德·霍尔认为大津巴布韦是中世纪穆斯林商人团体的"贸易机构"。这表现了大津巴布韦"东方主义"的观点，也正是在这个观点的指导下，最高大、位置最高的城墙被称为"卫城"，并把其他建筑称为近东建筑。出现在这里的伊斯兰玻璃和陶瓷，包括精美的波斯制器以及中国瓷器和大量"当地人不认识"——即进口的——彩色玻璃珠使下面的场景成了可能：来自商业和旅游大国的人在大津巴布韦建立了他们的商行。他们用本国的奢侈货品购买黄金和象牙。霍尔还找到了两个论据充分的论点：只有在马尔代夫才能收集大量的货贝（cauri*）（参见第27章），而蓝、绿色的玻璃串珠则显然起源于印度洋—太平洋海域（indo-pacifique*）。但我们可以在这个考古清单的基础上确认到，伦德尔废墟的宝物由斯瓦希里和当地商人贩卖的各种各样的货物构成。来自这个国家或另一个国家的一个商人或者小贩铺开了摊位，他用几件罕见的精致碗碟的价格交换一点黄金和象牙。他还在这里买常用的铁器，又在把它们卖给其他地方的顾客，同时还零售金属。托马斯·霍夫曼（Thomas Huffman）对该遗址进行了最新解释，他根据人种生物学的对比，最终认为在某些物品（尤其是锣）中可以看到皇室标志，而大量的金属（尤其是成堆的锄头）则表现了一种皇室特权，进口的货物则进一步肯定了皇室的威望。因此，他认为皇室的第一任王后在此地居住，拥有众多宝物。

伦德尔废墟宝藏的拥有者肯定不是她的确定身份。我们目前做出的每个假设都可能被一一验证，但是都缺乏决定性论据。最重要的是，我们对这些在时间的长河中所形成的宝物的背景一无所知，所以这些物品被囿于无尽的猜测之中。至于物品数量的不确定，特别是最不寻常的那些物品，在一个商人手上或多或少广泛而规律的流通中会引发水晶球中的一切投机买卖，或与此相反，宝物一直停留在皇家墙院中。如果说大津巴布韦的宝物可能不是人们期望的社会性（商人、国王）遗物，那么它是不一定属于同一时期的不自主的、间断的、投机活动的总和，体现了海洋与陆地巨大商业网中的不同片段。随着考古物品的出土，它不断变化的含义投射出斑驳的影子。

参考文献：

我的作品概述了大津巴布韦的相关研究，同时介绍了该遗址的发掘过程：*Histoire de l'Afrique du Sud* (Paris, Le Seuil, 2006), pp. 178-186。

Innocent Pikirayi, *The Zimbabwe Culture. Origins and Decline of Southern Zambezian States* (Walnut Creek, Altamira Press, 2001), pp. 123-155, 是大津巴布韦最新研究的精彩综述。

Richard N. Hall et W.G. Neal, *The Ancient Ruins of Rhodesia* (Londres, Methuen, 1904); R.N. Hall, *Great Zimbabwe* (Londres, Methuen, 1905), 这两部作品是之前考古发掘活动的总结报告。第二个作品的附录部分（第442—448页）提供了1902—1903年进行的主要考古挖掘的物品清单，我加入了作者在第126—134页、第386—388页、第436页提到的一些观察。不同的物品列表与描述中有一些重合部分，没有将表述模糊的清单完全阐述清楚。霍尔对大津巴布韦是"阿拉伯"商业站点的思考参见第132—133页。

Peter Garlake, The value of imported ceramics in the dating and interpretation of the Rhodesian Iron Age, *Journal of African History*, IX (1), 1968, pp. 13-33 也尝试恢复遗址中宝物的原貌。该作者的 *Great Zimbabwe* (Londres, Thames and Hudson, 1973) 是一部值得称道的作品，这部作品含有大量图像资料，尤其是遗址与出土物的彩色照片和黑白照片。

Thomas Huffman, *Snakes and Crocodiles: Power and Symbolism in Ancient Zimbabwe* (Johannesburg, Witwatersrand University Press, 1996) 这部作品大量运用了人种学与被称为"认知"考古学的比较研究方法。

David Beach, Cognitive archaeology and imaginary history at Great Zimbabwe, *Current Anthropology*, 39 (1), 1998, pp. 47-72 对本方法提出了极为有益的评论。本文对有关主题进行了辩论。

关于印度洋与太平洋地区的珍珠，参见 Peter Francis Jr, *Asia's Maritime Bead Trade* (Honolulu, University of Hawai'I Press, 2002)，这是一个不可或缺的参考资料。

32. "明年在塔曼提特见",（重新）发现非洲

15 世纪下半叶阿尔及利亚撒哈拉沙漠中的图瓦特绿洲

这封信是 1447 年寄给一位名叫乔瓦尼·马里奥尼（Giovanni Marioni）的热那亚贸易商，他是马略卡岛的一个热那亚百夫长的"跨国"商行代表——"跨国"这个字眼可能太现代了，但却很准确。信是用拉丁语写的，来自阿尔及利亚中西部的图瓦特绿洲，这个绿洲与西撒哈拉尔格（erg*）的接壤地区画出了一条堡垒（ksar*）。这封信写于塔曼提特（Tamentit）——图瓦特绿洲的主要城市中心和经济之都。为了寄到目的地，这封信需要北上，经过萨乌拉河（Saoura）、西吉尔马萨（参见第 16 章）和非斯山谷，然后更加坚定地经过特莱姆森，无论如何需要沿着商人驼队的路线，然后在非洲沿岸的一个港口登上巴利阿里群岛。信的作者也是热那亚人，他署名"MBLFBNT"——明显是安东尼奥·马尔方特的密码信。 他告诉我们他是此地的第一个基督徒，这一点无疑是真的，但需要补充的是：他是拉丁基督徒（因为我

们也会遇到一些非洲或东方基督教的阿拉伯人），而且是自由基督徒（因为地中海有一些被绑架的奴隶）。他写道："我刚到这里时，对扑面而来的好奇眼光感到厌倦。所有人都争着看我，还愚蠢地叫道：'他是基督徒！但是他跟我们长得一样。'他们觉得基督徒是伪造的。"他不仅是在如此早的时间里第一位前往撒哈拉探险的基督徒，而且也是第一个把新消息带去撒哈拉的人。一个世纪之前，欧洲的消息是由北非的犹太人传递的（参见第 28 章）。

马尔方特当然不是偶然出现在那里的：信的背景和内容清楚地表明了马尔方特是作为商行代表被派遣过去的，他的任务就是收集此地尽可能多的贸易前景和商业情况并带回国。这里所说的贸易主要指的是与位于撒哈拉沙漠之外国家的合作，而排在首位的无疑是黄金贸易。马尔方特说图瓦特是这样的一个地方：马格里布和埃及的商人购买来自南边的贵金属。我们为百夫长、贵族、庄家和做香料贸易的大商人工作时，他们不久前才将金本位制加入至欧洲的交易规则，因此正应该去图瓦特绿洲。至于黄金来自哪里，马尔方特给出了一个模糊的答案："每次我问庇护人，人们在哪里找到黄金、采集黄金的时候，他的回答总是一成不变，'我在黑色大陆上待了 14 年，从来没有听人说过，也没有人能够笃定地说：我可以为此作证，我们就是这样找到、这样得到黄金的。'"他还补充道："我认为黄金不仅来自一个遥远的地方，而且来自一个确定的地方。"这就是所谓的套话。对此我们毫不怀疑，因为马尔方特的一个哥哥是廷巴克图最大的商人，为了使自己的观点尽可能地模糊，他很快懂得了最好不要在热那亚人面前滔滔不绝。

　　马尔方特还阐明了跨撒哈拉贸易的经济与社会背景。当地人主要食用椰枣，所以地中海沿岸的阿拉伯商人来这里卖他们带来的农作物种子。商人还带来铜（参见第27章）和盐，用来换取黄金。马尔方特说，我们不知道黑人买这些东西做什么，但他们的需求量很大（参见第25章），所以商人从来不愁货物在当地的销路。从另一条商路来到这里的埃及人也向他们出售铜，同时还买卖骆驼和家畜，数量达到了50万头（指的是一年的总数量吗？让我们忽略这一点），马尔方特告诉我们，这一数字"在这个地区毫不令人震惊"。同一批北非商人把黄金粉末带回黑人国家。但是图瓦特绿洲的交易并不是协议成交的。交易必须经由中间商，中间商保管货物，承担外汇交易的风险，并签发在马赛、突尼斯和开罗出售的债权凭证。只有犹太人有能力做这种事，犹太人家族团结一致，因此拥有一个商业链条构成的犹太网络（参见第15、16章）。所以穆斯林商人所赚取的百分之百的利润中需要扣除犹太人的佣金。马尔方特认为应该在这一点上明确自己的位置，因为这是有影响的："谢天谢地！我带来的货物损失了2000杜布勒（即第纳尔）。"大商业的残酷世界中，天真的人毫无立锥之地。

　　图瓦特绿洲中的一些犹太人非常富有，实力雄厚，所以他们其中一些人很有权势，他们"靠着不同的首领生活，而每个首领都保护着投奔他们的人"。马尔方特在这里解释了一种特殊的身份——顺民[1]（dhimmî），名义上的伊斯兰国家的"有经者"团体（主要是犹太人和基督教徒）均属于顺民。顺民的阿拉伯语意为"（被）保护民"，顺民团体的宗教受到保护，作为交换，他们必须正式服从伊斯兰的统治，接受第二阶层的政治地位，并履行一定义务，尤其是交纳人头税，即吉兹亚税（jizya）。来自非伊斯兰国家的旅客——比如这位热那亚人——不属于顺民，旅客们可能持有安全通行证。但是他们享受的庇护大体一样：他们的保护人是地区首长之一，可能是共同居住在塔曼提特堡垒（ksar*）中的其中一个宗族的谢赫。这18个首长构成了该城的寡头政治。"地区的每个首长不顾一切保护他的公民"，可以把公民理解为他的委托人。"商人们的处境绝对安全，我认为他们比位于特莱姆森和突尼斯这样的君主制国家的商人更有保障。"

塔曼提特是15世纪中叶撒哈拉地区最发达的马格里布商业驿站。塔曼提特位于西吉尔马萨东南部600千米左右的地方，直到20世纪，它仍承担这一职能，但后来它的驼队驿站作用逐渐下降。此外，塔曼提特还是同时担任港口与货物的集散地的先驱城市。马尔方特写道，在城市的周围，也就是在沙漠中，"腓力斯人"[2]在这里安营扎寨，统治着从埃及疆界一直到海洋（大西洋）的地区，这些白人是"无与伦比的骑士"，他们只喝牛奶，吃米饭

---

[1]　顺民（dhimmî），音译为齐米，汉语学界通常译为顺民。此词在阿拉伯文中有"受保护的"之义，反映了一种叫作dhimmî的关系。据权威的《伊斯兰百科全书》释义，dhimmî用来指"某种无限期地延长的契约"，穆斯林团体通过这种契约款待和保护信奉其他天启宗教的人，只要这些人承认伊斯兰教的统治。——译者注
[2]　腓力斯人（Philistin），地中海东岸的古代居民。——译者注

和肉，面部下方戴着面纱。我们认出这些是柏柏尔游牧人。他们居住在"加佐拉（Gazola）土地"上，马尔方特为撒哈拉赋予了加佐拉这个新颖而神秘的名字。马尔方特应该变身为一名地理学家，但他可能没有这个本事。马略卡岛或热那亚城中的外交官和绘图员一定会认真研究马尔方特的地理名册，能从中大概辨认出一些国家和地区的名称："Teghida"是塔曼提特城，即可能是阿拉伯资料中的塔克达（Takedda），这个城市在尼日尔的阿泽里克（Azelik）地区，位于直线距离 1400 千米之外，它与出土了铁器和盐的手工艺品残品的遗址群相吻合；尼日尔的"Chuchiam"很有可能是位于加奥的上游的库吉亚（Kûkiyâ）；"Thambet"是廷巴克图；"Geni"是现在的杰内（Djenné）；"Meli"是同名帝国的首都马里（参见第 29 章）；"Oden"可能是 1500 千米之外的瓦丹，属于毛里塔尼亚阿德拉地区；以及其他城市的名称。有一件事是明确的：马尔方特的地理信息是自西向东的。而在大约 2000 千米之外的区域，还有一些零散的名称："Dendi""Sagoto""Bofon""Igdem""Bembo"，"这些幅员辽阔大州是大省首府，数不清的城市和地区依附于它们"。我们难以找到这些地方："Sagoto"似乎是索科托州（Sokoto），而这批城市可能与尼日尔和尼日利亚交界处的豪萨（haoussa）新城邦有关。此外，"在这些州的南部，一些来自其他州和其他地区的居民都是狂热的拜物教黑人信徒。他们为了支持各自的信仰和偶像从未停止过战争。有些人崇拜太阳，有些人则崇拜月亮、七行星、火或者水；有人崇拜能映照出他们面庞的镜子，他们在镜子看到占卜画面；还有人崇拜茂密的大树，认为大树是他们赞扬的牺牲精神之所；最后，还有人崇拜木头和石头雕塑，认为上面寄予了符咒之语"。奴隶正是在这个居民内部混战的地方被贱卖，"一个奴隶最多值两杜布勒"。这群人乱伦吃人肉，反正都那么野蛮，别人怎么不会把他们变成奴隶呢？

马尔方特为我们展示的地图——他的"人文地理"，可以说是令人发笑的。人们把他称作图瓦特绿洲的"发现者"或"开拓者"，这是错上加错。首先，因为那些地方一直以来都有人居住，而且从未与世隔绝；其次，因为即使作为商人的他在骆驼上发现了新的风土人情，他实际上只是循着前人的步伐，即几个世纪以来在图瓦特做买卖或频繁前往这里的穆斯林和犹太商人。此外，在我们看来，他的"发现"——可能只能配得上这个名字——相当粗略。无论如何，马尔方特向我们描绘了撒哈拉沙漠以南非洲的奇特面貌，把传统宗教的间接无用的传闻融入最初的刻板印象，其中精彩的故事与道德辩白成为欧洲游记文学中一笔宝贵的财富。

但他的叙述令人耳目一新，因为他近旁的政治图景是新颖的。如果图瓦特毫无疑问是一片古老的棕榈林，那么它似乎是很晚才成为跨撒哈拉沙漠贸易港，大概是两个世纪之前，至于它完全把控贸易港这个位置则更晚。图瓦特的发展与撒哈拉地区的经济发展密切相关，该地区的经济被尼日尔河之岸[1]所控制，而图瓦特正处于其中路程最短的商路。我们在地图上一跳便能到达大概1300千米之外的库吉亚——第一次出现的城市，该城是桑海帝国

---

[1]　尼日尔河之岸（le boucle du Niger）指的是尼日尔河南部地区的集合。——译者注

的发祥地，桑海帝国从衰落的马里帝国手中收回加奥城，确立了新地方强国的地位。在尼日尔河岸的另一侧，一切经济活动向撒哈拉中部的廷巴图克转移。桑海帝国从马里封建君主手中解放了这座城市，廷巴图克被移交给马苏法柏柏尔人统治，它取代了瓦拉塔，成了撒哈拉的重要交通要塞。而豪萨世界的伊斯兰城邦已经出现在撒哈拉中部。

但是马尔方特的这封来自图瓦特的信似乎也想要——或通过他的叙述首先向我们表明他的出现。马尔方特，一个来自地中海北岸的商人，不是被柏柏尔海盗绑架的奴隶而是一个自由人，也不是乔装成阿拉伯人的勒内·卡伊埃，而是一位基督教公开信徒，他出现在撒哈拉沙漠正中的塔曼提特，敢在这里做生意、勾勒地图，展现了新的历史背景——欧洲的政治与经济力量向南部推动。自 13 世纪以来，阿拉贡联合王国[1]与卡斯蒂利亚[2]对马格里布的攻占计划与收复失地运动[3]一同进行。虽然这些计划没有一蹴而就，但至少流露出一种亟待满足的经济欲望，而一些条约使伊比利亚或意大利的基督教商人团体能在马格里布的大城市中站稳脚

---

[1]　阿拉贡联合王国是一个复合君主国，同时也是指由阿拉贡王国及巴塞罗那伯国的君主统治的王国和地区的联邦。在 14—15 世纪，阿拉贡联合王国达到巅峰。——译者注
[2]　卡斯蒂利亚（西班牙语：Castilla），或译作卡斯提尔，是西班牙历史上的一个王国，由西班牙西北部的老卡斯蒂利亚和中部的新卡斯蒂利亚组成。——译者注
[3]　收复失地运动（西班牙语、葡萄牙语：Reconquista），也称为复国运动、复地运动，是 718 年至 1492 年，位于西欧伊比利亚半岛北部的基督教各国逐渐战胜南部穆斯林摩尔人政权的运动。史学家以 718 年倭马亚阿拉伯征服西哥特王国，以及阿斯图里亚斯王国建国为收复失地运动的起点，以 1492 年西班牙攻陷格拉纳达为终点。这个事件的西班牙和葡萄牙语名称"Reconquista"一词有"重新征服"的意思。——译者注

跟。1415 年，葡萄牙占领位于直布罗陀海峡对面的摩洛哥港口城市休达。这颗"螺丝钉"宣告了从世纪末开始在摩洛哥地中海沿岸的一系列伊比利亚飞地的建立。但与此同时，非洲海上贸易通道从 15 世纪中期开始绕过大西洋沿岸的摩洛哥。当马尔方特到达图瓦特时，葡萄牙人已经在毛里塔尼亚的阿尔金岛[1]上建立了商行（参见第 33 章）。这位热那亚商人不仅仅是跨撒哈拉贸易中的一位细致的观察者，他还是我们今天所谓的产业活动开放竞争的当事人。而帝国主义是因还是果？15 世纪后半叶，与基督教欧洲的经济与政治帝国主义同时出现的，是马格里布中心政权的衰落及其政治上的岌岌可危，还有从基督国家西班牙中被驱逐的犹太人进入摩洛哥所导致的混乱，与犹太人一起入境的还有收复失地运动中从安达卢斯[2]最后一批堡垒中被驱逐出的穆斯林难民。这场危机导致了马格里布社会爆发了改革主义甚至宗教激进主义。

20 世纪中叶，犹太人仍然居住在撒哈拉沙漠中的绿洲，在逾越节[3]上，他们说的是"明年在塔曼提特见"，而不是传统的节日问候"明年在耶路撒冷见"。这是因为曾经在塔曼提特发展兴盛的犹太人社区，因为在马格里布和撒哈拉之间的大型黄金贸易的层层交易中充当中间人——马尔方特见证了这一切，而几十年

---

[1] 阿尔金（法语：Arguin）是一个位于西非阿尔金湾的岛屿，属毛里塔尼亚。——译者注

[2] 安达卢斯（阿拉伯语：الأندلس），指阿拉伯和北非穆斯林（西方称摩尔人）统治下的伊比利亚半岛和塞蒂马尼亚，也指半岛被统治的 711—1492 年这段时期。这片区域后在收复失地运动中被半岛上的基督徒所占领，今天西班牙南部的安达卢西亚因此得名。——译者注

[3] 逾越节（la Pâque），犹太教的复活节。——译者注

后，这里的犹太人社区被摧毁和驱散。这次毁灭的缔造者是穆罕默德·阿尔－马戈赫尔（Muhammad al-Maghîlî），一位穆斯林宗教学者。他年轻的时候也许曾经去过图瓦特，在绿洲中的法官卡迪[1]身边学习，并于1477—1478年居住在那里。阿尔－马戈赫尔观察到马格里布地区的宗教戒律宽松，宗教仪式萎靡不振，他对此忧心忡忡。他对撒哈拉沙漠绿洲的犹太人取得的地位感到震惊，尤其是在图瓦特，犹太人的地位似乎被抬高到不适当的高度，而依照伊斯兰法律，他们本应该属于服从地位。正如一些法学家叮嘱的那样，他们认为公开的羞辱性规定——吉兹亚税是非法的，仅仅是志得意满的谢赫所搜刮的一种俸禄。穆斯林商人和神职人员中有一些人为图瓦特的犹太人辩护，其中一位认为普通犹太群众是贫穷的，处于压迫之中。但是后来民众因为每杀掉一个犹太人或杀掉被保护的"异教徒"就能获得七枚第纳尔黄金赏赐而受到鼓舞，他们摧毁了犹太教堂并开始大屠杀。这次大屠杀发生在1492年左右，即格拉纳达王国[2]垮台的一年，也是西班牙的犹太人被驱逐出境的那一年。

阿尔－马戈赫尔是寻求为某个国王或社区效力的流浪乌理玛（ouléma*）的原型。在阿尔及利亚西部的另一个绿洲古拉拉（Gourara）中有人提到过他，在那里，他似乎掀起了一场新的大屠杀；人们还在非斯发现过他的踪迹，他在那里被素丹驱逐出

---

[1]　卡迪（cadi），伊斯兰国家的民事法官。——译者注
[2]　格拉纳达王国是伊比利亚半岛最后的伊斯兰王朝，存在了约250年。1492年1月2日，格拉纳达王国被卡斯蒂利亚王国和阿拉贡王国灭亡。——译者注

城。因此他穿越了撒哈拉沙漠，我们跟随他的足迹到达艾尔高原和塔克达。然后，他在豪萨城市卡诺（Kano）住了几年并在那里繁衍后代，还撰写了一本为该国穆斯林统治者所用的论著。再晚些日子，我们能在卡齐纳（Katsina）见到他，这里仍然是豪萨族的地界。1498 年左右，他终于到达了加奥。宗教地理必然是商人的地理。在那里，他担任桑海国王阿斯基亚·穆罕默德（askyia Muhammad）的法律顾问，这个国王不久前（1492 年）夺取了廷巴克图和杰内，国土变得更加广阔。他以与国王对话的形式编写了一本论著。阿尔·马吉尔严谨的伊斯兰教知识无疑有助于加强他的庇护者受质疑的正统性。他淡化了帝国建立初期的"异教"行为，营造了公平公正的环境以重振贸易。当他知道自己的儿子死于塔曼提特某个主要由犹太人幸存者组成的政党手中时，他逮捕了桑海帝国境内所有的图瓦特商人，并立誓没收所有与犹太人交易的人的财产。廷巴克图一位法官释放了这些商人。故事的结局：阿尔－马戈赫尔死于塔曼提特。他的胜利和挫败是这个时代的标志——与另一个人的地位相差无几，那个第一个在图瓦特看到犹太人社区的基督教商人，而这个社区正是在同一个地方被摧毁。

参考文献：

　　1918 年，法国国家图书馆的保管员夏尔·德·拉洪西埃尔（Charles de La Roncière）在一册 15 世纪的手抄本中发现了"图瓦尔的信"，该手抄本中保存了西塞罗和约翰长老的信件抄本。

Les *Comptes-Rendus des Séances de l'Académie des Inscriptions et Belles-Lettres*, 62 (3), 1918, p. 221 中提到了这次信件发现的细节。

信件的发现者在 Découverte d'une relation de voyage datée du Touat et décrivant en 1447 le bassin du Niger, *Bulletin de la Section de Géographie* [du Comité des Travaux historiques et scientifiques], t. 33, 1918, pp. 1–24 中对该信件进行编订（未翻译）和注释；随后，该信件在 *La découverte de l'Afrique au Moyen Âge* (Le Caire, Société royale de géographie d'Égypte, 1925—1927), Vol.3 中被影印、翻译并进行重新注释（位于第一卷第 143—160 页；第三卷中也有实用资料，因为第三卷中有马尔方特的传记，列举了他的大事记）。遗憾的是，这些资料的注释已经过时，而且没有更新。本章引用和解释的信件内容来自拉洪西埃尔的翻译。

关于撒哈拉沙漠绿洲中的犹太人的文学作品非常丰富，尤其是关于聚居在图瓦尔的犹太人。不过这些作品倾向于时间和地理数据。如果该话题缺少相应的历史和评论"文件"的话，那么在北非犹太人问题上，我们可以关注 Haim Zeev Hirschberg, *A history of the Jews in North Africa, t. 1, From Antiquity to the Sixteenth Century* (Leiden, Brill, 1974), 2ᵉ édition révisée 这部重要作品。

关于图瓦特的犹太人团体，可以参见 John Hunwick, *Jews of a Saharan Oasis. Elimination of the Tamantit Community* (Princeton, Markus Wiener, 2006) 这部优秀作品，这是一篇简练的概述。一篇更为通俗易懂的文章展示了该作品的精华部分，Al-Maghîlî and the Jews of Tuwât: The demise of a community, *Studia Islamica*, 61, 1985, pp. 155-183。

阿尔-马戈赫尔反对犹太人的条约的法语版参见 Paul B. Fenton et David G. Littman, *L'Exil au Maroc. La condition juive sous l'islam, 1148-1912* (Paris, Presses de l'Université Paris-Sorbonne, 2010), pp. 91-111。

Jews of a Saharan Oasis 的第一章中引用了 Robert Capot-Rey, *Le Sahara français* (Paris, Presses universitaires de France, 1953), pp. 189-190，借用本书题目作为第一章的标题。

关于阿尔－马戈赫尔在桑海国王身边的扮演的角色可以参见 John Hunwick, *Sharī'a in Songhay. The Replies of al-Maghīlī to the Questions of Askia al-Ḥājj Muḥammad* (Oxford, Oxford University Press, 1985)，本书对阿尔－马戈赫尔对桑海统治者的回答进行了评论。

在图瓦特上发现的墓葬铭文记载着一位名叫 Monispa（？）的女孩，她是 Amr'an 的女儿，在犹太历法 5089 年死于分娩，即 1329 年。该铭文为研究中世纪犹太团体提供了令人感动的资料，Une inscription juive du Touat, *Comptes-Rendus des Séances de l'Académie des Inscriptions et Belles-Lettres*, 47 (3), 1903, pp. 235-239。

关于塔克达以及它与阿泽里克地区的某处位置一致的问题，为了逐渐熟悉复杂的资料，需要首先阅读 Henri Lhote, Recherches sur Takedda, ville décrite par Ibn Battouta et située en Aïr, *Bulletin de l'Institut fondamental d'Afrique noire*, T. XXXIV, série B, n° 3, 1972, pp. 429-470; Suzanne Bernus et Pierre Gouletquer, Du cuivre au sel. Recherches ethno-archéologiques sur la région d'Azelik (campagnes 1973—1975), *Journal des africanistes*, 46 (1-2), 1976, pp. 7-68。

关于桑海王国的历史，不可或缺的资料是 Paulo F. de Moraes Farias, *Arabic Medieval Inscriptions from the Republic of Mali. Epigraphy, Chronicles, and SonghayTuāreg History* (Oxford, Oxford University Press, Fontes Historiae Africanae, new series), 2003 这部长篇介绍。

33. 非洲的新边界

1455 年的毛里塔尼亚沿岸（今塞内加尔和冈比亚）

1455 年 3 月 22 日，阿尔维塞·卡达莫斯托（Alvide Ca'da Mosto）绕过了葡萄牙南部阿尔加维大区的圣文森特海角。航海家说，这个时期，如果一个人打算前往非洲海岸，那是他效力于葡萄牙的亨里王子。通常被称为卡达莫斯托的这位威尼斯人正属于这种情况，他是被除名的贵族，希望能够重新获得财富，恢复自己的贵族勋章。他从事的海洋航行有独特的传统：他来自一个商业国家。

卡达莫斯托第一站停靠点是马德拉岛。[1] 一个世纪以前，意大利人发现了位于摩洛哥海岸约 600 千米处荒无人烟的群岛。马德拉的主岛，即真正的马德拉岛是被茂密的森林覆盖的。这些珍贵木材在 1420 年左右被开采，那时葡萄牙人把这些海岛据为己有，

---

[1] 马德拉岛（Madère）是非洲西海岸外，北大西洋上一个属于葡萄牙的群岛和该群岛的主岛的名字。位于葡萄牙的西南部。——译者注

并在这里安置移民。移民在海岛上种植小麦和燕麦，供给葡萄牙本土居民，还饲养用来屠宰的动物，为经停的快帆供应食物。龙血是一种有名的采摘产品，这是一种来自植物的鲜红色药用树脂。但最重要的，是从地中海曾经信仰伊斯兰教的岛屿中引进了甘蔗种植。

过了马德拉岛，就是加那利群岛[1]了。也许古代航海家知道这些更加"非洲"的岛屿，最东边的富埃特文图拉岛（Fuerteventura）距离摩洛哥海岸只有 100 千米，在 14 世纪，船只曾在此多次停靠。15 世纪初，一个来自诺曼底的法国人，格兰维尔城（Grainville）的领主让·德贝当古（Jean de Béthencourt）想在卡斯蒂利亚国王的统治下开凿一个封地。必须提到的是，这个群岛有其他任何一个大西洋上的非洲岛屿无法提供的两种财富：地衣染料，即各种各样的地衣，从中可以提取用来染色的紫色染色剂以及劳动力。卡达莫斯托的年代仍然会冒险抢劫"偶像崇拜"村庄和关切人（Guanche），关切人是加纳利群岛的原住民，是柏柏尔人的近亲。

到达海岸后，我们必须往南沿着左手边的"沙地"航行。卡达莫斯托认为，这片"要骑五六十天的马才能穿越这片辽阔的沙漠"，他的观点不无道理。撒哈拉沙漠，这是它的名字，它分隔了北部所谓的柏柏尔人——这个词汇没有任何贬义，以及南部的埃塞俄比亚——古老的希腊语称呼，指所谓的全部黑色非洲。海岸"白色，干燥，干旱，平坦和低洼"，无限的沙丘在海洋中起伏，

---

[1]　加那利群岛（les Canaries）是摩洛哥西南方大西洋上、归西班牙管辖的一个群岛，是西班牙的十七个自治区之一。——译者注

穿过这片海岸，我们便绕过了白海角（le Cap blanc），"葡萄牙人这样命名它"，因为在航行探索旅程之初，葡萄牙人"发现它是白色的沙地，没有一片草叶、一枝树芽的踪迹"。这个海角不容错过，它环绕着阿尔金岛外围的海湾，如果我们没有在此发现不可估量的淡水资源，这个海湾便毫无价值。葡萄牙人在阿尔金岛有一座城堡，或者说是一个"筑有防御工事的仓库"，还有一些坚硬的小屋，葡萄牙人的代理商在这里与居民做买卖。大量奴隶在这些海滩上被猎捕。但目前"贩卖"——贸易，更加有利可图，而抢劫是被亨利王子明令禁止的。

　　第一艘船十五年前才登陆这片海岸，但现在来自葡萄牙的帆船一年到头都在此停靠。卡达莫斯托是一位优秀的商人，他在极短时间内弄清了这片地区的贸易规则。阿尔金岛上的阿拉伯人是穆斯林游牧民族。他们是"基督徒的死敌"，但却是奉行实用主义的生意人，我们从他们身上了解到一些关于塔加扎（参见第25章）、廷巴克图甚至库吉亚城的一些情况。他们有一个叫作瓦丹的城镇，在内陆，要走六天的骆驼行程。他们悠闲地从柏柏尔行至黑人国家。这些人从北方带来在格林纳达或马格里布生产的铜、银、马和丝绸，在南方交换奴隶和黄金。一匹马的价格是10—15个奴隶。阿尔金岛是葡萄牙人涉足这一贸易的窗口：葡萄牙人向阿拉伯人销售玉米、银器和各种布料，然后从他们手中购买黑奴、黄金和几内亚胡椒。那段时期的贸易效率很高，而且利润巨大，葡萄牙人一年能从阿尔金买到800—1000个奴隶。

　　让我们沿着这个威尼斯人记录的葡萄牙"发现者"之路继续

前行。航行还很漫长：还要跨过撒哈拉沙漠的另一半，在这期间我们不会遇到与"阿泽内格人"一样多的阿拉伯人，阿泽内格人即桑哈扎部族的柏柏尔人，他们遵守传统，用面纱盖住鼻子和嘴。这些人精壮结实，行为粗犷，头发上抹着鱼脂。他们的货币是"猪仔"，即货贝（cauri*），武器包括飞镖和皮盾。以下是航行中的所有描述。他们"没有国王和世袭君主，但某一部分人地位更高，更受尊敬"。这是人种学好奇的萌芽。每3—4年，他们的国家就会受到蝗虫的侵害。

　　然后，他们一行人便到达了十年前"发现"的塞内加尔河口。塞内加尔河是今毛里塔尼亚与塞内加尔的国界线，河流紧贴着一条古老的居民分界线而行，一边的居民皮肤暗淡，另一边的居民皮肤黝黑。令人震惊的是，这样一条突然的分界，这样的自然和文化上的转变仅仅发生在十几里[1]内，在南边，"居民都是黑皮肤，个子很黑，体格健壮，善良朴实。那里的土地肥沃，到处都是我们不认识的各种高大的树木和果实"。在北边，这些人"身材瘦小，那里气候干旱，土地都很贫瘠"。人们无法想象被河口分开的两地之间对比竟然如此强烈。

　　他们在撒哈拉以南的非洲沿岸发现了塞内加尔河延伸出的众多社会形态。那里的一切都是新鲜的，一切都值得观察和讲述：在看到那些祖胸露乳的女人时，在感到被冒犯之前，他们会首先觉得惊讶；他们觉得惊讶的是这里的牛皮不是红棕色的，狗的吠

---

[1]　法国古里，1里约合4000米。——译者注

叫倒是跟葡萄牙的没有什么区别。这是欧洲人与非洲人——不是长期奴隶穿刺历史的产物的非洲人的第一次相遇。卡达莫斯托诚恳而新鲜的叙述还不止于此。

卓洛夫王国从塞内加尔和冈比亚的河流之间延伸，其首领是一位国王，统治其他的附属国王。但是"这些国王"，卡达莫斯托说，他试图抓住他所听闻的新奇之处，"跟我们的基督徒国王相距甚远。他们统治的是极其贫穷野蛮的人，既没有城市也没有要塞，只有村庄和小屋"。而且，他们的王国并不是世袭的，其统治显然依赖于一种国王和贵族之间的交换服务与贡赋的制度。国王的妻子要多少有多少，国王还拥有种植自己土地的奴隶。这个威尼斯人在海岸边一位被称为"波杜梅尔"（buur damel）——卡交尔（Kajoor）首领的沃洛夫语称号——的身上提炼出关于国王权力的人类学信息：这个国家的大人物成为国王并不是因为他们拥有广阔的土地、城堡的权力或者他们有世袭的王位。"毫无疑问，这些人成为领主并不是因为富有，或者拥有许多宝藏和财富，因为他们没有货币，也不铸造货币。但是他们可以在仪式之后被称为领主，因为很多人跟随他们，而且比其他人受到更多的敬畏。"王权并不是一系列象征而是一种社会感知。

这里的财富指的是进口的马、马鞍、牛的数量和奴隶。它们被卖给桑哈扎穆斯林，但后来也会卖给基督徒。卡达莫斯托用自己的马匹买了 100 个奴隶。由于交付时间很长，他和国王一起生活了将近一个月的时间——一段足以让他仔细观察当地行为习俗的时间。这里看起来像一个小村庄，但却是一个真正的皇家住所：

"在我住的那个村庄里 [……] 有四十五到五十个茅草屋，它们彼此相邻，被树篱和厚厚的树木组成的栅栏包围着，中间一两处被切断，当作房门。每一个房子都有一个庭院，被相似的树篱包围着。于是我们到村庄中去，挨家挨户地走，从一个院子到另一个院子。博迪梅尔波杜梅尔在这个村子里有九个妻子，他还有其他妻子[……] 散落在各个村庄。卡达莫斯托指出，国王的随行人员中有摩尔人'祭司'，也就是乌理玛（ouléma*）学者。站在国王身边的有阿拉伯人和桑哈扎人。"这里的统治者，"而不是一般人"，他明确道，"改信伊斯兰教"，但不是没有例外。因为据卡达莫斯托判断，改信宗教几乎不会影响日常生活。也就是说，伊斯兰教在此地影响很小，所以国王甚至会取笑宗教之间的斗争。此时，一位信仰基督教的摩尔人站了出来，鼓起勇气说："我谴责 [……] 伊斯兰教法，它们是有害的，是错误的，圣洁而真实的基督教无数次证明了这一点。摩尔人 [……] 对此感到不满。"那个取笑的王国很有智慧，他为了保护特权从而为两种信仰的狂热者讲述了历史的规训：如果上帝是公平的，那么伊斯兰教就不应该比基督教会低劣。如果上帝是公平的，既然他已经赐给了这边的白人如此多的好处，他就会把天堂赐给那边的黑人。这个公正的威尼斯失败者总结道，"在这一点上，国王表现得公平公正，通情达理"。

"尽可能多地卖东西、买东西和学东西"，这就是卡达莫斯托提到的他在非洲海岸旅行的动机。其他所有的旅行者都远远没有达到第三点，也正是因为这第三点，我们才能得到关于这个新非洲风俗人情的细致入微的描写。卡达莫斯托绕过了非洲大陆西端的佛得角（le cap Vert）和它对面的岛屿，他也许是第一个看见这些岛屿的人。卡达莫斯托遇到了此生最美的海岸。然后，他的帆船便猛地扎进了冈比亚河，那里的居民从未见过白人，表现出敌对态度，于是葡萄牙水手们拒绝进一步冒险。卡达莫斯托生性不是个探险家，所以他谨慎地掉头了。

　　非洲新海岸的贸易并不是一种随便的交易。它是一种制度，因为它需要确保贸易能够获益，因此它制定了这个巨大市场的习惯和规律。人们从一个岸边到另一个岸边进行交易，在各处买卖不同的商品：在阿尔金岛出售伊比利亚布料，在塞内加尔出售在摩洛哥买的胡须马。相互连接的海滩尽头是对望的两个世界。与撒哈拉沙漠一样，大陆腹地有时也存在区域性商业网。以阿尔金为例，阿尔金岛上的每一个商行从主要交易路线中派生出专门获取资源的路线：首先是奴隶，很快变成了黄金以及海域，被葡萄牙人觊觎的群岛起到连接作用。为了满足基督教欧洲食品的新需求，马德拉的甘蔗往往需要大量进口奴隶。总之，这种三角贸易会在 15 世纪出现在非洲的所有大西洋群岛上，并在 16 世纪开始在美洲出现。

参考文献：

　　卡达莫斯托的直接和间接引用都来自法语版本：*Voyages en Afrique noire d'Alvise Ca' da Mosto* (1455 et 1456), traduction et notes par Frédérique Verrier (Paris, Chandeigne, 2003), 2ᵉ éd. Remaniée。

　　有关 15 世纪前后塞内加尔地区的相关文献，参考 Jean Boulègue, *Le*

Grand Jolof (XIIIe-XVIe siècle) (Blois, Façades, 1987)。

"筑有防御工事的仓库"这一恰当描述来自下列书目的前言部分：
Théodore Monod, *Voyage d'Eustache Delafosse sur la côte de Guinée, au Portugal et en Espagne,* 1479—1481 (Paris, Chandeigne, 1992), p. 7。

有关阿尔金的黄金交易，参考 Duarte Pacheco Pereira, *Esmeraldo de Situ Orbis. Côte occidentale d'Afrique, du Sud marocain au Gabon,* traduction et notes par Raymond Mauny，(Bissau, Centro de Estudos da Guiné Portuguesa, 1956), pp. 40-43。

有关 15 世纪下半叶开始的"大西洋经济"的著作丰富，其中最为重要的是 Vitorino Magalhaès Godinho, Création et dynamisme du monde atlantique (1420—1670), *Annales. Économies, sociétés, civilisations,* 5 (1), 1950, pp. 32-36 中的注解，它简要概述了这一研究领域。

John K. Thornton, *Africa and Africans in the Making of the Atlantic World,* 1400-1800 (Cambridge, Cambridge University Press, 1998), 2ᵉ éd，以历史角度展现了自 15 世纪开始形成的"大西洋世界"中非洲人的地位和作用。

有关马德拉制糖经济的地位，参考 Sidney M. Greenfield, Madeira and the beginnings of New World sugar cane cultivation and plantation slavery: A study in institution building, *Annals of the New York Academy of Science,* 292, 1977, pp. 536-552。

34. 瓦斯科·达·伽马与新世界

1498 年的印度洋

本次航程的第一阶段回顾了 15 世纪上半叶葡萄牙的探险航行。1497 年 7 月 8 日，达·伽马的船队从里斯本启程，15 日途经加那利群岛的兰萨罗特岛（Lançarote）。27 日，船队到达佛得角的圣地亚哥，在此地补充肉类和淡水。20 天足够跨越了要花数十年才能发现的航程。在圣地亚哥，船队分开航行。一批朝着几内亚湾方向继续航行，他们在此后大约一年，到达圣乔治城堡，"艾尔米纳"即"矿藏"，位于现在的加纳海岸，葡萄牙人在那儿开了一个商行。人们从那里挖掘黄金，运走奴隶。其他人干脆径直向外海进发，深入大西洋的腹部。总共有三艘帆船和一艘补给船，一共 160 人，船长是瓦斯科·达·伽马。

在第二阶段中，圣赫勒拿副热带高压形成的信风鼓动着船帆。航行刚好持续了三个月，途中没有看到一寸土地和一艘船帆。这是葡萄牙人第一次冒险进行绕行，[1]即在大西洋南部的茫茫大海中绕一大圈，直至非洲大陆的终点。绕行，是空间上的巨大迂回，但却是时间上的捷径，绕行可以避免船队在赤道以南的非洲沿岸航行。1480年以来，航海家经常前往这个区域，比如友好国家刚果——名义上已经是基督教国家，但这不是船队的目标。11月4日，船队回到非洲南部大西洋沿岸。他们还需要继续航行一个半月才能跨过好望角，再次走过巴尔托洛梅乌·迪亚斯[2]在十年之前到达的大陆顶端。迪亚斯当时转向驶入了印度洋，他猜测这条航路通向另一个世界。但是他的船员们感到害怕，迫使他调头返航。

在船队看见了陆地之后又过去了几周，这是第三段航程，船队观察到一些信号。11月11日，船长上了岸，向遇到的当地非洲人展示了桂皮、丁香、珍珠母和黄金，这些非洲人饲养家畜的科伊桑人，可能没有引起船员的兴趣。他们似乎没见过葡萄牙人带来的货物。到了12月中旬，船员注意到他们途经国家的环境越来越好——海岸更开阔，植被更加茂密，有更多的村庄，女人也更美丽。这一切并不是巧合。1498年1月11日，一个船员——我们知道他名叫马丁·阿方索（Martim Afonso），被派遣到南非东部的纳塔尔地区，他在刚果逗留。阿方索竟然明白了当地非洲国王所致的欢迎辞。在仅限于普通的物物交换和手势交流的探险中

---

[1]　绕行（la volta），葡萄牙15世纪海上航行的一种航行方法，不直接沿着大陆海岸航行，而是远离海岸，将帆降到半桅，在大西洋中绕行，放弃沿岸与逆风和逆流的消耗战。——译者注

[2]　巴尔托洛梅乌·迪亚斯（Bartolomeu Dias），葡萄牙贵族和著名航海家。他于1487年带领船队航行至非洲大陆最南端并发现好望角，为葡萄牙开辟通往印度的新航线奠定了坚实的基础。——译者注

发生了语言的奇迹：东非海岸的语言属于班图语支，与刚果语属于同族语言。当然，没有人会知道这件事意味着葡萄牙人正在逼近他们的终点。1月25日，船队在大概是赞比西河河口的位置花了将近一个月的时间修复桅杆，进行修整，他们的预感在这里得到证实。

那里的非洲人态度和蔼，他们在独木舟上进行交易，看到外国人时毫不惊讶。几个地位更高的人来到他们身边：一个头戴丝绸绣花头巾的领主，另一个戴着缎帽，一个年轻人用手势表示看见过这种船。葡萄牙人喜出望外，因为"我们离航行的目的地已经不远了"，他们把这条河流命名为吉兆河（Rio dos Bons Sinais）。3月2日，帆船离开航道，第一次看见北边的海角。这是莫桑比克岛。葡萄牙人驶向岛屿，在环礁湖中抛锚，派了几艘小船和独木舟靠近。岸上的人会不会觉得这些船带有恶意？相反，小船上的人吹响号角，讲阿拉伯语、信仰"穆罕默德宗教"的铜色皮肤的男子毫不犹豫地上了船，邀请来者进行交易。这些葡萄牙人刚刚踏入的是印度洋常规的商船贸易领地。

如果没有人对从南方突然闯进的葡萄牙人感到惊讶，首先无疑是因为这片水域中没有人知道葡萄牙这个地处远西的微型基督教王国，它离这个海岸的距离与远东的日本一样远。没有人会想到这个国家会派一支不起眼的船队攻击他们，会绕过非洲，也没有想过非洲能够被其他国家绕过。而且，船队的人没有说自己是葡萄牙人，而是基督徒。就这样，船队启程北上，回到非洲海岸，寻找香料和黄金，寻找能够带领他们前往印度的领航员以及这片地区可能存在的其他基督徒。

印度洋的旅程是第四段航程。在莫桑比克，人们通过船队中的一个水手进行交流，他曾经是摩尔人的俘虏。他们了解到，这片海岸的商人与阿拉伯人做买卖，阿拉伯人的船只仍然停靠在那里，上面装满了布匹、胡椒、姜、丁香、珍珠母和宝石。当地的素丹起初表现得热情好客，然后却莫名变得敌对起来，随后双方发生了一些小冲突，开始交换人质、抓捕一两个交易用的独木舟，独木舟上装着大量棉布、篮子、玻璃罐装的香水和阿拉伯语书籍。为什么转变态度？是因为居民突然明白了这些新来的人是谁吗？这些葡萄牙人是这么认为的。然而，在离开的时候，来自麦加的一个阿拉伯人与他儿子毫无预料地一起上了船，希望船队能顺道将两人带到红海。

葡萄牙人离开莫桑比克岛。1507 年，一批舰队返回莫桑比克岛后攻占此岛，并在这里建立了一座堡垒。4 月 4 日，达·伽马的船队途经基尔瓦（参见第 21 章），没有在此停留，他们听说一些反对伊斯兰教的基督徒住在这里。1505 年，这座城市被洗劫一空。4 月 4 日当晚，船队在马菲亚岛（l'île de Mafia）前抛锚。两个独木舟带着橙子靠近，一些准备返航北上的阿拉伯人登上小船。这些阿拉伯人有些奇怪，他们表现得很热情，毫无防备。4 月 7 日，船队穿过大陆与桑给巴尔和奔巴岛之间。当天夜里，船队在蒙巴萨抛锚，那里似乎也居住着基督徒。船队派了一个人去见他们，这个人回来说这些基督徒尊奉纸上的圣灵像。然而，这次停靠出了问题：照惯例赠送了礼物（橙子、柚子和羊）之后，蒙巴萨的素丹没有表现出合作意向，葡萄牙人预感到潜在的危险。一阵恐慌之中，船上很多穆斯林跳海逃跑，两个留下的人被追问计划的细节，饱受了折磨。他们趁夜色逃跑。此时，必须扬帆起航，但这不是故事的结束——无论如何，蒙巴萨在几年之后将被焚烧炸毁，就在基尔瓦被劫掠不久之后。

　　4月14日，历经劳累和疾病，人员不断减少的船队——只有一百多个人还活着——到达了马林迪，船长与马林迪的素丹远距离交换了礼物，双方在海上对峙，一边是三角帆布船桑布克（sanbûq*），另一边是小艇，船上均有武装。双方人马都明智地没给对方留下任何机会来跨越合作与混战这一微妙界限。只有一些微不足道的象征性交流：船长释放前一天抓到的囚犯，素丹让自己的儿子作担保；沙滩上的比武表演，抵抗船上发射的炮弹。海湾中似乎有四艘印度基督徒的船。这是一场基督教大家庭中不同教派的奇遇——自使徒时代就分离了。印度人上船时，葡萄牙人给他们看十字架下圣母的祭坛，印度兄弟匍匐在地，葡萄牙人的脸上闪耀着光芒。印度人在船上庆祝，发射火炮。他们建议葡萄牙人不要上岸。瓦斯科·达·伽马有一点生气，他恼怒于没有人给他想要的引航人，于是他抓了素丹的一个宠臣后，马上便得到了一个引航人，也是个基督徒。4月24日，航队开始上路，5月20日，他们到达了印度西南部的喀拉拉邦（Kerala）海岸的卡利卡特（Calicut）。远征的终点证明了印度是存在的，而且前往印度的航程是可行的。在这里停留三个月之后，瓦斯科·达·伽马再次起航，他需要花一年时间才能回到葡萄牙。几个月后，佩德罗·阿尔瓦雷斯·卡布拉尔（Pedro Álvares Cabral）指挥 13 艘船的船队，率领 1500 人，走上了同一条航线。这是一支军队，沿路强加友谊条约，安排代理商（facteur*），轰炸负隅顽抗之地。印度的葡萄牙帝国诞生了。

可是，在达·伽马的第一次航行中，为什么航队在非洲沿岸先后遇到的伊斯兰政权对葡萄牙人这般恭顺讨好（除几次援手相助，而且是互相的，这是非绅士世界的规则）？为什么在一些从未发现过基督徒的地区和城市中多次发现了"基督徒"的存在（分布在印度索科特拉岛的东方基督教社区除外）？为什么带领葡萄牙人到卡利卡特的引航人还是一位"基督徒"呢？

我们在卡利卡特找到了答案。如此一来才能明白葡萄牙人没有明白的事情：为什么引航人没有故意欺骗他们让他们迷路；为什么他们没有被认作是光荣的征服者。

这一段文字第一次描述了卡利卡特，并且描绘了多处提到的"基督徒"。船队最终在基督徒的家乡遇见了他们："卡利卡特城是基督徒聚居的地方。他们是黑皮肤。一些有大胡子和长头发，还有一些剃了光头，还有人留着平头。他们的头顶上留着一束头发，还留着胡子，表明自己的基督徒身份。他们有耳洞，耳洞上吊着很多金子。腰部以上不着衣物，下身则穿着非常精致的棉衣。这种打扮的人地位最高，其他人则穿着随意。"印度教徒！编年史家所谓的一个"教堂"实际上是一座印度教寺庙。那些葡萄牙人所俘获的，或者说急切渴望俘获的"基督徒"，既不是简单的基督徒三个字，也不是印度基督徒。东非穆斯林几个月来一直对葡萄牙人说他们是"基督徒",因为他们显然不知道什么是基督徒,更无从辨认哪些是基督徒。这些人是印度教徒,完完全全信奉印度教的印度人。这个错误表明印度海洋世界从未察觉葡萄牙人跨越非洲这件前所未有的大事,而葡萄牙人在短短数年内就将改造这个世界。拉丁基督徒的入侵首先只能在印度洋这个新世界中的文化和宗教方面表现出来。葡萄牙小船队无疑是它成功的一部分,这次航行很快被镀金成为史诗:如果莫桑比克的穆斯林,或坦桑尼亚和肯尼亚的穆斯林意识到这群人来自哪个不可思议的境域,那么这群葡萄牙人也许无法完成他们的第一次航行。

然而,卡利卡特的两名男子很快明白了这件事的重要性。到达卡利卡特的第一天,瓦斯科·达·伽马就派遣了一名葡萄牙缓刑囚犯去陆地上。航行时,船队总是带着囚犯,让他们做一项危险的任务:当我们初次靠岸,不知道是否会有生命危险时,就会把囚犯放在一个划艇里送至陆地。这个囚犯在遇到了两位来自突尼斯的穆斯林,他们会讲卡斯蒂利亚语和热那亚语。他们是商人,经常在地中海港口遇到基督徒。在印度的这个海岸上,他们认出了这是地中海基督徒中的一个。也许在他们看来,这预示着一个时代的结束,因此他们的第一句话就出卖了他们的怀疑和愤怒:"见鬼了!谁带你来的!到底是谁把你带到这里的?"

参考文献:

瓦斯科·达·伽马航行的记录主要归功于阿尔瓦罗·维洛(Alvaro Velho),后者是航行的一位直接参与者和见证人。本章引用的是法语版本,

Voyages de Vasco de Gama. Relations des expéditions de 1497—1499 et 1502—1503, traduction et notes par Paul Teyssier et Paul Valentin (Paris, Chandeigne, 1995)。

有关瓦斯科·达·伽马以及葡萄牙在印度洋的第一次航行的历史意义，阅读以下作品将获益良多：Sanjay Subrahmanyam, Vasco de Gama. *Légende et tribulations du vice-roi des Indes* (Paris, Alma éditeur, 2012, 1ᵉʳ édition en anglais: *The Career and Legend of Vasco da Gama* (Cambridge, Cambridge University Press, 1997)。

有关基尔瓦和蒙巴萨发生的烧杀劫掠，参考 G.S.P. Freeman-Grenville, *The East African Coast* (Oxford, Clarendon Press, 1962)。

有关修建于 1482 年的埃尔米纳城堡，可以参考一部记录翔实的建筑专著：Christopher R. DeCorse, *An Archaeology of Elmina. Africans and Europeans on the Gold Coast, 1400—1900* (Washington, Smithsonian Institution Press, 2001)。

有关刚果王国，参见 Georges Balandier, *Le Royaume de Kongo du XVIe au XVIIIe siècle* (Paris, Hachette, 1965)。

有关瓦斯科·达·伽马在马林迪抓住的引航人的身份有许多争论，参见 Charles Verlinden, Problèmes d'histoire de l'expansion portugaise, *Revue belge de philologie et d'histoire*, 68 (4), 1990, pp. 802-816 (partie II), pp. 808-816 一文的论证。

有关巴尔托洛梅乌·迪亚斯绕行的意义，参见本人的文章 La croix de Dias. Genèse d'une frontière au sud de l'Afrique, Genèse, 86, 2012, pp.126-148。

| 主要参考书目 |

在每章的注释中，本人已标注了所使用的材料、基本的参考资料，以及近期的著作或必要时便于查询的资料。"非洲学图书馆"规模浩大，此处只是进行了一些随意性的选择，但是，可以再列举一些作品作为参考。与一些笔记相比，这些作品更加精练，含非洲中世纪相关的资料合集、综合作品以及最有用的参考资料。

Anfray Francis, *Les anciens Éthiopiens*, Paris, Armand Colin, 1990.（埃塞俄比亚考古学最优秀行家之一的经典作品。）

Cuoq Joseph, *Recueil des sources arabes concernant l'Afrique occidentale du VIIIe au XVIe siècle* (Bilād al-Sūdān), Paris, Éditions du Centre National de la Recherche Scientifique, 1985 (premi è re édition 1975).（中世纪与西非有关的国外阿拉伯语资料的经典汇集，法语版；解释并注释了每个摘录，并提及阿拉伯语原文。可以与 Levtzion 和 Hopkins 的文集一起使用。）

Derat Marie-Laure, *Le domaine des rois áthiopiens (1270—1527). Espace, pouvoir et monachisme*, Paris, Publications de la Sorbonne,

2003.（埃塞俄比亚中世纪的所罗门群岛时期参考作品。）

Devisse Jean (sous la direction de), *Vallées du Niger*, Paris, Éditions de la Réunion des musées nationaux, 1993.（这部作品是尼日尔河谷的丰富目录，汇集了许多专家对萨赫勒和西非热带稀树草原地区的环境、当今社会和考古学贡献的翔实信息，包含许多地图和版画。）

Histoire générale de l'Afrique, Paris, UNESCO/Nouvelles éditions africaines. 有多个出版日期 [这部宏大的概论有不同的语言版本，有简写版和袖珍版。在完整版的八卷中，其中有两卷参考最多：第三卷——*L'Afrique du VIIe au XIe siècle (1990)* 和第四卷 ——*L'Afrique du XIIe au XVIe siècle (1985)*。]

Insoll Timothy, *The Archaeology of Islam in Sub-Saharan Africa*, Cambridge, Cambridge University Press, "Cambridge World Archaeology", 2003.（一本从考古学数据的角度来讨论伊斯兰化问题，以及前殖民时代非洲社会中的伊斯兰教的总结性著作。）

Levtzion Nehemia, *Ancient Ghana and Mali*, Londres, Methuen, 1973.（涉及中世纪撒哈拉王国时必需的参考。尽管最近又有了新的研究，但是也不能动摇这部作品的地位。在此之后的研究都没有能够做到文字材料、考古学资料以及传统口头资料多方位的整合。）

Levtzion Nehemia et Hopkins J.F.P., *Corpus of Early Arabic Sources for West African History*, Princeton, Markus Wiener, 2000.

（对 Cambridge University Press, 1981 这一原版的再印。）[英文文集，对一些与中世纪西非有关的阿拉伯语国外资料进行了翻译整合，并对文章进行了介绍和注释，具体可与过客（Cuo）的文集一起使用。]

Levtzion Nehemia et Pouwels Randall L., *The History of Islam in Africa,* Athens, Ohio University Press, 2000.（一本结合许多专家心血的集体作品，介绍了非洲穆斯林社会的古代史和现代史的方方面面。）

Masonen Pekka, *The Negroland Revisited. Discovery and Invention of the Sudanese Middle Ages*, Helsinki, The Finnish Academy of Science and Letters, 2000.（对西方撒哈拉非洲的历史编纂学的诞生、发展以及中世纪政治团体的认知"构建"过程进行了出色的研究。）

Mauny Raymond, *Tableau géographique de l'Ouest africain au Moyen Âge, d'après les sources écrites, la tradition et l'archéologie,* Dakar, Institut fondamental d'Afrique noire, 1961.（研究中世纪西非历史最重要的参考书。尽管这一著作在某些领域已有些过时，但是实地考察经验之丰富，至今无可匹敌，作者对杂乱的文字资料、口头资料以及人种学和考古学资料的整合所作出的努力，也无人能及。）

M'Bokolo Élikia, *Afrique noire: histoire et civilisations*, Paris, Hatier-AUPELF, t. 1-*Jusqu'au XVIIIe siècle*, 1995. t. 2-*XIXe-XXe siècle*, 1992.（在所有法语作品中，这本书对非洲历史进行了最好

的总结，在两卷中，有一卷详细介绍了非洲前殖民时代的历史。）

Monod Théodore, *Méharées. Explorations au vrai Sahara*, Arles, Actes Sud, Babel, 1994. (1937 年初版，这不仅仅是一本对撒哈拉非洲的研究进行介绍的书，同时还介绍了实地科学考察工作的情况。）

Moraes Farias Paulo F. de, *Arabic Medieval Inscriptions from the Republic of Mali. Epigraphy, Chronicles, and SonghayTuāreg History* (Oxford, Oxford University Press, Fontes Historiae Africanae, new series), 2003.（这一巨著再一次对撒哈拉以南非洲地区墓葬中的阿拉伯语铭刻进行了研究，呈现了现马里地区图瓦勒克人和桑海人之间的交流历史，同时对不同类别资料的关系进行了研究。）

Oliver Roland et Atmore Anthony, *Medieval Africa, 1250—1800*, Cambridge, Cambridge University Press, 2001.（1981 年初版，对书名中所说的非洲"中世纪"历史进行了较好的概括，但广义上来说，其实是指前殖民地时代的历史。）

Phillipson David W., *African Archaeology*, Cambridge, Cambridge University Press, 2005, 3ᵉ edition.（此著作一直在不停地进行再版，可以说是非洲考古学的参考教材。尽管对中世纪这一时期的更新较少，但是此书给出了从史前时期始的非洲考古概况。）

| 致　谢 |

在创作此书的过程中，许多机构和个人给我提供了大力帮助。在此，我要感谢拉丹·阿克巴尼亚（Ladan Akbarnia）、弗朗西斯·安福雷（Francis Anfray）、科林·贝克（Colin Baker）、索菲·贝蒂尔（Sophie Berthier）、克莱尔·博斯克－提耶斯（Claire Bosc-Tiessé）、皮埃尔·卡塔拉（Pierre Cathala）、莫妮克·夏斯塔纳（Monique Chastanet）、埃马纽埃尔·弗里茨（Emmanuel Fritsch）、安纳贝拉·加林（Annabelle Gallin）、劳伦斯·加雷纳－马洛（Laurence Garenne-Marot）、德特勒夫·格罗嫩伯恩（Detlef Gronenborn）、让－罗伊克·勒·凯莱克（Jean-Loïc Le Quellec）、贝特朗·普瓦索尼埃（Bertrant Poissonier）、斯特凡·普拉丁（Stéphane Pradines）、塞吉·罗伯特（Serge Robert）、卡洛琳·罗比翁－布鲁内（Caroline Robion-Brunner）、卡利姆·萨德尔（Karim Sadr）、沃尔伯特·史密迪特（Wolbert Smidt）、玛丽娜·斯坦因（Marina Steyn）、法米达·苏勒曼（Fahmida Suleman）、巴莱兹·塔玛西（Balázs Tamási）、希安·提雷（Sian Tiley）、罗伯特·维尔

纳（Robert Vernet）和玛加达勒纳·沃兹尼亚克在我写作的过程中对我的无私帮助，为我答疑解惑，给我提供参考文字和图像资料。

同时，我还要感谢我在图卢兹二大的同事和"非洲历史和考古"这门研讨课的学生。感谢克莱尔·博斯克－提耶斯（Claive Bosc-Tiessé）、贝特朗·席茨（Bertrand Hirsch）、罗曼·门桑（Romain Mensan）、祖比达·梅瑟夫（Zoubida Mseffer）、雅恩·波丁（Yann Potin）以及罗宾·塞格诺波斯（Robin Seignobos）对本书认真审读，感谢他们给我的建议和鼓励。

感谢弗朗索瓦·波恩（François Bon）、玛丽－洛尔·德拉（Marie-Laure Derat）、克里斯蒂娜·弗乌尔－艾马尔（Christine Fauvelle-Aymar）、贝特朗·普瓦索尼埃（Bertrand Poisson-nier）和朱利安·卢瓦索（Julien Loiseau）耐心地通读全书，并给我提出了宝贵的和有见地的建议，让我及时地改正了几处失误。但是，他们对书中可能存在的其他错误不负任何责任。

我想要感谢的还有外交部和法国国家科学研究中心下属的三个研究机构：位于亚的斯亚贝巴的埃塞俄比亚研究法国中心、位于拉巴特的雅克·博克中心以及位于约翰内斯堡的南非法国文化中心；同时，我要感谢约翰内斯堡金山大学、比勒陀利亚大学的马蓬古布韦博物馆以及巴黎一大的非洲研究图书馆，没有上述机构的大力协助，我根本无法完成这部作品。

在此，我要特别向帕特里克·布歇隆（Patrick Boucheron）、卡特琳娜·阿拉冈（Catherine Argand）和让－莫里斯·德·蒙特雷米（Jean-Maurice de Montremy）表达谢意，感谢他们的信任。

2011年辞世的巴黎先贤祠－索邦大学的非洲古代史教授让·布莱格（Jean Boulègue）没能看到这部作品的面世，但是，他对资料研究的敏感、精益求精和执着的态度一直指引着我。谨以此书纪念之。